卓越教师培养的探索与实践

王利琳　项红专　蒋永贵　白　彦　徐凌芸　编著

ZHEJIANG UNIVERSITY PRESS
浙江大学出版社

图书在版编目（CIP）数据

卓越教师培养的探索与实践 / 王利琳等编著. —杭州：浙江大学出版社，2018.3
ISBN 978-7-308-17656-9

Ⅰ.①卓… Ⅱ.①王… Ⅲ.①师范大学－教学研究－杭州 Ⅳ.①G658.3

中国版本图书馆 CIP 数据核字（2017）第 283332 号

卓越教师培养的探索与实践

王利琳　项红专　蒋永贵　白　彦　徐凌芸　编著

责任编辑	沈国明	
责任校对	冯其华	
封面设计	刘依群	
出版发行	浙江大学出版社	
	（杭州市天目山路 148 号　邮政编码 310007）	
	（网址：http://www.zjupress.com）	
排　　版	浙江时代出版服务有限公司	
印　　刷	嘉兴华源印刷厂	
开　　本	787mm×1092mm　1/16	
印　　张	12	
字　　数	258 千	
版 印 次	2018 年 3 月第 1 版　2018 年 3 月第 1 次印刷	
书　　号	ISBN 978-7-308-17656-9	
定　　价	36.00 元	

序

杭州师范大学是一所具有百余年教师教育传统的高校。其前身可追溯至建于1908年的浙江官立两级师范学堂,是全国建立最早的六大著名高等师范学堂之一。20世纪初,在首任校长、近代著名教育家经亨颐先生的领衔下,学校汇聚了以鲁迅、马叙伦、叶圣陶、李叔同、夏丏尊、朱自清等为代表的一批大师,培养和造就了丰子恺、柔石、陈建功、潘天寿等一批文化名人,形成了特有的"教育家办学"和"名师育英才"的办学传统。经亨颐先生的人格教育思想、"与时俱进"的改革理念在我国近代教育史上留下了浓墨重彩的一笔。建校以来,学校一直在培养优秀师范人才方面独树一帜,在服务与引领基础教育改革和发展方面做出了独特和重要的贡献,业已成为浙江省教师教育重点基地,浙江省教师培养和教师培训重镇,教育部卓越教师培养计划实施高校。

进入新世纪以来,国家高等教育改革和发展步伐不断加快。《国家中长期教育改革和发展规划纲要(2010—2020)》的颁布,为教师教育改革指明了方向。全国有培养师范生的高校,尤其是师范院校,围绕提高教师教育质量这一目标,不断创新教师教育模式,改革教师教育课程,健全教师教育标准,丰富的创新实践产出了许多改革成果。杭州师范大学在向综合性大学转型发展过程中,始终坚持教师教育的传统和特色,注重教师教育改革顶层设计,着力解决制约教师培养质量的深层次问题,提出以创新人才培养模式为突破口,带动教师教育整体改革,进一步强化教师教育的办学特色。经过充分准备和酝酿,学校于2010年9月创办了以首任校长经亨颐先生名字命名的荣誉学院,实施"卓越教师培养计划",着力培养优秀教师和未来教育家。

杭州师范大学通过创办国内首家专注卓越教师培养的实体性荣誉学院——经亨颐学院,探索卓越教师培养新模式,在体制机制、学院文化、招生选拔、课程体系、实践教学、协同培养等方面进行系统设计和改革创新,形成了"一制三化"(双导师制、教学小班化、素养双强化、实践全程化)为内核的培养模式,旨在实现"德高·学高·技高"卓越中学教师的培养目标。经过七年的实践探索,该卓越教师培养模式日臻完善,成效显著,在全国产生了较大的影响力,其改革成果曾获得2016年浙江省高等教育教学成果一等奖。

该项教师教育改革成果系统解决了学术性与师范性不统一、职前培养与职后培训不衔接的问题;破解了师德教育有效途径缺乏、教学内容方法陈旧、教学技能弱化等制约教师培养质量提高的深层次问题;化解了优秀师范生招生选拔、卓越教师培养点面难以兼顾的难题。

要有好的教师,才可能有好的教育。建设一支高素质专业化的中小学教师队伍,必须办好师范教育。"师范教育的目标绝不是造就'教书匠',而是要造就堪为人师的教育家。"希望杭州师范大学不忘初心,牢记使命,一张蓝图绘到底,深入持久地开展卓越中学教师培养的探索与实践,并注重改革创新成果的总结凝练,为我国卓越中学教师的培养提供更多更好的浙江素材、浙江经验和浙江贡献。

是为序。

国家教育咨询委员会委员

中国教育学会名誉会长

教育部教师教育专家委员会主任

目　录

第一章　经亨颐学院的创建 ·· （1）

第一节　溯源：经亨颐学院的先贤思想 ······················· （1）

第二节　情势：经亨颐学院的创办背景 ······················· （7）

第三节　孕育：经亨颐学院的办学定位 ······················· （14）

第四节　轨迹：经亨颐学院的发展壮大 ······················· （21）

第二章　人才培养模式的创新 ·· （30）

第一节　培养标准：德高·学高·技高 ······················· （30）

第二节　培养方案：素养双强 ···································· （35）

第三节　招录改革：二次选拔 ···································· （40）

第四节　培养机制：三个协同 ···································· （46）

第五节　培养模式："一制三化" ······························· （61）

第六节　实施保障：平台·师资·条件 ······················· （68）

第三章　课程教学改革的发力 ·· （75）

第一节　师德养成：三条路径 ···································· （75）

第二节　课程创生：三类课程 ···································· （83）

第三节　教学变革：三个抓手 ···································· （100）

第四节　实践强化：三维推进 ···································· （108）

第四章　"颐"文化育人的入微 ·· （116）

第一节　追寻：文化育人的意义价值 ··························· （116）

第二节　凝练："颐"文化的核心要素 ··························· （119）

第三节　聚焦："颐"文化育人的六大主题 ······················ （122）

第四节　硕果："颐"文化育人的价值成效 ······················ （155）

第五章 卓越教师的培养成效 …………………………………………………… (158)

    第一节 数据说话:各类数据统计 …………………………………… (158)

    第二节 经院荣光:典型个案扫描 …………………………………… (162)

    第三节 媒体发声:媒体深度报道 …………………………………… (169)

    第四节 用户反馈:入职学校评价 …………………………………… (171)

附 录 经亨颐学院要记 ………………………………………………………… (173)

后 记 …………………………………………………………………………… (182)

第一章　经亨颐学院的创建

第一节　溯源:经亨颐学院的先贤思想

我国教育历史悠久,源远流长,几千年来形成了博大精深和具有顽强生命力的教育传统。校史不仅是由一组人物和事件构成的时间序列,更是一部蕴涵着文化密码和精神特质的生动画卷。没有校史,学校无从寻觅其精神故乡,无法从中获得经验,汲取力量。既然经亨颐学院是以杭州师范大学首任校长、近代教育家经亨颐先生命名的荣誉学院,好奇心驱使我们去回味历史,寻访他的人生经历和办学历程,从中挖掘他的办学思想、办学精神和办学业绩,并使得这些先进的教育思想和优良的办学传统得以传承并发扬光大。

一、教育家经亨颐

经亨颐(1877—1938),字子渊,浙江上虞人,近代教育家。他早年受维新思想影响,久怀报国之志,后东渡日本攻读教育与数理。1907 年留日期间,受聘担任浙江官立两级师范学堂教务长,不顾学业中断,赶回国内参加筹建,从此献身教育。辛亥革命后,他任该校校长(以后学校更名为浙江省立第一师范学校)。与此同时,他还被推举为浙江教育会会长,成为全省教育界的核心人物。"五四"运动时期,经亨颐顺应时代潮流,大胆改革教育,因而得罪反动当局,1920 年初被撤去校长职务。此后,他受上虞陈春澜先生的资助,在家乡办起私立春晖中学。1923 年,他又受命任宁波浙江四中校长。1925年,他在宁波再次遭到反动势力的围攻和驱逐,愤而辞职。不久,经亨颐将春晖中学校务委托他人,离开浙江参加国民革命。在此以前,经亨颐应北京高等师范学校校长邓萃英之邀,一度担任北高师总干事兼学生自治指导委员长。他积极参与 1922、1923 年期间的学制改革和课程改革。第一次国内革命战争时期,他任国民政府常务委员,代理广州中山大学校长。国民党叛变革命后,他与何香凝、柳亚子等人在上海组织"寒之友社",题诗作画,抒发对蒋介石政府的不满。1938 年 9 月 15 日病逝于上海。

经亨颐先生是我国师范教育第一代杰出的探索者和实践者。他参与筹建浙江省立第一师范学校(前身为浙江官立两级师范学堂),并担任教务长、校长达 10 年之久。尤其"五四"运动以后他在浙江一师所进行的大胆改革,管理上变专制为民主,制度上变机械为灵活,内容上变陈腐为清新,在全国产生了不小的影响,浙江一师也因此在国内享有盛誉,成为当时中国六所著名的师范学校之一。陈望道曾说:"五四前后的新文化运动,从全国范围来讲,高等学校以北京大学最活跃,在中等学校,则要算是湖南第一师范和杭州第一师范(即浙江一师)了。"①经享颐先生所创办的春晖中学同样蜚声海内外,赢得了"北有南开,南有春晖"的美誉。他主持的浙江第一师范、上虞春晖中学以师资雄厚、设备完善、教育民主和管理有方而著称,有爱国热情强烈、学术空气浓厚、文体活动丰富、师生关系融洽的优良传统,是全国中等教育的楷模。在 30 多年的教育工作中,经享颐一贯主张"与时俱进""适应新潮流"的办学方针,提出了"反对旧势力,建立新学风"的教学主张,广采博引国内外先进教育思想,提倡人格教育。他提倡人格陶冶,注意全面发展,为国家培养了宣中华、柔石、杨贤江、陈建功、丰子恺、潘天寿等一大批优秀人才。

二、人格教育思想

经享颐是一位名副其实的近代著名中等教育家,他的办学实践是教育家办学的典范。虽然对教育家的定义见仁见智,但不管怎么说,教育家大多有崇高的人格、闪光的思想和丰硕的业绩。教育思想是教育家的显著特征,教育家办学本质上是教育思想办学。经享颐在浙江第一师范、上虞春晖中学等学校的办学过程中,大力倡导并积极践行人格教育,这也是他教育思想的特色所在。

人格教育是当时德国教育界流行的一种思潮,此说注重人的精神生活与理性活动,力图矫正由物质文明引发的现代教育之流弊,主张教育以养成人格为目的,教授当注意感情陶冶和意志培养,训练则以儿童为中心。经享颐采用这一学说,伸张人格的意义,主要是反对束缚个性、摧残人格的封建旧教育,要求教育上的民主和自由,反对军阀政府对进步师生进行压制和迫害。同时,人格教育和我国先哲重视人格修养的思想也相吻合,借此可以发扬古人修身、齐家、治国、平天下的精神,以达到改造社会、振兴国家之目的。

经享颐对西方人格教育思想的阐述,概括起来包括以下八个方面的内容:其一,人有一种人格之尊严,也必须用相当之品性,故教育及教授不可不以此品性之形式为目的;其二,人的发展含有知、情、意三方面,故对学生不仅要授以知识,更应加强情感和意志的培养,使之形成一定的信念和理想,具备"开辟新生活价值之创造力";其三,希望造成人格尊严之崇高的社会,不可抹杀个性天才,故教育须尊重学生之个性及其人格,以学生为教育之中心,且欲使发达个性,当设自由选择科;其四,教育的中心不在教授,而在训练,教育的内容不可偏重科学,须重艺术;其五,训练的方法不尚他律的束缚,须注重"内部之良心",促成其"自由之服从";其六,注重家庭、学校、社会的协同努力,以营造良好的环境和氛围,使"易于精神生活、人格之尊重之实现";其七,当讲求教师养成之道,以收人格感化之效;其八,欲使教师密切与学生的关系,一学级学生之定员以少为宜。

---

① 张彬等编著:《浙江教育家和中国近代教育》,浙江大学出版社,2008 年,第 116 页。

经亨颐极为赞赏西方人格教育这一学说,他认为注重治本的人格陶冶应引起教育界的普遍重视,而对于师范教育尤为切用。在1915年9月召开的全国师范学校校长会议上,因经亨颐等人的提议,与会者达成了共识,即人格教育和生活教育均为师范教育最当注意的中心问题。经亨颐指出:"夫人格者,多数人之格,即为人之格式也。""人格者,良心之模型,道德之容器也。""人格实现之如何,而良心与道德亦如影随形而俱改。"[①]他认为教育是一门高尚的艺术,教师是艺术家,教师与学生之间最为重要的是人格交际,当教师之人格与学生之人格"至微至妙之间",即教育效力之所在。"教师之任务,与其为冷的、科学的法则施行者,毋宁为以有血有泪、自己之人格移之于儿童,形造儿童之人格之艺术家。"[②]既然教师的威信主要在于人格的力量,那么培养教师的师范学校自然是"人格专修学校",所施也应该是注重人格的教育。他还就师范学校如何实施人格教育提出了办法四条,即:以"诚"字为全国师范学校校训之中心;考查学生成绩宜注意操行;校长为全校之表率,务必慎重遴选,以重人格;教员宜专任,若对学校无专任之精神,欲言人格难矣。

经亨颐在主持浙江第一师范学校期间,积极践行人格教育思想,主要有以下方面:一直强调学校不是"贩卖知识之商店",应以陶冶人格为主旨。"求学何为? 学做人而已"[③]。他为学校制定的校训"勤、慎、诚、恕"四个字,作为师范生为人处世必须遵循的规范,即要求学生对待学习、工作做到勤奋、勤劳、勤俭;说话做事要慎思、慎言、慎行;对待国家、事业要有赤诚之心;与人相处做到诚信待人、严于律己。他还强调人格是做人的格式,思想要走在时代的前面,希望学生在继承中国传统美德的同时,更要成为顺应历史潮流发展的一代新人。在校训中,"诚"字最为重要,因为"诚字可包括一切人格之要件"。经亨颐希望通过校训来激励学生,以达到进一步完善他们人格的目的。其次,健全的人格应该是德、智、体、美全面发展。经亨颐认为学校不仅要注重对学生的智力训练,也应注意情感陶冶和意志培养。为改变传统教育死读书的倾向,他对体育、音乐、图画、手工诸科特别重视。再次,在训练方法上,经亨颐注重尊重学生人格,提倡"自动、自由、自治、自律",即要使学生有自发之活动、自由之服从、自治之能力、自律之行为,反对强迫命令和他律束缚。为尊重学生人格,养成他们自治的能力和自律的习惯,经亨颐认为最好的办法是成立学生自治机构,自己管理自己,学校负劝导扶护之责,教师则须在一旁起指导和陶冶的作用。

三、名师育英才

培养学生是学校一切工作的出发点和落脚点。衡量一所学校办学水平的最终标志是学校培养人才的数量和质量。就浙江一师而言,虽然时间不长,但却培养出了非常多的优秀人才,作家曹聚仁、傅彬然、贾祖璋、范尧生、冯雪峰,诗人汪静之,漫画家丰子恺,

---

① 张彬编:《经亨颐教育论著选》,人民教育出版社,1993年,第98页。
② 张彬编:《经亨颐教育论著选》,人民教育出版社,1993年,第101页。
③ 张彬编:《经亨颐教育论著选》,人民教育出版社,1993年,第2页。

音乐家吴梦非、刘质平，国画家潘天寿，语言学家朱文叔，教育家杨贤江，鱼类学家陈兼善，革命活动家俞秀松、宣中华、叶天底、柔石、施存统、庄文恭等，都是一师的学生。对一所普通的中等师范学校而言，实在是很不普通。

教育的本质是师生间的相互影响。教育是心灵与心灵的沟通，灵魂与灵魂的交融，人格与人格的对话。有好的教师，才可能有好的学校和好的教育。经亨颐取得显著的办学业绩与其重视选聘优秀教师，集聚了一大批名师密切相关。一时间，可谓群贤毕至，名师云集，蔚为壮观。教师们以自己的人格魅力和学术魅力去影响感染学生，做学生健康成长的指导者和引路人。简言之，"名师育英才"是经亨颐的办学之道。

经亨颐对教师的聘请把关很严。他认为，"教育决非为教育者生计之方便，学校决非为教育者栖身之传舍，当以维持文化、传达文化为己任"[①]，教师要有"高尚的品性"，反对那些"因循敷衍、全无理想，以教育为生计之方便，以学校为栖身之传舍"的碌碌无为之辈。在经亨颐任浙江省立第一师范学校（包括浙江两级师范学校）校长期间，教师队伍中聚集了大量的优秀人才，如李叔同、夏丏尊、陈望道、李次九、刘大白、单不庵、姜丹书、胡公冕等，其中影响最大的是李叔同和夏丏尊。

李叔同（1880—1942），名息，字叔同，号息霜。出家后法号演音，号弘一。是著名音乐家、美术教育家、书法家、戏剧活动家，是中国话剧的开拓者之一。1912 年 8 月，李叔同应时任浙江两级师范学校校长经亨颐之邀，赴杭州任教。在这所学校里，李叔同任图画、音乐教师达 6 年之久。据说经亨颐请李叔同来任美术、音乐教师时，李叔同提出的设备条件，一是"教美术要有画室，画室要配上全部画架，石膏像等一应俱全"，二是"教音乐须给学生每人配一架风琴，再加上若干钢琴，师范生必须人人会弹琴"。在李叔同的努力下，浙江一师校内艺术氛围一直非常浓厚，并成为其一大特色。与其他同类学校相比，浙江一师在音乐、图画上的教学成绩特别突出，深受赞许。1914 年 2 月，黄炎培考察皖、赣、浙、鲁、冀五省教育的情况，在谈到浙江省第一师范学校时说："其专修科的成绩殆视前两江师范专修为高，主其事者为吾友美术专家李君叔同（哀）也。"[②]丰子恺回忆说，他做中小学生的时候，图画、音乐两科在学校里最被忽视。那时学校里最看重的是英、国、算，即英文、国文、算术。但在当时的浙江一师，情形几乎相反，图画、音乐两科最被看重，图画教室安装有特殊设备，音乐教室置备了大小五六十架风琴和两架钢琴。课表里的图画、音乐钟点虽然照当时规定，并不增多，然而课外图画、音乐学习的时间比任何功课都勤；下午四时以后，整个校园都是琴声，图画教室里不断有人在那里练习石膏模型木炭画，光景宛如一艺术专科学校。学生们对于"每天要花一个小时去练习图画，花一个小时以上去练习弹琴"的学习安排"认为当然，恬不为怪"，其原因是李叔同的"人格和学问，统制了我们的感情，折服了我们的心"。

丰子恺认为李叔同是他生平最崇敬的人，李叔同受崇敬的原因有二，一是凡事认真，二是多才多艺。丰子恺回忆道："我们上他的音乐课，有一种特殊的感觉：严肃。摇

---

① 张彬编：《经亨颐教育论著选》，人民教育出版社，1993 年，第 186 页。

② 董郁奎著：《一代师表——经亨颐传》，浙江人民出版社，2007 年，第 67 页。

过预备铃,我们走向音乐教室(这教室四面临空,独立在花园里,好比一个温室)。推进门去,先吃一惊:李先生早已端坐在讲台上。以为先生还没有到而嘴里随便唱着、喊着或笑着、骂着而推进门去的同学,吃惊更是不小。他们的唱声、喊声、笑声、骂声以门槛为界限而忽然消失。接着是低着头、红着脸,去端坐在自己的位子里。端坐在自己的位子里偷偷地仰起头来看看,看见李先生的高高的瘦削的上半身穿着整洁的黑布马褂,露出在讲桌上,宽广得可以走马的前额,细长的凤眼,隆正的鼻梁,形成威严的表情。扁平而阔的嘴唇两端常有深涡,用'温而厉'三个字来描写,大概差不多了。讲桌上放着点名簿、讲义,以及他的教课笔记簿、粉笔。钢琴衣解开着,琴盖开着,琴谱摆着,琴头上又放着一只时表,闪闪的金光直射到我们的眼中。黑板(是上下两块可以推动的)上早已清楚地写好本课内所应写的东西(两块都写好,上块盖着下块,用下块时把上块推开)。在这样布置的讲台上,李先生端坐着。坐到上课铃响出(后来我们知道他这脾气,上音乐课必早到。故上课铃响时,同学早已到齐),他站起身来,深深地一鞠躬,课就开始了。这样地上课,空气严肃得很。"[1]"个个学生真心地怕他,真心地学习他,真心地崇拜他。""因为就人格讲,他的当教师不为名利,为当教师而当教师,用全副精力去当教师。就学问讲,他博学多能,其国文比国文先生更高,其英文比英文先生更高,其历史比历史先生更高,其常识比博物先生更富,又是书法金石的专家,中国话剧的鼻祖。他不是只能教图画音乐,他是拿许多别的学问为背景而教他的图画音乐。"[2]

夏丏尊(1866—1946),名铸,字勉旃,号闷庵,浙江上虞人,近代著名教育家。夏丏尊是一位具有宗教情怀的教育家,终身献身于教育事业,在中等教育领域成绩卓然。在浙江一师任教时,他被称为"四大金刚"之一;在春晖中学,他是经亨颐先生的得力助手;他是上海立达学园的主要参与创办者;他还是《中学生》杂志的创办者和主编,等等。特别是,夏丏尊的"爱的教育"思想和实践在基础教育领域产生了广泛而深远的影响。

1919年,夏丏尊在《教育者的背景》一文中指出,凡是一种艺术,大概都应当有背景。背景是艺术的生命,没有背景的艺术不能叫做艺术;同样,教育也是一种艺术,没有背景的教育也不能叫做教育。那么,什么叫做教育的背景呢? 他说:"我们所行的教育是人的教育,当然应当用人来做背景。"[3]他引用卢梭的话说,"不管学生将来入何等职业,先使他成功一个人"[4]。夏丏尊抨击了当时学校教育忽视了人的存在,"课程自课程,人自人,这种无背景的教育,就是再办几十年也没有什么效果"[5]。

夏丏尊认为,教育除了以人为背景外,还有一种重要的背景就是教育者的人格。夏丏尊认为,当时的学校教育是一种学店式的教育,学店式的学校到处林立,"教育者与被教育者的中间但有知识的授受,毫无人格上的接触;简直一句话,教育者是卖知识的人,

① 李辉主编:《丰子恺自述》,大象出版社,2003年,第62页。
② 李辉主编:《丰子恺自述》,大象出版社,2003年,第71—72页。
③ 夏丏尊著:《夏丏尊教育名篇》,教育科学出版社,2007年,第72页。
④ 夏丏尊著:《夏丏尊教育名篇》,教育科学出版社,2007年,第73页。
⑤ 夏丏尊著:《夏丏尊教育名篇》,教育科学出版社,2007年,第74页。

被教育者是买知识的人罢了"①。这样一种学店式的教育,对学生的危害是巨大的。"机械的大家卖来卖去,试问这种知识有什么用处?"②夏丏尊强调,"真正的教育需完成被教育者的人格,知识不过人格一部分,不是人格的全体。"③"以言教者讼,以身教者从,教育者必须有相当的人格,被教育者方能心悦诚服。只靠规则是靠不住的。"④他进一步指出:"人格恰如一种魔力,从人格发出来的行动,自然使人受着强大的感化。同是一句话,因说话者人格的不同,效力亦往往不同。这就是有人格的背景与否的分别。"⑤夏丏尊与李叔同是莫逆之交,他们曾在浙江两级师范学堂(后改为浙江第一师范学校)共事过六年,结成深厚友谊。《浙江省立第一师范学校校歌》就是由夏丏尊作词、李叔同谱曲的。夏丏尊经常称赞李叔同的人格魅力:"他做教师有人格作背景,好比佛菩萨有灵光,所以不威胁学生,而学生见他自生畏敬。他是实行人格感化的一位大教育家。"⑥

夏先生后来翻译的《爱的教育》,风行国内,深入人心,甚至被取做国文教材。在《爱的教育》一书"译者序言"中,他说过一段异常深刻的话:"学校教育到了现在,真空虚极了。单从外形的制度上、方法上,走马灯似的更变迎合,而于教育的生命的某物,从未闻有人培养顾及。好像掘池,有人说四方形好,有人又说圆形好,朝三暮四地改个不休,而于池的所以为池的要素的水,反无人注意。教育上的水是什么? 就是情,就是爱。教育没有了情爱,就成了无水的池,任你四方形也罢,圆形也罢,总逃不了一个空虚"⑦。在这里,夏先生作了一个生动形象的比喻,他把办学校比做挖池塘。他认为,我国学校老是在制度方法上变来变去,好像挖池塘,不断改变池塘的形状,但忽视了关键问题即池塘要成为池塘必须有水。他认为办好学校的关键是必须有感情,必须有爱,这是教育的灵魂和生命。

李叔同与夏丏尊所教学科不同,为人处世、教育风格也不一样,但两位名师都对学生的一生产生了重要影响。用丰子恺的话来说,"李叔同与夏丏尊对学生的态度,完全不同。而学生对他们的敬爱,则完全相同"。这两位导师,如同父母一样。李先生是"爸爸的教育",而夏先生是"妈妈的教育"。

值得一提的是,《杭州师范大学校歌》,原是《浙江省立第一师范学校校歌》,一直传唱至今,由夏丏尊作词,李叔同谱曲。歌词如下:人人人,代谢靡尽,先后觉新民。可能可能,陶冶精神,道德润心身。吾侪同学,负斯重任,相勉又相亲。五载光阴,学与俱进,磐固吾根本。叶蓁蓁,木欣欣,碧梧万枝新。之江西,西湖滨,桃李一堂春。校歌曲调恬静典雅,歌词隽永清新、意境深远。从《校歌》的歌词看,充分体现了当时学校独特的治校理念和办学特色,主要体现了"立志、劝勉、熏陶"三方面的内涵。

---

① 夏丏尊著:《夏丏尊教育名篇》,教育科学出版社,2007年,第76页。
② 夏丏尊著:《夏丏尊教育名篇》,教育科学出版社,2007年,第76页。
③ 夏丏尊著:《夏丏尊教育名篇》,教育科学出版社,2007年,第76页。
④ 夏丏尊著:《夏丏尊教育名篇》,教育科学出版社,2007年,第77页。
⑤ 夏丏尊著:《夏丏尊教育名篇》,教育科学出版社,2007年,第76页。
⑥ 李兴洲著:《大师铸就的春晖——1920年代的春晖中学》,人民出版社,2008年,第100页。
⑦ 李兴洲著:《大师铸就的春晖——1920年代的春晖中学》,人民出版社,2008年,第90－91页。

第二节 情势:经亨颐学院的创办背景

杭州师范大学的前身可追溯到创建于 1908 年的浙江官立两级师范学堂,是全国建立最早的六大高等师范学堂之一。1978 年经国务院批准建立杭州师范学院,2000 年前后,杭州教育学院、杭州师范学校等五校相继并入,2007 年学校更名为杭州师范大学。

经亨颐学院是在校内外多种因素的相互作用下创办起来的,是学校决策层在系统客观分析我国高等教育改革发展、教师教育改革发展以及学校自身改革发展所面临的形势和挑战后作出的审慎选择。杭州师范大学具有普通高校、师范院校和地方高校的三重属性,受到三方政策走势的影响。从宏观上讲,我国高校连年扩招后,客观上导致教育质量下滑,迫切需要提高人才培养质量;从中观上讲,20 世纪末、21 世纪初开始的教师教育改革风起云涌,各校改革举措不一,取得了很大的成绩,但同时也存在不少问题,尤其是师范生总体素质不高、质量下滑,不能满足人民群众对优质教育的需求,教师培养面临着严峻的挑战;从微观上讲,2008 年,杭州市委、市政府决定支持杭师大建设成为省内乃至国内一流综合性大学,杭师大也凭借强有力的政府支持走上了建设发展的快车道。但是,在建设一流综合性大学的进程中,如何防止"去师范化",保持学校的百年办学传统和特色,这也是学校领导、全校师生以及社会各界十分关注的问题。

一、从"质量工程"到"本科教学工程"

高校扩招,也称为大学扩招或大学生扩招,是指自 1999 年开始的,基于解决经济和就业问题的扩大普通高校本专科院校招生人数的教育改革政策,简单来说,即是自 1999 年开始的高等教育(包括大学本科、研究生)不断扩大招生人数的教育改革政策。扩招源于 1999 年教育部出台的《面向 21 世纪教育振兴行动计划》。该文件提出到 2010 年,高等教育毛入学率将达到适龄青年的 15%。高校扩招大致持续到 2012 年,2016 年全国各类高等教育在学总规模达到 3699 万人,高等教育毛入学率达到 42.7%。

在 1999 年之前,高校扩招年均增长都在 8.5% 左右。1999 年,增长速度达到史无前例的 47.4%。进入新世纪后,随着高校的持续扩招,我国高等教育进入了快速发展期。客观地说,高等教育规模的快速发展和质量的较大提高,为我国经济社会的快速、健康和可持续发展以及高等教育自身的改革发展做出了巨大贡献。但是,高等教育的规模、结构、质量、效益之间不够协调,存在着不少问题。具体来说,高等教育质量还不能完全适应经济社会发展的需要,不少高校的专业设置和结构不尽合理,学生的实践能力和创新精神亟待加强,教师队伍整体素质亟待提高,人才培养模式、教学内容和方法需要进一步转变。因此,迫切需要采取切实有效的措施,进一步深化高等学校教学改革,提高人才培养的能力和水平,更好地满足经济社会发展对高素质创新性人才的需要。为此,2007 年,教育部、财政部决定实施"高等学校本科教学质量与教学改革工程"

（简称"质量工程"）①。

"质量工程"是继 20 世纪末实施"211 工程""985 工程"之后，我国在高等教育领域实施的又一项重要工程，是提高高等学校本科教学质量的重大举措。"质量工程"面对的是全国 700 多所普通本科高校，"十一五"期间，中央财政安排专项资金 25 亿元支持该项工程建设。

实施"质量工程"，是坚持科学发展观，全面落实党中央、国务院战略决策和部署的重要举措，是落实科教兴国战略和人才强国战略的重要组成部分。"质量工程"坚持"巩固、深化、提高、发展"的方针，遵循高等教育的基本规律，牢固树立人才培养是高校的根本任务、质量是高校的生命线、教学是高校的中心工作的理念；按照分类指导、注重特色的原则，加大教学投入，强化教学管理，深化教学改革，提高人才培养质量。

"质量工程"的建设内容包括：实践教学与人才培养模式改革创新（具体包括：择优选择 500 个左右人才培养模式创新实验区，推进高等学校在教学内容、课程体系、实践环节等方面进行人才培养模式的综合改革，以倡导启发式教学和研究性学习为核心，探索教学理念、培养模式和管理机制的全方位创新）；专业结构调整与专业认证；课程、教材建设与资源共享；教学团队与高水平教师队伍建设；等等。

为了贯彻落实时任中共中央总书记胡锦涛在庆祝清华大学建校 100 周年大会上的重要讲话精神和教育规划纲要，进一步深化本科教育教学改革，提高本科教育教学质量，大力提升人才培养水平，2011 年，教育部、财政部决定在"十二五"期间继续实施"高等学校本科教学质量与教学改革工程"（简称"本科教学工程"）②。

"本科教学工程"在影响和制约本科人才培养质量的关键领域、薄弱环节和突出问题上，选择五个方面内容加以重点建设：一是以质量标准建设为基础，探索建立中国特色的人才培养国家标准；二是以专业建设为龙头，加强专业结构优化与内涵建设，引导高校办出特色、办出水平；三是以优质资源建设为保障，加强视频公开课和精品课程共享资源建设；四是以强化实践教学为重点，进一步强化实验实践教学平台建设，培养大学生实践能力和创新创业能力；五是以提高教师教学能力为关键，加大教师培训力度，创新教师培训模式。

二、我国教师教育改革的推进

20 世纪末，我国教师教育改革的大幕徐徐拉开，国家出台了一系列改革政策举措，主要有：

1998 年底，教育部出台了《面向 21 世纪教育振兴行动计划》③，在"实施'跨世纪园丁工程'，大力提高教师队伍素质"这一条中提到："要加强和改革师范教育，提高新师资

---

① 教育部财政部关于实施高等学校本科教学质量与教学改革工程的意见，教高〔2007〕1 号。

② 教育部财政部关于"十二五"期间实施"高等学校本科教学质量与教学改革工程"的意见，教高〔2011〕6 号。

③ 国务院批转教育部面向 21 世纪教育行动计划的通知，国发〔1999〕4 号。

的培养质量。实力较强的高等学校要在新师资培养以及教师培训中做出贡献。"

1999 年,中共中央国务院发布《关于深化教育改革,全面推进素质教育的决定》(下简称《决定》)①,《决定》开头就指出:"当今世界,科学技术突飞猛进,知识经济已见端倪,国力竞争日趋激烈。教育在综合国力的形成中处于基础地位,国力的强弱越来越取决于劳动者的素质,取决于各类人才的质量和数量,这对于培养和造就我国二十一世纪的一代新人提出了更加迫切的要求。我国正处在建立社会主义市场经济体制和实现现代化建设战略目标的关键时期。新中国成立 50 年来特别是改革开放以来,教育事业的改革与发展取得了令人瞩目的巨大成就。但面对新的形势,由于主观和客观等方面的原因,我们的教育观念、教育体制、教育结构、人才培养模式、教育内容和教学方法相对滞后,影响了青少年的全面发展,不能适应提高国民素质的需要。全党、全社会必须从我国社会主义事业兴旺发达和中华民族伟大复兴的大局出发,以邓小平理论为指导,全面贯彻落实党的十五大精神,深化教育改革,全面推进素质教育,构建一个充满生机的有中国特色社会主义教育体系,为实施科教兴国战略奠定坚实的人才和知识基础。"《决定》的第三条"优化结构,建设全面推进素质教育的高质量的教师队伍"讲到了教师教育改革的内容和精神:"把提高教师实施素质教育的能力和水平作为师资培养、培训的重点。加强和改革师范教育,大力提高师资培养质量。调整师范学校的层次和布局,鼓励综合性高等学校和非师范类高等学校参与培养、培训中小学教师的工作,探索在有条件的综合性高等学校中试办师范学院。"

2002 年,教育部出台《关于"十五"期间教师教育改革与发展的意见》(下简称《意见》)②。《意见》在肯定我国教师教育取得成绩的同时,也实事求是地指出存在的问题:"在新形势下,我国教师教育还存在一些问题和困难。教师教育'优先发展、适度超前'的政策尚未很好落实。在国家财政性教育投入不断增长的情况下,教师教育依旧投入不足,师范院校办学条件相对较差,成为制约教师教育发展的瓶颈。教师教育体系的布局和层次结构还不尽合理,培养培训相互衔接一体化程度较低,教师教育体系的开放程度还不够高,教师教育制度建设有待进一步加强。师资培养模式比较单一,教师教育观念、课程体系、教学内容和教学方法手段不能适应教育现代化和实施素质教育的要求。"

《意见》提出的"教师教育改革与发展的基本原则"之一:"坚持以发展为主题,以结构调整为主线。强化师范院校的教师教育优势和特色,增强综合办学实力。对现有师范院校的布局、层次、类型、学科专业等方面进行战略性调整,满足当地基础教育和经济社会发展需要。"

《意见》提出的"教师教育改革与发展的主要任务"第一条为:"基本完成教师教育的结构调整,进一步完善教师教育制度。按照基础教育事业发展目标,依据国家有关规定,确定合理的师范院校培养规模、结构,初步形成以现有师范院校为主体,其他高等学校共同参与,培养培训相衔接,体现终身教育思想的开放的教师教育体系。"

《意见》提出的"教师教育改革与发展的主要政策措施"："继续推进教师教育结构的战略性调整,高效益重组教师教育资源。各地在省级人民政府的统筹规划、宏观指导下,积极稳妥、因地制宜地推进各级各类师范院校的布局、层次和类型等方面的结构调整,实现本省(自治区、直辖市)师范院校和其他承担教师教育机构的合理整合,使教师教育机构的办学层次由'三级'向'二级'适时过渡,明显提高教师教育一体化程度。在各地高等学校布局调整中,不得削弱教师教育;在教师教育结构调整中,不得削弱在职教师培训;在教师教育资源重组中,不得流失优质教师教育资源。"

随着国家一系列教师教育改革政策措施的出台,高等学校(以师范院校为主)掀起了一股教师教育改革的热潮,也形成了不同的教师教育改革模式。当时,国内教师教育改革的主要模式有:"4＋2"模式;"3＋3"模式;"4＋1＋2"模式;"3＋1"(或"1＋3"或称"2.5＋1.5")模式;双学位模式;主辅修双专业模式。其他还有实习类的"顶岗实习、置换培训"模式,综合类的"U-G-S"模式等。

综上,世纪之交,我国教师教育改革和发展呈现出"四化",即教师培养大学化、教师来源多样化、教师教育一体化和教师职业专业化的重要走向,师范院校对教师教育课程和教师教育模式改革进行了大量的探索。但是,师范生培养质量总体不是很高,不能满足广大人民群众对优质教育的需求,基础教育领域优秀教师短缺现象依然严重。2010年,国家正式颁布《国家中长期教育改革和发展规划纲要(2010－2020年)》(下简称《教育规划纲要》),《教育规划纲要》是21世纪我国第一个中长期教育规划纲要,《教育规划纲要》提出:"加强教师教育,构建以师范院校为主体、综合大学参与、开放灵活的教师教育体系。深化教师教育改革,创新培养模式,增强实习实践环节,强化师德修养和教学能力训练,提高教师培养质量。"[①]时任国务院总理温家宝多次强调要培养优秀教师和未来教育家,并赋予了师范院校以特殊的历史使命。2010年,随着教育部启动"卓越人才培养计划",个别师范院校开始试办卓越教师实验班,卓越教师培养成为我国教师教育改革的一个新动向。

三、杭师大教师教育改革的进程

杭州师范大学具有百余年的教师教育传统,其悠久的教师教育历史可追溯至建于1908年的浙江官立两级师范学堂。20世纪初,在第一任校长经亨颐先生的领衔下汇聚了鲁迅、马叙伦、叶圣陶、李叔同、夏丏尊、朱自清等为代表的一代大师,培养和造就了丰子恺、柔石、杨贤江、冯雪峰、陈建功、潘天寿等文化名人,形成了我校特有的"教育家办学"和"名师育英才"的办学传统。建校以来,我校一直在培养优秀师范人才方面独树一帜,在基础教育界涌现出一大批骨干精英乃至领军人物。但是,随着学校升格为综合性大学,非师范专业不断增加,招生数不断扩大,师范特色有所弱化,教师培养质量有下滑的趋势。在高等教育大众化时代,如何继承我校师范生培养的优良传统,创新人才培养模式,是摆在学校发展面前的一个重大课题。

---

① 《全国教育工作会议文件选编》,人民出版社,2010年,第99页。

经过百余年的发展,我校教师教育已具有相当的基础和实力。在教师教育方面,2010 年时已经拥有本科专业 21 个,省重点专业 16 个,国家特色专业 5 个,省教师专业技能实验教学示范中心 1 个,省级精品课程 6 门,省新世纪教改项目 7 项,省级教学团队 1 个,省级人才创新实验区 1 个,省教学成果奖 4 项,省重点学科 2 个,一级学科硕士点 2 个,专业学位硕士点 1 个,近年引进包括杰青在内的高端人才 4 人,有正高级专业技术职称的教学研究人员 30 余人。我校是省教师教育重点基地,杭州市中小学教师、干部培训中心。

我校教育体系主要由原杭州师范学院、杭州教育学院和杭州师范学校构成。原杭州师范学院是一所于 1978 年建校的地方本科院校,经过不懈的努力,在 20 世纪末已获得硕士学位授予权,办学实力位于全国地方师范院校的前茅。杭州教育学院是一所专门从事职后教师培训的成人高校,办学历史比较悠久,具有先进的教育培训理念和丰富的教师培训经验,多次受到教育部的表扬,在全国教育学院序列中具有相当的影响。杭州师范学校更是历史悠久,其前身就是浙江省官立两级师范学堂即后来的浙江省第一师范学校,该校管理规范,校风优良,人才辈出,声誉卓著,是全国师范学校的一面旗帜。应该说,合并以后杭州师范大学的教师教育优势非常明显,不仅具有培养小学、中学教师的丰富经验,更具有职后教师培训的丰富经验和资源。

但是,客观理性地分析,我校教师教育也存在着点多、面广、疏离等特点,资源缺乏有效整合和利用,特色不够鲜明,核心竞争力不是很强。学校认识到,我校教师教育要高水平持续发展,必须以改革创新为动力,不断深化教师教育改革。

通过充分酝酿、反复讨论和专家论证,我校教师教育改革提出如下总体思路:以"优先发展、特色发展"为基本理念,"全面对接基础教育、全方位服务基础教育"为基本方针,坚持深化改革,注重整体推进,控制规模,优化结构,提升质量,培育特色,通过 5 年的建设和发展,构建起完整的从学前到中学、普通到特殊、职前到职后、本科生到博士生的教师教育体系;深化培养模式和课程改革,培养适应未来基础教育发展的具有"人文情怀、基础厚实、技能过硬、终身发展"特质的高素质教师;突出重点,在小学教育、教师培训、学科教育研究、服务基础教育等领域培育显著特色,形成具有重要影响和推广价值的标志性成果——"构建职前职后一体化的卓越教师培养体系""区域性教师教育联盟协同创新模式",力争获得国家教学成果奖;全面参与教育部、教育厅教师教育改革试点工作,推进教师教育协同创新和教师教育联盟建设,打造浙江省教师教育高地,争取使我校成为省部共建的师范大学。

从时间节点上来看,我校教师教育改革的主要进程如下:

2007 年 11 月,我校在原教育科学学院、初等教育学院和继续教育学院的基础上,从整合校内教师教育资源、实现教师教育职前职后一体化的目标出发,成立了教师教育学院(虚体)、教师教育管理处和教师教育研究中心。其中,教师教育管理处统筹协调全校教师教育的改革与发展、课程开发和评估、实践教学的组织和管理等工作;教师教育研究中心则承担着研究教师教育的工作职责,参与学校有关教师教育政策研讨,在专业背景下为教师教育管理处提供理论咨询,为学校有关教师教育的专业决策提供必要的理论支持。

2010年9月,为创新人才培养模式,我校创办了"经亨颐学院",它是以我国近代著名教育家、我校首任校长经亨颐先生之名命名的荣誉学院,是继承师大百年师范教育传统,实施"卓越教师培养计划"的教改实验特区。经亨颐学院遵循经亨颐先生"人格为先、五育并举"的教育思想,办学目标是培养具有"宽厚的文化涵养、精深的学科底蕴、卓越的教育素养、开阔的国际视野"的优秀教师和未来教育家。经亨颐学院挂靠教育科学学院办学,两块牌子、一套班子。

2012年3月,为强化师范生教学能力(即教学设计、教学实施和教学评价能力)训练,提高教师培养质量,我校注重制度创新,在前期试点的基础上,开始在全校范围内实施师范生教学技能全员达标考核。学校要求全体师范生教学技能人人达标,人人过关,达标后方可参加教育实习,否则实习暂缓进行。达标考核时间定在第六学期。在组织体系上,学校成立达标考核领导小组,负责全校达标考核的组织协调、政策制定和质量监控等;相关学院成立相应的达标考核小组,负责本学院达标考核的组织实施。在达标内容上,参照省师范生教学技能竞赛要求,并根据我校的实际,设为教学设计、多媒体课件制作和说课·模拟上课·板书三项。对于学前教育、音乐、美术和体育等专业,允许学院结合各自专业的特点,对达标内容作适当的调整。达标考核成绩分合格与不合格两个等级。考生各单项成绩均合格,总成绩才能定为合格;否则成绩定为不合格。对于考核未达标者,在第七学期开学初进行一次补考,成绩合格方可参加教育实习。全员达标成绩合格的学生,可以申报Ⅱ类学分,获取2个学分(从2013级开始全员达标纳入教师教育必修课程,为1个学分)。为保达标工作的顺利推行,学校将按师范生人数把相应工作量统一划拨至各相关学院。

2012年6月,为了贯彻《教育规划纲要》提出的"增强实习实践环节,强化师德修养和教学能力训练,提高教师培养质量"和教育部"关于大力推进教师教育课程改革的意见"、"关于开展中小学和幼儿园教师资格考试改革试点的指导意见",学校对2013级师范类本科专业教师教育课程进行改革修订,指导思想是:重视基本教育素养、强化职业技能训练、增强实习实践环节、适当考虑专业差异。基于以上的指导思想,我校2013级师范类本科专业的教师教育类课程由三大模块组成:教育理论类(14学分)、教育技能类(3学分)和教育实践类(10学分),总共27学分,其中必修23学分,选修4学分。

2013年4月,学校组建新的教育学院,原初等教育学院撤销,并入教育学院,提升从事小学(包括学前)教育教师队伍的科研学术水平和小学(包括学前)学科专业建设水平;经亨颐学院与教育学院合署办公。

2014年4月,我校举行教师教育体制改革论证会。论证会专家咨询委员会成员有北京师范大学教育学院原院长张斌贤教授,南京师范大学原副校长吴康宁教授,东北师范大学饶从满教授,华东师范大学吴刚教授等。

2014年6月,学校决定经亨颐学院从教育学院独立出来,以实体性学院办学。并将杭州市中小学教师和干部培训中心从原继续教育学院中划出,并入经亨颐学院,实现真正意义上的职前职后一体化。学校学科教育研究中心也设在经亨颐学院。

2015 年 4 月,学校 107 周年校庆前夕,我校收到迄今最大的单笔捐赠:阿里巴巴集团董事局主席、88 届校友马云回到母校,捐赠 1 亿元人民币,设立"杭州师范大学马云教育基金"。"杭师大马云教育基金"的设立,旨在通过促进母校的发展与师范人才的培养,推动中国基础教育与乡村教育的发展。这笔捐赠将由"杭州师范大学教育基金会"专项管理。主要用于资助教育研究与教育创新,探索中国师范教育与基础教育发展方向并树立师范教育典范,如开展卓越教师培养、学术资助、教育实习基地建设、教师教育平台建设等项目。同时还设立"杭师大马云教育奖",激励青年师范人才,奖励优秀教师、优秀师范生以及学生青春领袖等。

2015 年 5 月,我校召开教师教育改革推进会,宣布成立学科教育研究中心,研讨我校教师教育改革的相关政策和举措,部署 2015 年教育实习工作。时任副校长王利琳出席会议并讲话,教务处、人事处、人文社科处、公共事务管理处、学生处等部门负责人,各学院负责人、我校学科教学论教师和教育实习带队指导教师参加会议。此次会议是我校集结式推进教师教育改革进程中召开的一次重要会议,针对我校教师教育内涵建设中存在的问题,如何乘势而上,实现改革目标,王利琳提出了具体的实施路径。首先,要构建良好的平台,加强师资队伍建设,明确学科教学论教师职责,依托成立的学科教育研究中心这一重要平台,集合我校学科教学论教师人力与智力资源,开展学科教育群教材、课程、项目研究工作,服务引领基础教育;同时要注重"内培外引",建设专兼结合的教师教育师资队伍。其次,要深化课程和人才培养模式改革,丰富招生方式,推进教师教育类课程改革,注重构建合理的课程结构,建设"双师型"课程和教考分离的"达标"课程,对接国考大纲更新课程内容;要加强教育实习工作,修订教育实习管理办法,建立更高要求的实施标准和规范,强化实践教学对人才培养的作用。再次,要加强教师教育工作的质量保障,注重政策导向,要充分整合利用职称评审、达标考核、教师践习计划等专项工作,"卓越教师计划"、"省级教师培养基地"、"攀登工程"、"教师发展学校"等高水平项目的政策资源和各项扶持经费,结合新校区建设中的空间硬件建设,保障教师教育工作稳步推进。会上,教务处对新修订的《杭州师范大学教育实习管理办法》《杭州师范大学教育实习规程》进行了解读,并对下一阶段教育实习进行了部署,按照新修订政策要求,我校 2015 年教育实习将加强实习前期准备工作,要求人人试讲,人人过关;加强实习过程指导,提高实习编组规模,指导教师指导每周不少于 3 天,实施教师驻点指导;加强总结研习工作,时间为 4~5 周,要求人人上汇报课,指导教师逐一点评,学院总结交流;充分发挥学科教学论教师作用,开展教师发展学校建设工作。

2016 年 1 月,我校召开教师发展学校建设研讨会,并同时举行教师发展学校签约仪式。183 所中小学、幼儿园成为我校签约教师发展学校。2015 年 6 月,浙江省教育厅出台了《浙江省教师发展学校建设实施方案》(下简称《方案》),提出在全省中小学、幼儿园中建设一批高等院校与中小学协同培养培训的教师发展学校。《方案》旨在为师范生教育实践、中小学教师专业发展培训教育实践和高校教师挂职锻炼等提供场所,为师范生教师教育课程提供应用型师资,为高校教师指导参与基础教育改革提供平台,进而促进教师专业发展,提高教师教育教学水平。我校高度重视教师发展学校的建设工作,

《方案》出台以后,校领导先后赴杭嘉湖宁绍甬等地教育部门和优质中小学,商谈合作共建。在省教育厅、市教育局的帮助下,通过市师干训中心和各区县教育局的共同努力,学校完成了首批183所教师发展学校的遴选工作。

2016年8月,浙江省内35位中小学名师、名校长受聘为我校教师教育讲席教授,校党委副书记王利琳出席聘任仪式,为受聘教师颁发聘书并讲话,人事处、学科教育研究中心、相关学院负责人及全校学科教学论教师参加了仪式。教师教育讲席教授是我校马云教育基金在学科教育研究中心设立的兼职岗位,是我校教师教育教师与基础教育一线名师优势互补、协同育人的发展平台,更是"以名师引领未来名师发展"的师范生培养新途径,受聘名师将积极参与师范生的教学实践、"双师课程"建设、开设专题报告、教育硕士培养等。

通过梳理杭师大教师教育改革的历程,大致可以看出其改革路径为先宏观、后微观,先体制机制,如成立教师教育管理处、经亨颐学院、开展师范生教学技能全员达标等,后课程教学,如教师教育课程调整、规范教育实习见习、成立教师发展学校、聘请讲习教授等。下一步,我校将围绕卓越教师培养进一步改革,师资、学术资源进一步集中,培养模式进一步丰富。教师教育改革的具体目标是建立体系更完备、要素更集聚、结构更合理、功能更强大的实体性教师教育学院(含学科教育研究中心、教师技能实训中心、基础教育研究指导中心、基础教育现代化评估中心等),教师教育学院集研究、教学、服务于一体,主要职能为优秀师范生培养、普通师范生教师素质提升、教育硕士博士培养、教师教育和学科教学研究、中小学教师培训、中小学办学咨询指导等。

第三节 孕育:经亨颐学院的办学定位

一、美国荣誉教育的借鉴

基于高校"质量工程"的提出、教师教育改革的深化和学校自身特色发展的大背景,在2008年,学校就开始谋划人才培养模式创新这篇大文章。但是,由于杭州师范大学的基础是杭州师范学院,而杭州师范学院是一所纯粹的师范院校,当时学校所有的重点学科专业都是师范类;而学校的应用类学科才刚刚起步,底子还很薄弱,人才培养模式创新也只能做师范这篇文章。既然要做优做特师范教育,那么,又该如何做呢?采取何种模式?当时,我校所有师范专业都分散在各个学院,从学校层面来做人才培养模式改革的切入点在哪里,我们面临着艰难的抉择。这时,我们从美国的荣誉教育受到了启发。

美国高校荣誉教育即优秀本科生培养模式历史悠久,发展得比较成熟,在荣誉教育领域取得丰硕的成果,为美国提供了大量具有创造性思维的拔尖人才,也为我们提供了许多值得借鉴的有益经验。美国的荣誉教育是大众化教育时代专为高校优秀本科生设计的一种个性化教育模式,以便更充分地满足优秀学生的发展需求。荣誉教育的目标包括:鉴别出那些能力卓越和志存高远的荣誉学生;为这些荣誉学生提供挑战自我的学术机会,让他们在最高水平上发挥自己最大的潜能,培育一个可以鼓舞荣誉学生志向和激发他们作出成就的学习环境,借此培养他们的尊严、自尊和潜力[1]。美国荣誉学生项目就是荣誉教育的组织形式之一。荣誉学生项目的主要特点就是重课程、重活动和重指导。重课程是指专为优秀学生开设互动性更强、节奏更快、更富有挑战性的学科交叉课程、研究性课程、人文课程;重活动是指开展各种社团文化活动、创新活动及学术活动,为优秀学生提供分享彼此学术成果的平台、扩大社交网络及接触多元文化的机会,以促进拔尖学生的领导能力和实际工作能力;重指导是指导老师和学生的密切联系不单是吸纳学生参与科研项目,而是体现在专业方向的咨询和确定,个性化教学计划的制订,课程选择和课程学习结果的审查以及学术研究的指导等方面。荣誉教育在美国高等教育机构中非常普遍,不管是私立大学还是公立大学,也不论是四年制大学还是两年制的社区学院,都有这种在大众化教育时代培养精英人才为目标的教育形式。荣誉教育的组织形式也多种多样,有荣誉项目、荣誉学院、荣誉与实验学院、大一新生研讨班项目等。美国的荣誉教育还有自己的专业组织——全国高校荣誉教育理事会,专门为全国的本科荣誉项目、荣誉学院以及参与荣誉教育事务的教师学生提供支持和服务。截至 2008 年 11 月 25 日,全美共有 778 所高等教育机构加入该协会。

目前中国的荣誉教育仅在少数一流大学存在,在规模上也无法与美国相比。但是,从这些项目中,我们可以看出其中带有浓厚的美国色彩。近年来,我国很多大学为了探索本科生通识教育培养模式,同时也是为了更好地在大众化教育时代保持精英教育的精髓,设立了与美国荣誉教育有异曲同工之处的各种教育计划,如清华大学的基础科学班,北京大学的元培计划实验班,北京师范大学的励耘实验班等。少数学校的荣誉教育单独设院,如北京大学的元培学院、浙江大学的竺可桢学院、上海交大的致远学院、南京大学的匡亚明学院等。荣誉学院是对优秀本科生实施"特殊培养"和"精英教育"的特殊学院,是荣誉教育的组织形式之一。追溯荣誉学院(honors college)的历史,较为著名的是美国的荣誉计划(honors program)。美国大学实施的荣誉学生计划开始于 20 世纪五六十年代,是一种针对优异学生个性发展的教育计划,如哈佛大学、宾夕法尼亚印第安那大学、西密西根大学的荣誉学生计划等。虽然我国不少著名大学都设立了荣誉学院,但这些学院的目标都是培养综合性的拔尖人才。到目前为止,国内还没有专门培养优秀师范生的荣誉学院。

荣誉教育在大学本科教育中的存在,不仅对培养优秀学生有特殊的意义和作用,而且对整个本科教育活动有着特殊的意义,发挥着特殊的作用。正如有的学者指出的,"荣誉教育是高质量的本科教育,荣誉教育是开发本科人才潜能的教育,荣誉教育是积聚优质教育资源于本科人才培养的教育,荣誉教育是创新的本科教育"[2]。简言之,中国大学荣誉教育的发展,应当从本科教育整体实践来进行思考和探索,而中国大学本科

---

① 坦娜:《〈人才规划〉背景下看美国的荣誉教育》,《内蒙古师范大学学报(教育科学版)》,2011 年第 7 期,第 36 页。

② 李学农:《论荣誉教育对本科教育的意义和作用》,《中国大学教学》,2014 年第 9 期,第 92—95 页。

教育也应当从荣誉教育中获得启发和推进改革的动力。

二、学院办学蓝图的绘就

受到美国荣誉教育的启发以及国内一流大学荣誉学院成功经验的激励,创建杭师大教师教育荣誉学院、创新优秀师范生培养模式的定位已经基本清楚。接下来,教师教育管理处和教务处一班人马就马不停蹄地着手学院的架构,结合学校办学历史、办学现状、荣誉教育特点和荣誉学院经验等,经过几轮的头脑风暴,学院的雏形即粗线条的勾勒基本形成,并提交学校。当时请示报告的原文如下:

关于"经亨颐学院"相关事宜的请示报告

校领导:

为了贯彻学校第四次教学工作会议的精神,更新人才培养观念,创新人才培养模式,进一步强化我校教师教育的优势和特色,配合学校"卓越人才培养计划",拟创办"经亨颐学院"。现将有关事项请示如下:

一、学院名称

学院拟取名为"经亨颐学院"。经亨颐先生是我国近代著名教育家,我校老校长,他提出的"人格为先、五育并举""与时俱进"等教育思想极富时代意义。以经亨颐命名师范生人才创新实验班理由如下:(1)它利用了学校百年校史资源,自然贴切;(2)经亨颐的教育思想可以渗透到人才培养过程中,富有特色;(3)经亨颐本人是教育家,与学院培养目标一致;(4)经亨颐曾担任浙江两级师范学校(后改为浙江第一师范学校)、春晖中学等名校校长,浙江教育会会长,国家课程标准起草委员会委员(共5人),在中国近代教育史上有很大影响,用经亨颐命名可以扩大学院的影响力。

二、培养目标

培养德、智、体、美、群全面发展的"信念执著、品德优良、知识丰富、本领过硬"的优秀教师和未来教育家。

三、规格要求

1. 树立正确的世界观、人生观和价值观。

2. 具有高度的社会责任感和远大理想;热爱教育事业,关爱学生。

3. 具有较高的科学与人文素养,德、智、体、美、群全面发展。

4. 具有扎实的专业知识和较高的教育教学实践素养。

5. 做到学思结合、知行统一,拥有终身学习与发展的能力。

四、基本原则

(一)办学宗旨彰显教师教育特色,引领教师教育发展。

"经亨颐学院"意在改变传统师范教育培养模式,突出未来教师素质的提升和实践素养的培养。以此为突破口,探索教师教育改革的有效途径,提升学校教师教育质量,强化学校教师教育特色。

(二)课程特色凸显人格教育,强化通识教育,注重专业教育。

在课程建设方面,以百年校史为依托,开发校史校本课程,传承经亨颐"五育并进,和谐发展"的人格教育思想,注重思想道德和职业理想教育;强化通识教育,发挥学校人文艺术特长,注重科学与人文(含艺术)的相互渗透;加强案例、情景等实践性课程,提升教师专业能力。

(三)培养方式采用"双导师制""淘汰制"和"订单式"培养。

"双导师制"是指采用理论与实践并重的导师指导制。理论导师从学校教育口硕士导师中选取,实践导师由中小学名教师担任,每位导师带2位学生。"淘汰制"是设置退出标准,实施动态培养,保障培养质量。"订单式"是指设立毕业生预订制度,进行意向培养。

(四)学生管理采用"四自式"和"书院式"管理。

学生管理遵循经亨颐先生教育思想的精髓,尊重学生的主体精神,强调"四自"即"自主、自由、自治、自律"。为学生提供固定集中的生活空间与学习空间,注重从事教育、当好教师的氛围熏陶与文化浸染,让学生在潜移默化中感受到成就名师的使命和责任。同时,弘扬书院传统和精神,建立师生定时"活动制",包括学术沙龙、课题讨论、郊游、会餐、谈心等,充分创造师生交流、交往的环境。

(五)就业取向面向中小学优质学校,积极探索"本硕一体化"的模式。

就业取向是服务于中小学优质学校,同时也积极探索"本硕一体化"的教师教育模式,提高学历层次,增强招生和就业的吸引力。

五、修业年限

基本学制4年,实行3~5年弹性修业年限。

六、课程设置

根据国家教师教育课程标准,科学设置培养课程,力求体现先进性。具体课程分为文化通识课、学科专业课、教师教育课三类,其中文化通识课约为40学分,占25%;学科专业课约为80学分,占50%;教师教育类课程约为40学分,占25%。

七、毕业要求与学位授予

毕业要求:在规定的修业年限内,必须修满最低学分160学分,其中通识课程修满40学分、专业课程修满80学分、教师教育类课程修满40学分。

学位授予:取得毕业资格,并达到学校规定的授予学士学位的条件,本专业毕业后授予教育学学士学位。

八、招生方式

"经亨颐学院"招生直接进入2010年第一批招生计划,按文科实验班、理科实验班各招生40人。专业方向为语文、数学和外语。

九、管理模式

由教师教育管理处处长×××、教育科学学院院长×××任共同院长,教务处副处长×××、教科院副院长×××、×××任副院长,其中×××任常务副院长。教师教育管理处和教务处主要负责学院发展规划、人才培养方案制订、教学改革和质量监控等;教育科学学院主要负责学校改革意图的贯彻落实、学院人才培养方案的具体实施、日常教务和学务管理、学院基本建设等。

十、需要解决问题

（一）人员配备

学校须为教育科学学院配备专职副书记一名，增加教学管理和学生管理人员各一名。

（二）经费与政策支持

除常规办学经费外，学校应设立专项经费。学校在教师（包括外聘）课酬、班主任配备、学生奖学金、教学改革、图书资料、教学设施及后勤服务等方面应给予特殊的政策支持。

教务处

教师教育管理处

2010.2

校长办公会议经过认真讨论，原则同意成立"经亨颐学院"的请示报告，并责成教务处和教师教育管理处尽快拿出人才培养方案。人才培养方案是学院办学的顶层设计，如同建筑的施工图，它的理念、视野、水平等影响学院的长远发展，尤其直接影响人才培养的质量。顶层设计，源自工程学的概念，数十年前被跨国公司普遍采纳，简而言之，就是用科学的方法论对企业未来五年的发展作出系统性的规划。其主要特征表现为顶层决定性、整体关联性和可操作性。这项工作难度极大，富有挑战性。当时，教师教育管理处组织了精干人马开展此项工作，团队中既有经验丰富的教师教育专家，又有理论素养深厚的教育学博士、学科教学论博士。人才培养方案的形成采取了自上而下和自下而上相结合的科学民主的决策路径。人才培养方案初稿形成后，经过了多层次、全方位的专家论证，参与人员包括有校内各师范类学院分管院长、学科教学论专家、教师教育专家，校外有大学教务处处长、著名中学校长、特级教师等。大约经过半年的时间和七八次的反复论证修改，终于形成了经亨颐学院的人才培养方案（第一稿）。

至此，经亨颐学院的筹备工作已完成，可谓万事俱备，只欠东风。2010年，我国教育界可谓喜事连连，振奋人心，催人奋进。2010年7月13日，全国教育工作会议在北京召开。这是党中央、国务院在新世纪召开的第一次全国教育工作会议，也是改革开放30多年来的第四次全国教育工作会议。时任中共中央总书记胡锦涛在会上发表重要讲话，强调大力发展教育事业，是全面建设小康社会、加快推进社会主义现代化、实现中华民族伟大复兴的必由之路。时任国务院总理温家宝在讲话中则强调："如果说教育是国家发展的基石，教师就是奠基者。有好的教师，才可能有好的教育。"[1]"要倡导教育家办学。""努力培养和造就一大批献身教育事业、具有先进教育理念和独特办学风格的

---

[1] 《全国教育工作会议文件选编》，人民出版社，2010年，第40页。

人民教育家。这是振兴我国教育事业的希望所在。"[①]"建设一支高素质的教师队伍,必须办好师范教育。""师范教育的目标绝不是造就'教书匠',而是要造就堪为人师的教育家。"[②]紧接着,2010年7月29日,《国家中长期教育改革和发展规划纲要(2010—2020年)》正式发布。制定《国家中长期教育改革和发展规划纲要》是党中央、国务院着眼于全面建成小康社会和现代化建设全局作出的战略决策,是对我国未来十年教育事业发展的全面谋划和前瞻性部署。

在全国教育工作会议召开和《国家中长期教育改革和发展规划纲要》颁布这股强劲东风的鼓舞下,杭州师范大学决策层当机立断,决定正式成立经亨颐学院。2010年9月17日,经亨颐学院成立仪式暨2010级新生开学典礼隆重举行。参加会议的除省市领导、学校主要领导外,还有经亨颐学院领导班子全体成员、经亨颐学院管理委员会全体成员、经亨颐学院荣誉教师代表、经亨颐学院2010级全体新生等。时任学校党委副书记黎青平宣读学校文件,时任党委书记崔鹏飞为学院授牌,接下来为首批荣誉教师颁发聘书,首批荣誉教师为:浙江省外文学会会长、博士生导师,杭州师范大学外国语学院院长殷企平教授;浙江省有突出贡献的中青年专家、博士生导师,杭州师范大学人文学院院长沈松勤教授;浙江省优秀教师、博士生导师,杭州师范大学理学院院长李宝兴教授;浙江省特级教师、杭州市教授级中学高级教师,杭州高级中学校长尚可。省师范处领导李敏强,中学校长代表尚可,副校长、学院院长王利琳等分别致辞,最后校长叶高翔讲话。

在俭朴、热烈、隆重的气氛中,经亨颐学院成立仪式结束,这也标志着我国第一所教师教育荣誉学院就此诞生了。

---

① 《全国教育工作会议文件选编》,人民出版社,2010年,第38页。

② 《全国教育工作会议文件选编》,人民出版社,2010年,第42页。

杭州师范大学文件

杭师大〔2010〕175 号

关于成立杭州师范大学经亨颐学院的通知

各学院、部门：

为全面加强优秀拔尖人才培养，深入推进人才培养模式创新，经研究决定，成立杭州师范大学经亨颐学院。王利琳同志兼任院长，项红专、田学红同志任常务副院长，沈忠华、仲玉英同志任副院长。

特此通知。

二〇一〇年八月二十七日

主题词：机构　经亨颐学院　成立　通知

杭州师范大学校长办公室　　　　2010 年 8 月 27 日印发

图 1-1　杭州师范大学成立经亨颐学院的文件

图 1-2　时任杭州师范大学党委书记崔鹏飞(左一)为经亨颐学院成立授牌

第四节　轨迹:经亨颐学院的发展壮大

一、学院发展的基本历程

任何新兴事物的诞生、发展和壮大都是艰难曲折的,因为它与现有的体制机制、发展环境不相适应,有些甚至是冲突的。作为一所人才培养创新改革的试点学院,从它一出生就注定学院的发展不是一帆风顺的。事实确实如此,经亨颐学院的发展极其艰难,有时几乎接近绝望面临放弃的境地。但是,不管如何,经过诸多的磨难和曲折之后,学院终究还是存活下来并且发育良好、不断地趋于成熟,而且也越来越受到人们和社会的认可和关注。从学院成立至今,大致可分为三个阶段,即体制探索、教学规范的初创期,文化建设、内涵提升的过渡期,特色形成、成效显现的独立期,具体内涵如下:

(一)2009—2013 年,体制探索,教学规范

2009 年 9 月,经亨颐学院成立之初,为了降低办学成本,同时也发挥教育学院的师资和学科优势,学校决定挂靠教育学院办学,同时采用学校与教育学院双重领导的新型领导体制。学校分管教学副校长兼任经亨颐学院院长,教师教育管理处处长和教育学院院长担任常务副院长,教务处副处长和教育学院副院长担任副院长,选调教务处教学实践科科长担任学院教务科长,配备了专职副书记(半年后到岗)和辅导员。学校借鉴其他高校荣誉学院的办学经验,专门成立了经亨颐学院管委会,校长任主任,副校长(兼经亨颐学院院长)任副主任,相关职能部门和学院领导任委员,定期研究、协调解决经亨颐学院办学面临的困难。各相关学院负责经亨颐学院的专业教学,并要求落实一位教学经验丰富的教授为专业负责人,具体落实本专业的教学任务。经亨颐学院办学可以说是理想很丰满,现实很骨感。教育学院在自身用房十分紧张的情况下,腾出两间办公

室作为经亨颐学院的办公用房。就是在如此艰苦的条件下,学院一班人艰苦创业,发奋图强。学院注重建章立制,规范管理,理顺各种关系,创设良好的政策环境,各项工作平稳有序。

(二)2013—2014年,文化建设,内涵提升

2013年上半年,学校进行了新一轮机构改革和岗位聘任工作,经亨颐学院管理体制有所调整。学校决定,经亨颐学院仍挂靠新教育学院(此时原初等教育学院已并入教育学院),教师教育管理处转成教师教育管理办公室。教育学院院长不再兼任经亨颐学院常务副院长,直接由教师教育办公室主任兼任学院常务副院长,教务处副处长和教育学院副院长仍然兼任学院副院长,另设专职副书记(兼管部分教育学院工作)。由于2013年下半年文科学院(包括教育学院)将搬迁至仓前新校区,而理科学院仍留在下沙校区,经亨颐学院面临两地办学的尴尬境地。鉴于这种特殊情况,经亨颐学院决定并提交学校同意,理科学生暂时由理学院托管;同时由于仓前新校区理学院所属大楼建设还没有开工,物理实验无法开设,学院决定物理专业暂时停办,待条件具备再行恢复。这一时期,由于学院涉及下沙、仓前两地办学,给学院管理尤其是学生管理带来了诸多的困难,但是在理学院的大力支持下,学院总体运行平稳,各项工作有序推进,也有不少的亮点,事业不断向前推进。通过前几年与相关专业学院的磨合,经亨颐学院与专业学院共同培养的机制也逐渐成熟。

(三)2014—2017年,特色形成,成效显现

2014年6月,学校对教师教育体制再次进行调整。学校决定经亨颐从教育学院划出,实行独立办学。原继续教育学院实行管办分离,其职能转成管理部门。原继续教育学院下辖的杭州市中小学教师和干部培训中心并入经亨颐学院,与经亨颐学院合署办公,学校学科教育研究中心也并入经亨颐学院。此时经亨颐学院拥有一学院(实体经亨颐学院)、三中心(除了杭州市师干训中心外,还有杭州市教师教育质量监控中心)、一站(杭州市特级教师工作站),学院教育资源丰富,职前培养与职后培训完全打通。从此,经亨颐学院真正走上了独立办学的道路。在这一时期,学院进一步明晰了文化理念体系(包括办学理念、培养目标、核心价值观、院训),注重发挥文化引领作用;积极倡导教学与学工、职前与职后的深度融合,彰显新型学院的结构优势和功能优势;学院加强师德教育,推出了"从教第一课",做实"教育家大讲堂"活动;学院推进教学改革,让学生动起来,让课堂活起来;加强实践教学,出台教育实践规程,推出了教育实习"三优展";强化师范生教学技能训练,各类竞赛成绩优异;推出了优秀师范生教学技能展示活动,引得杭城中小学名校关注;学院注重文化育人,各项举措扎实推进。可以说,这一时期是经亨颐学院发展最快、也是发展最好的时期。

二、学院发展的主要经验

(一)明晰学院目标定位

对一个新办学院来说,最重要的是要明确两个基本问题,即"办什么样的学院""培

养什么样的人",这是学院的办学哲学,它决定学院未来发展的方向和道路。而对于这两个看似简单、其实又很复杂问题的认识,也不是一蹴而就的,而是在办学过程中经过反复摸索和思考而逐渐清晰起来的。

我们对经亨颐学院的办学定位是:杭州师范大学的"教改实验特区";优秀教师和未来教育家的摇篮;全国高校中有特色、高水平的荣誉学院。

具体来说,"杭州师范大学的'教改实验特区'"是校内对经亨颐学院的定位。学校把经亨颐学院作为改革的"试验田",鼓励经亨颐学院大胆创新,先行先试,把成功的改革经验在校内辐射推广,起到以点带面的辐射引领作用。"优秀教师和未来教育家的摇篮"则是学院培养人才的明确定位,优秀教师和未来教育家的成长需要有一个过程,师范大学重在选苗子、打基础,着眼于未来,培养具有发展潜质和强力后劲的优秀师范生。"全国高校中有特色、高水平的荣誉学院"则体现差异化、特色化的发展战略,这也是全国首家教师教育类荣誉学院的办学追求。

我们最初提出的人才培养目标是:遵循经亨颐的"人格为先、五育并举"的教育思想,注重人格训练,培养具有"宽厚的文化涵养、精深的学科底蕴、卓越的教育素养、开阔的国际视野"的优秀教师和未来教育家。

根据习近平总书记2014年教师节的讲话精神(习主席提出了"四有"即有理想信念、有德道情操、有扎实学识、有仁爱之心好教师),结合我院四年来实施"卓越教师培养计划"的经验,以及经亨颐先生的"人格为先、五育并举"的教育思想,我们又将本学院的人才培养目标进一步完善为:培养卓越中学教师,造就未来教育家。

我们认为,卓越中学教师主要体现为"三高",即德高、学高和技高,德即品质、师德,学即学养、学术,技即技能、技艺,既要有高尚的师德修养,又要有深厚的学科底蕴,还要有扎实的教学能力。具体要求如下:①具有正确的理想信念;②具有高尚的道德情操;③具有宽厚的文化涵养;④具有精深的学科底蕴;⑤具有卓越的教育素养;⑥具有博大的仁爱之心;⑦具有开阔的国际视野。

(二)推进体制机制改革

作为一所新办学院,它的体制机制至关重要,影响学院的正常运作。体制,通常指体制制度,是制度形之外的具体表现和实施形式;机制,通常指制度机制,机制是从属于制度的,机制通过制度系统内部组成要素按照一定方式的相互作用实现其特定的功能。"体制"和"机制"既相区别又相联系,一个"有形",一个"无形",一个"外在",一个"内在",体制侧重于组织的形式,机制侧重于组织的运行,两者需要互补发挥作用。作为荣誉学院,经亨颐学院需要集聚全校的优质教育资源,这难免与各相关二级学院产生矛盾和利益冲突;同时,学院办学还需要在经费、政策、场地等方面给予优惠措施,离不开学校各方面的支持。为使经亨颐学院运作顺畅,学校对学院的管理体制作了大胆创新,整合了全校的力量和资源。学校专门成立了经亨颐学院管理委员会,主任由校长担任,成员由学院领导班子成员、相关职能处室领导、二级学院领导组成,每半年召开一次会议,集中研究决策学院发展的重大问题,协调解决办学中遇到的困难,为学院发展创造良好的外部环境。学校对学院领导班子进行了新的架构,体现了行政与专业相结合的双重强化，分管副校长兼任经亨颐学院院长，职能部门领导参与学院领导班子。这样，优化了管理体制，减小了管理阻抗，提高了管理效能。为推进事业发展，学院注重机制创新，主要有"二次选拔"机制、共同培养机制、三方协同培养机制、"点面结合"辐射机制，贯穿学生培养的全过程。具体来说，通过"二次选拔"，遴选乐教、适教的优秀学生进入经亨颐学院学习；架构了经亨颐学院与专业学院之间"双重身份、共同培养、成果共享"的良性运行机制，发挥各自优势，实现人才培养学科底蕴和教师素养的双强化；形成大学、政府、中学"三位一体"的协同培养共同体，包括协同创新人才培养模式、协同优化人才培养方案、协同建设教师教育类课程、协同建设教育实践基地、协同开展教学资源库建设和教学研究、构建协同育人的质量体系；以经亨颐学院为"教改实验区"，以点带面，辐射联动，由此带动全校教师教育改革的深化和师范生培养质量的提高。

任何一个组织的发展一般都要经历从规范到个性、再到品牌的过程。制度是要求组织成员共同遵守的规章或准则。作为一所新建的学院，制度建设是一项重要的基础建设。建院初期，学院就以规范管理为目标，高度重视建章立制，着力进行有关教学和学生管理等一系列规章、制度的制定。在借鉴其他荣誉学院成熟经验的基础上，结合自身实际，学院制定、审议并通过了《经亨颐学院授课教师聘任办法》《经亨颐学院学科导师管理办法》《经亨颐学院专业负责人工作职责》《经亨颐学院学生选拔、分流暂行办法》《经亨颐学院学生评奖评优办法（试行）》《经亨颐学院学生综合素质测评办法（试行）》《经亨颐学院公益学分认证及管理办法》《经亨颐学院教育家大讲堂学分管理办法》《经亨颐学院学生科研项目申报及奖励办法》等，对学院的日常管理和快速发展起到了非常重要的保障作用。

（三）注重课程教学改革

课程是教育思想、教育目标和教育内容的主要载体，是教育教学的基本形式。课程提供给学生多种的学习经历、不同的活动体验和丰富的学习经验。简言之，课程是学生在学校里的生活历程。人才培养目标的实现，主要是通过学校所设置的课程而达成的。课程是学校最重要的产品，是学校一切工作最终的物化体现，是学校的核心竞争力。

注重课程体系创新。经亨颐学院专注优秀师范生的培养，与传统教师教育课程体系不同，为拓宽学生所需的知识、能力和素养，结合经亨颐学院人才培养目标，我们对原有课程体系进行了解构和重构，构建了由"文化涵养"、"学科底蕴"、"教育素养"、"国际视野"四大模块以及Ⅱ类学分组成的新型课程体系。其中"文化涵养"模块包括通识必修、特色选修和公共任选课程；"学科底蕴"模块包括大类课程和专业课程；"教育素养"模块包括必修课程、选修课程、教育实践和教育家大讲堂；"国际视野"模块包括综合课程、强化课程和我看大世界。Ⅱ类学分中包括社会公益学分和达标课程（教学技能达标和艺术才能达标）等。共计168学分，其中Ⅰ类学分160学分，Ⅱ类学分8学分。在Ⅰ类学分中，"文化涵养"模块39学分，"学科底蕴"模块72学分，"教育素养"模块29学分，"国际视野"模块20学分。在特色限选课程中，理科班开设"国学概论、物理学与人类文明、生命科学导论、艺术基础与欣赏"，文科班开设"HPS（科学哲学、科学史和科学社会学）概论、物理学与人类文明、生命科学导论、艺术基础与欣赏"，强调文理渗透，体现学校艺术特色,培养学生文化通感和科学精神。

加强特色课程建设。办学特色主要是通过课程来实现的。学院选择若干门核心课程为"荣誉课程",由荣誉教师授课,重在启发思维,培养学习思考能力。学院已聘有23位荣誉教师,他们均是校内外德高望重、学术造诣深厚、教学富有经验的名师和名家。如聘请邵剑教授(浙江大学"最受学生欢迎的教师")为学生开设《数学分析》,聘请计翔翔教授(浙江大学"四大名嘴"之一)为学生开设通识课程《世界文明史》等。我们注重课程资源整合,把"第一课堂"和"第二课堂"、"学科课程"和"活动课程"整合起来,构建"大课堂"和"大课程",丰富课程形态,以提高学生的综合素养和能力。如"教育家大讲堂",这是一门互动式讲座课程,它是为了弥补课堂教学和理论教学之不足,给学生专门开设的系列讲座,旨在让同学们与国内外大中学校长、名师名家、各界精英零距离接触、面对面交流,体悟他们对教育的独特认知和深厚的人文情怀,提升自己的教育素养。学院注重"双师课程"建设。我们选择若干门教师教育类课程,由校内教师与中小学一线名师共同授课,其中后者单独或现场参与授课应不少于总课时的四分之一,重在促进教育理论与教学实践有效融合,提升课程质量,提高师范生教师专业素养。"双师课程"主要针对一些教育理论和教学实践融合性较强的课程,如《学科教学论》《课堂教学技能训练》《班主任工作技能训练》等。

强化课堂教学改革。教学是课程实施的主要途径。作为学校教学改革的特区和试验田,学院锐意改革进取,大胆尝试新的教学理念、模式和方法。学院真正树立"以生为本"的理念,推动"学为中心"变革,让学生成为主动学习者。与以往那种以单向性知识传授为主的教学模式不同,经亨颐学院倡导研究型教学——一种基于研究探索的学习模式,教师注重为学生创造一个宽松的环境,以问题链驱动,激发探究欲望,鼓励多元和批判性思考,引导学生主动去发现和探索世界,从中领悟学科思想方法,从而培养学生的创新精神及研究能力。如思政类课程,根据教育部的指导精神,结合思政课的特点和内在规律,以及学生学习现状,大幅度削减理论课时,强化实践教学,实践课和理论课课时比在1∶1以上。实践课的内容体现为"六个一",即结合课程内容,读一本经典著作并写一篇读后感;写一篇调研报告;写一个教案或设计一个课件;听一个学术讲座;看一部电影并写一篇影评;暑期赴革命圣地或改革开放前沿进行一次社会考察并写一篇考察小结。理科班选用国外经典教材,由学校引进的优秀海归教师实施全英文教学。加大物理实验教学改革力度,改变传统"菜单式"验证性实验教学,增加设计性和研究性实验,着力培养学生的创新精神和实践能力。英语教学实行"学年英语进阶计划",即搭建英语课堂特色教学、第二课堂素质拓展教学、英语考证考级培训营和海(境)外实训实习基地四位一体的英语能力进阶体系。

改进并强化实践教学。教育实践全程浸润,见习、实习和研习四年一贯,教育实习延长至半年。建立教育实践质量标准,规范教育实践。具体表现为:为确保教育实践的成效,切实落实充足的教育实践时间;将实践教学贯穿培养全过程,分段设定目标;建立标准化的教育实践规范,对"实践前—实践中—实践后"全过程提出明确要求。经亨颐学院打破传统教育模式,倡导学校与社会、教育与生活的有机结合,实施课内课外、校内校外、国内国外"三结合"的"大教育"。在学习期间,选送优秀学生赴国内高水平大学开展交流访学,丰富学生的第二校园经历,开阔视野,增长见识。借鉴国际著名高校的学期设置,实施学年"三学期制",即在传统春、秋两个学期基础上,增加一个暑期小学期,主要用于社会实践和海外游学,扩展学习时空,丰富学习形态,提升学习质量。

(四)聚焦卓越教师素养

学生的成长成才是学院办学的出发点和落脚点。经亨颐学院的人才培养目标是优秀教师和未来教育家,具体体现为"三高"即德高、学高和技高。为此,我们以卓越教师为标准,"三高"教师为导向,凸显学术性和师范性的双重属性,既夯实学科底蕴,又提升教师素养;既注重学生的师德,又注重学生的师能。

创新师德教育。丰富师德教育的内涵和形式,把师德教育渗透到优秀师范生培养的全过程中,落实到日常行为规范中,深化和完善"双导师制"、"公益学分"、"诚信考试"、"一人一艺"。不仅言教,而且身教,强调以导师的人格魅力去影响感染学生,以高尚引领高尚,以生命影响生命;通过开展服务他人和社会的系列活动,培养学生的爱心和责任感;全面推行无人监考,锤炼诚信品质,培养自律意识,坚守道德底线。通过"一人一艺",以艺润德,提升修养。

涵养教师气质。营造文化氛围,注重未来教师气质的养成,主要开展以下四项特色活动:一是"从教第一课",通过中小学一线名师的个人成长经历熏染,旨在培养师范生的教育情怀,引导师范生树立长期从教、终身从教信念;二是"教师教育文化月",每年下半年教育实习结束后,开展教育实习汇报评比、教育实习风采展示、教育实习典型案例评析等系列活动,营造浓厚的教师教育文化氛围;三是"教育家大讲堂",定期邀请中小学名师来院做报告,创设条件,让师范生与名师开展近距离的对话和交流,让名师走进他们的心灵,成为他们的精神偶像;四是"毕业生展示活动",大三教育实习结束后,学院举行一年一度的优秀毕业生展示活动,通过才艺展示、即兴演讲、模拟上课等环节,充分展示师范生自身的教师素养,并邀请中小学名校长举行现场观摩和点评。

两项特长培养。一是"艺术特长",弘扬我校艺术教育的传统和优势,加强艺术教育,提高艺术修养,培养高雅的情趣,塑造高贵的灵魂。学院要求每个学生在音乐、美术、舞蹈等方面至少有一样特长即"一人一艺";二是"学科特长",主要是领悟学科思想,涵养学科文化,夯实学科功底,具备学科底蕴,培养学生的创新精神和实践能力,学院要求每个学生至少参加一项校级以上的学科竞赛即"一人一赛"。

两项技能达标。为强化教师基本功,学院实施两项师范生教师技能全员达标:一是"书写技能达标",要求每个学生在"三字一画"(钢笔字、毛笔字、粉笔字、板画)方面达到规定要求;二是"教学技能达标",要求每生在板书、教学设计、课件制作、说课上课、即兴演讲等方面达到规定要求。

(五)鼓励学生个性发展

卓越教师应该是有个人风格的教师,卓越教师的培养也有别于一般教师。哈佛大学心理学家加德纳提出了多元智力理论,他认为,我们的智力是多元的,人除了言语/语言智力和逻辑/数理智力两种基本智力以外,还有其他七种智力,它们是视觉/空间关系智力、音乐/节奏智力、身体/运动智力、人际交往智力、自我反省智力、自然观察者智力和存在智力[①]。学院重视学生全面发展的基础上,重视挖掘、发现并保护每个学生不同的发展潜能和优势,积极鼓励学生的个性发展和优势发展。优秀师范生的选拔是一个重要的环节。学院建立"二次选拔"机制,挑选适教乐教的优秀师范生进入经亨颐学院学习。新生录取成绩由高考成绩和面试成绩两部分组成,面试主要考察学生的理想志趣、思想思维、知识视野、表达交流、兴趣爱好等综合素养,同时还辅之以心理测试,初步发现学生的个性特点和兴趣特长。学院关注学生的个性差异,为学生创造充分的自主发展空间,学生可以自主选择发展方向、专业课程甚至考试形式。学院建立学生个人成长档案,定期进行跟踪分析。

导师制是一种教育制度,与学分制、班建制同为三大教育模式。导师制由来已久,早在 14 世纪,牛津大学就实行导师制,其最大特点是师生关系密切。导师不仅要指导学生的学习,还要指导他们的生活。导师制也符合全员育人、全过程育人和全方位育人的现代教育理念。建院伊始,学院就实行"双导师(励志导师和学科导师)制"的培养模式,选聘校内外优秀教师作为学生的励志导师和学科导师,结合学生的具体情况,共同为学生制订个性化的培养方案,以此充分彰显学生的主体意识和创新精神,为学生的潜能发掘和个性张扬提供最大的发展空间。具体来说,"双导师制",即"优秀博士学长制"和"一线名师师徒制"。双导师全程关注学生的学习和生活,全方位指导学生的成长和成才。学生一入学,学院马上配备励志导师,由校内综合素质较高的具有博士学历的青年教师担任;大二开始,根据学生的专业选择和未来发展,聘请校内外在专业上造诣较深的教授或中小学名师作为学科导师。导师指导主要体现在人生观价值观的确立、身心健康的引导、个人发展的规划、专业方向的确定、课程选择和课程学习结果的审查、个性化教学计划的制订、学术研究的指导等。主要举措为:

①精选优选导师。在全校范围内广泛宣传发动,营造踊跃报名的良好氛围,吸纳高素质和高水平教师进入导师队伍。励志导师由校内综合素质较高的具有博士学历的青年教师担任;学科导师由校内外在专业上造诣较深的教授或中小学名师担任。学院专门举行新任导师聘任仪式,院长亲自颁发聘书,增强导师的荣誉感和责任感。

②注重制度建设。为了将"双导师制"落到实处,学院加强制度建设和管理。在借鉴其他荣誉学院成熟经验的基础上,结合自身实际,学院专门制定了导师管理办法,明确导师的职责任务、考核办法以及相应的待遇。

③创新活动载体。为使导师和学生保持经常性的接触,除建立电话、短信、电子邮件等常规联系方式之外,学院还建立师生"定时活动制",内容包括学术沙龙、课题讨论、郊游、会餐、谈心等,充分创造师生交流、交往的环境。

④重视总结交流。学院每学期召开一次导师工作会议,请优秀导师介绍经验,大家

---

① 钟启泉、崔允漷、张华主编:《〈础教育课程改革纲要(试行)〉解读》,华东师范大学出版社,2001年,第 237 页。

各自畅谈工作体会，相互学习，取长补短，共同提高。学院每年评选优秀导师，给予一定的物质和精神奖励。

⑤关注关键时期。学院要求导师做好常规工作之外，重点关注学生学习生活的一些关键时期，如新生入学、专业分流、期末考试、感情挫折、家庭变故、学业退步等，配合做好深入细致的思想工作。

⑥隐性教育主导。学院要求导师采用隐性教育方法，力戒说教、灌输，倡导用真实事例、亲身亲历，最好结合自己的人生经历和心路历程，有机渗透于课堂教学、学业辅导、科研指导等过程中。

（六）发挥文化育人作用

文化是学校区别于其他社会组织的身份，文化属性是学校永恒的特征不变量。学校内在的不可替代的教育力量就是它的文化影响，文化育人是最高层次的育人。著名教育家杜威曾指出："教育的目的在文化的陶冶，在人格的发展"，他希望"看到学校所施加于它的成员的影响将更为生动，更为持久，含有更多的文化意义"[1]。时任中共中央总书记胡锦涛在庆祝清华大学建校 100 周年大会上指出："要积极发挥文化育人作用"[2]。时任国务院总理温家宝强调："师范教育不能仅注重让学生在知识、能力和专业素质方面得到应有的发展，更要注重未来教师气质的培养，最重要的是文化熏陶。""尤其在于多年的教育文化氛围中涵濡浸渍，使学生对教育实践的兴趣油然而生，对于教育事业的敬仰日益坚定。"[3]文化是一个学院的灵魂，是师生共同的精神家园。文化具有导向功能、规范功能、激励功能、凝聚功能和辐射功能。我们注重学院文化建设，积极发挥文化潜移默化的育人作用，使得学生在学校里时时被感染、处处得熏陶、事事有感触、人人受教育。

不同于其他高水平大学，我校的荣誉学院专注卓越中学教师培养，在全国尚属首家，体现了差异化和特色化。学院提出"与优秀的人在一起会更加优秀"的办学理念，旨在倡导"优秀文化""卓越文化"，鼓励学生高标准、严要求，向优秀看齐、与优秀为伍，不甘平庸、超越自我、追求卓越，营造你追我赶、比学赶帮超的良好风气和氛围。学院确立了"诚信、立志、笃学、卓越"的院训，它对学生提出了"诚信为本、立志为师、笃学为径、卓越为终"的价值取向和行为准则，并注重院训精神的落小、落细、落实，使学生逐渐地理解、接受并内化，最终转化为自己的自觉行为。学院还以"经院三问"（"你来经院干什么？""你将来要做一个什么样的人？""你现在做得怎么样？"）时常叩问每一个学生，促使学生经常反思自己的人生理想、奋斗目标及现实努力，催其奋发向上。

作为以经亨颐先生名字命名的荣誉学院，学院秉持经亨颐先生的人格教育思想，在全院学生中推行人格教育，弘扬"勤、慎、诚、恕"的校训精神，倡导德、智、体、美、群均衡发展，注重"四自"（即自动、自由、自治、自律）训练，培养学生健全人格，提高自身人格修

---

① 约翰·杜威著，赵祥麟等译：《学校与社会·明日之学校》，人民教育出版社，2005 年，第 37 页。

② 胡锦涛：《在庆祝清华大学建校 100 周年大会上的讲话》，2011 年 4 月 24 日，新华网。

③ 《全国教育工作会议文件选编》，人民出版社，2010 年，第 42 页。

养。人格教育依托学院"青竹工程"展开,"青竹工程"包括诚意引领、艺术养性、敏学立志、修身正德、践行感恩、慎独正心六个子工程。学院设立"公益学分制",要求每位学生每学期至少参加10小时的公益活动,将参加社会公益活动作为综合素质评价中的一项重要指标。学院组织学生开展了志愿者服务、与青川中学生结对、捐助贫困儿童等多项公益活动,让学生在服务他人、奉献社会中感受爱的真谛,提升德道修养和人生境界。学院把"诚信"作为核心价值观之一,强化诚信教育,重视实践渗透。为培养学生诚信品质和自律习惯,学院积极倡导"无人监考、诚信考试",全体学生进行诚信考试宣誓并签署诚信承诺书,学院所有考试均实行无人监考,此举受到学生们的积极响应。

学校物质环境是对学生精神世界施加影响的手段。校园环境是重要的隐性课程,蕴涵着丰富的教育资源。学院建有专属教室,安装电子白板,地面增设电源端口,课桌椅由固定更换成活动,改变了原有课堂教学规矩刻板的环境,可以使师生在平等轻松的氛围中交流分享知识,有利于激发创新思维。学院办公区墙面专门开辟了一块供学生练习写字的场地,并配置了黑板,黑板上方写着"练好基本功争做好教师"十个大字,平时学生在此轮流练习写字并向公众展示,其集师范生基本功训练、展示与宣传于一体。院徽是一个学院的标志和象征,是学院文化的重要体现。学院面向全校师生和全社会公开征集院徽,并在重要场所、大型活动和印刷制品等中广泛使用。经亨颐学院的院徽由经亨颐的首字母JHY、经字、翻开的书本、进步的阶梯、澎湃的浪潮、展翅高飞的鹏鸟等元素进行艺术创意,突出了书山有路、学海无涯、志存高远、追求卓越、勇立潮头、敢为人先、海纳百川、与时俱进等思想内涵。经院学子自发编撰了三字格形式的《经院院训》:凡我辈,经亨颐;始创业,更相继。我之兴,尔所及;我之荣,尔所力。首修德,懂仁义;次学教,精乎技……它是"八字"院训的细化和具体化,在一些重要集会和仪典上都要进行集体诵读,倡导每一个经院人自觉践行。学院注重仪典文化建设,如开学典礼、毕业典礼、拜师仪式、年度盛典等等,营造浓厚的文化氛围,增强学生对学院的认同感和凝聚力。

学院还注重新媒体文化建设。学院注重学院网站、微博建设,形式多样,内容丰富。自2013年起,通过飞信平台,每周一向学生(包括毕业生)手机推送一条经亨颐学院"双语微语录",从名人名言、导师赠言、学生原创中遴选出以励志为主题的微语录,采用中英文双语,每周一上午送达(不分寒暑假、节假日,全年进行),融学习和励志于一体,传递正能量,营造新风尚。同时,每逢期末考试、教师节、母亲节、春节等,推送相关主题微语录,传递诚信文化、感恩文化、师德文化。自2013年4月27日起至今,已发布双语微语录逾200条。"经院微语录"已成为经亨颐学院独特的文化符号。

第二章　人才培养模式的创新

第一节　培养标准:德高·学高·技高

一、卓越教师内涵的理论探讨

什么是卓越教师?其基本特征有哪些?这是卓越教师培养首先需要厘清的理论问题。"卓越"一词就其字面意义而言,一般是指杰出、超出一般、不同凡响之意。通常情况下,人们对"卓越"的理解相比较于"优秀"更高出一个层次,或者说是"优秀中的优秀";卓越也意味着对更好的追求,其核心就是能够不断地超越自我,避免自我陷于某种既定的模式和状态,从而使自身的潜能不断得到扩展和升华。[1] 据此意义,"卓越教师"顾名思义就是教师群体中的"卓越者",即教师队伍中非常优秀的教师,他们怀有崇高的教育理想并付诸行动,不断超越自我,在创造中成长,在追求中走向卓越。因此,"卓越教师应是一个动态的概念,随着对教师专业认识与理解的发展不断变化;卓越教师又是一个相对概念,任何时候,在教师群体中无论选择何种卓越的内涵,都可以找到属于卓越的群体"[2]。

目前,理论和实践中对卓越教师这一杰出群体存有共识,但对卓越教师内涵及其特征的理解却各有己见。有学者认为,卓越教师是"兼具专业决策能力与实践反思能力,并集育人使者与终身学习者于一身的教师"[3];也有学者将卓越教师界定为"卓越教师是具备高尚师德、较强的创新能力和教育教学实践能力,同时具有良好个性的、从事教育教学工作的专业人员"[4];等等。对卓越教师内涵的理解之所以不尽相同,究其原因,在于卓越教师是一个动态发展的概念,明晰"卓越"的边界较为困难,即判断"优秀"到什么程度的教师才属于"卓越教师"难以用一定的标准衡量。为此,我们在卓越教师培养

---

① 刘湘溶:《高师院校卓越教师培养模式创新的探索与实践》,《湛江师范学院学报》,2012 年第 1 期。

② 周春良:《卓越教师的个性特征与成长机制研究》,见华东师范大学 2014 届研究生博士学位论文第 18 页。

③ 陈群、戴立益:《卓越教师培养模式与实践路径》,《中国高等教育》,2014 年第 20 期,第 27 页。

④ 陈玉祥:《"卓越教师"培养:理念与实现》,《中国教师》,2014 年第 12 期,第 5—8 页。

的探索中,一方面关注学界对卓越教师含义的讨论,以便能够从不同的理论视角理解和把握卓越教师的基本内涵;另一方面,我们也认为,尽管对卓越教师的概念应从动态观念的维度来理解,但并不意味着卓越教师没有共识性特质,在一定的发展阶段,卓越教师这一杰出群体应当有一些显现特征可循。因此,我们在广泛调研的基础上,通过对教师成长规律的分析,逐步梳理出卓越教师的基本内涵和关键特征。

所谓卓越教师,就是怀有崇高的教育理想,品格高尚,学识渊博,具有较强的自我学习能力、反思与研究能力和教育实践能力,能够纵览和把握教育教学发展动态和趋势,勇于改革与创新,在不断探索中逐步走向卓越的教师。具体而言,卓越教师的关键特征主要有以下四个方面:

第一,信仰坚定。坚定的教育信仰是卓越教师的显著特征之一,也是成就他们走向卓越的内在动力。卓越教师对教育事业都具有强烈的责任心和使命感,对教育的本质有着深刻的理解和感悟,对教育理想和信念具有永恒的追求。为实现自己的教育理想,他们孜孜以求,积极进取,对教育探索始终保持着不懈的动力,在教育实践中不断改革和创新,进而在追求中逐渐走向卓越。

第二,师德高尚。高尚的师德是卓越教师内在品格和人格魅力的表现。卓越教师胸怀开阔,包容进取,对道德修养往往有更高的自我要求。他们潜心育人,对学生能够倾注无私的爱,通过言传身教,不仅使学生在爱的氛围中健全人格、养成高尚的情操,也使自己成为学生的良师益友,进而逐步形成自己独特的人格魅力。

第三,学识渊博。广博的学识是卓越教师在知识素养方面的基本特征。卓越教师知识面较为丰富,其知识结构一般"不仅包括厚实的学科知识、扎实的教育理论知识,也包括提升教师整体素养的相关人文社科甚至是自然科学知识"[①]。正是因为有宽厚的知识基础,他们才具备较强的课堂掌控能力,才能纵览和把握教育教学改革趋势并付诸教改实践,在不断探索中走向卓越。

第四,能力突出。较强的自我学习能力、反思与研究能力以及过硬的教育实践能力是成就卓越教师的核心要素。实践证明,卓越教师一般都具有浓厚的学习兴趣和较强的自我学习能力,他们始终保持开放的学习状态,不断地充实自己,丰富自身的知识结构,学习新的技能,以适应社会发展和教育教学改革的需要;卓越教师也是反思型教师,他们具有强烈的探究欲望和求实创新的精神,具有较强的从事教育科研的能力,为此,他们能够对教育教学实践不断地进行反思,对发现的问题及时予以修正,并通过总结与提炼,上升至理论高度以指导实践,从而在教育教学这条路上越走越宽;卓越教师还具有过硬的教育实践能力,他们既具备细致入微的课堂教学能力,又具备把握全局的教育探索与改革能力,在教育教学过程中逐步形成自己的教学风格,具有引领和示范作用。

从卓越教师的基本内涵和特征可以看出,卓越教师不再是一个抽象的概念,卓越教师的培养应该是可以付诸实践并得以实现的目标。

---

① 刘湘溶:《高师院校卓越教师培养模式创新的探索与实践》,《湛江师范学院学报》,2012 年第 1 期。

二、国外卓越教师培养的借鉴

纵观国外教师教育改革,英、美、德、法等国自 20 世纪 80 年代以来,在教师专业化运动的推动下,对卓越教师的培养都进行了积极的探索。

英国在 2004 年开始实施"卓越教师计划"(Outstanding Teacher Program,OTP),至 2012 年 5 月已实施了 12 期,目前已发展成为比较成熟的教师培训模式。该计划旨在提高教师的专业技能,使更多教师借助专业培训成长为卓越教师,其培养目标是:(1)使教师在教学的每一个环节都能有卓越的表现;(2)为参与培训的教师提供一个相互学习的平台;(3)接受培训的教师要证明自己具备更大的专业发展空间;(4)教师要以积极的态度正视教学质量;(5)提高受训教师的教学和辅导能力,使他们可以帮助其他教师提高教学能力。2011 年 6 月,英国教育部为进一步提高职前教师质量,出台了教育咨询意见稿《培养下一代卓越教师》(Training Our Next Generation of Outstanding Teachers),该文件计划通过开发培训方案、建立全国性实习学校联盟等方式改善教师职前教育的路径;通过简化报名程序来确保教师培训申请渠道的畅通;通过鼓励大学介入中小学工作、派遣优秀师范生到薄弱学校支教来强化中小学和大学的合作伙伴关系;通过提供奖学金、扶持优质教师职前教育机构和资助优质的教师职前教育课程等方式来加大资助力度。同时,该文件还要求提高申请者的学业标准,严格选拔程序和准入制度。从整体上看,《培养下一代卓越教师》具有强调发展、注重效率、关注公平、重视合作等鲜明特点,旨在从教师职前教育入手,培养卓越教师,其对未来英国教师教育的发展具有指导性意义。[①]

"美国自 20 世纪 80 年代就开始一直致力于提升教师素质,改善基础教育质量。1987 年,美国国家专业教学标准委员会(National Board for Professional Teaching Standards,NBPTS)成立,这是一个独立的、非营利的、无党派的非政府组织,负责制定基础教育各学科卓越教师专业标准,并为达到卓越标准的教师颁发证书。NBPTS 邀请各领域专家基于对'什么样的教师是卓越教师?教师应该做什么?教师能够做到什么?'等一系列问题进行深入的思考和研究,对美国的基础教育产生了广泛的影响。在成立 20 多年的时间里,NBPTS 先后制定了 30 多个不同学科、不同学段的基础教育卓越教师的专业标准,这些专业标准围绕五大核心理念展开:一是卓越教师要对学生的学习及其整个人的发展尽职尽责;二是卓越教师要精通所教学科,并深谙教学法;三是卓越教师要善于引导和管理学生的学习;四是卓越教师要有反思意识,善于从实践中汲取真知;五是卓越教师要使自己成为学习共同体中的一员。NBPTS 在提出卓越教师专业标准的基础上,建立了与之一脉相承的评估体系。美国教师只有通过了 NBPTS 的资格评定,才能获得其颁发的国家高级教师资格证书,成为国家委员会认可的教师(National Board Certification Teachers,NBCTs)。NBPTS 卓越教师专业标准不仅体

---

① 马毅飞:《国际教师教育改的卓越取向——以英、美、德、澳卓越教师培养计划为例》,《世界教育信息》,2014 年第 8 期,第 29—30 页。

现了先进的教学思想,促进了学生学业能力提升和学校教育质量的发展,更为美国教师专业发展提供了参考和标杆。"①

德国联邦和各州政府于 2012 年实施了"卓越教师教育计划",旨在激励大学教师教育革新,提高教师教育质量,加强高校教师教育的地位,实现大学师范课程和毕业证书顺畅的州际流动。从德国"卓越教师教育计划"出台的背景看,该计划既是对德国教育卓越传统的延续,又是对当前德国基础教育中教师问题的积极回应。"卓越教师教育计划"将改善教师教育质量作为行动目标,并围绕该目标制定出了一系列子目标,"包括:(1)改善专业学科、学科教学法和教育科学的协调以及培养过程中的学校教育实践;(2)在教师研究与培训中,继续发展以实证为基础和与职业领域相关联的教师教育方案;(3)支持高校剖析和优化教师教育结构;(4)加强培训内容的彼此协调;(5)进一步促进教师教育发展的多元化和包容性;(6)促进实践导向学科教学法的发展;(7)把学校实习作为一个教师教育的固有组成部分。还主张,教师教育必须加强教师培养各个阶段(大学师范学习、见习服务期、在职继续学习)的联系,同时,也需要一个州际的大学师范教育和毕业证书(如国家考试和硕士证书)的互认。该计划强调,将以"竞争方式"推动高校创新培养方案。为此,德国联邦和州政府计划在未来 10 年内投入 5 亿欧元来保障该计划的实施"②。可以预见,这项将持续十年的"卓越教师教育计划"如实施顺利,必将对德国教师教育的发展产生积极影响。

法国在过去的 20 多年里,对传统的教师培养和培训体系进行了根本性改革,建立了统一而严格的教师资格证书制度,实现了从传统师范教育向现代教师教育的根本转型。主要措施有:(1)建立专门化教师教育机构,推动教师教育一体化。首先,法国于 1989 年开始创建教师教育大学院,取代了原有的师范学校和地区教育、培训中心,同时承担职前培养和职后培训的任务。中小学教师的培养在招生上起点一样高,培养年限一样长,毕业后的学历文凭相同,实现了教师职前培养与入职教育在高等教育水平上的一体化。其次,大力推进教师职前教育、入职培训和在职教育的一体化,法国教师教育大学院中实施的专业教育,最后一年是"带薪实习",从教师专业教育的角度,"带薪实习"既是理论学习的拓展和延伸,同时又是教师在职教育的前奏,该制度在职前培养和在职发展之间架起了桥梁,实际上也可以看成是一种独特的"入职教育"方式。(2)延长教师培养年限,提高教师培养的层次和专业知能。1989—2010 年,法国教师教育大学院开展的是在 3 年本科教育基础上的教师专业教育,即所谓的"3+2"模式;2010 年 9 月,法国进一步延长教师培养年限、提升教师培训层次,正式实施教师的"硕士化"培养,即"3+2+1"教师教育模式。(3)坚持统一而严格的教师资格证书制度,严把教师入口关。(4)突出教师的专业特性,改革教师教育课程教学,教师教育课程标准由国家统一

---

① 马毅飞:《国际教师教育改的卓越取向——以英、美、德、澳卓越教师培养计划为例》,《世界教育信息》,2014 年第 8 期,第 30—31 页。

② 逯长春:《德国教师教育政策新动向——"卓越教师教育计划":推行与展望》,《教师教育研究》,2013 年第 4 期,第 92—95 页。

颁布实施,师范生的教育专业能力得到应有的强调,教学观摩与教育实习成为教师教育的重要内容。(5)完善教师教育法令法规,提供持续的政策保障。[1]

综观上述发达国家教师教育改革的卓越取向,我们可以看出,政府及教育行政部门在推动教师教育改革中起较大的主导作用,特别是在整合资源、统筹规划方面充分发挥了政府职能。在卓越教师培养方面,各国都非常重视教师职业的专业化发展,在关注教师学科基础的同时,强调教师的学习能力、教学实践能力和反思意识的培养,特别是美国的卓越教师专业标准,将教师的责任心和使命感、学科知识和教学技能要求、教师的学习管理能力、教师的反思意识和学习能力确定为专业标准的五大核心理念,非常值得我们借鉴。

三、卓越教师培养标准的确定

(一)卓越教师培养目标的界定

卓越的培养理念,实际上已经从总体上明确了卓越教师的培养目标。为此,我们立足于将师范生培养成未来的卓越教师,在明晰卓越教师基本内涵的基础上,借鉴国外卓越教师培养计划的理念和经验,进一步分析和明确卓越教师的培养目标。具体而言,主要从以下几个方面予以把握:第一,卓越教师培养目标的确定,应符合教育法、教师法等相关法律法规关于教师培养的基本要求,特别是要与国家关于卓越教师培养的政策导向相一致。《国家中长期教育改革和发展规划纲要(2010—2020年)》和2011年胡锦涛同志在庆祝清华大学建校100周年大会的讲话,都明确提出要"努力造就一支师德高尚、业务精湛、结构合理、充满活力的高素质专业化教师队伍"。2014年8月,教育部出台《关于实施卓越教师培养计划的意见》,明确指出要"培养一大批师德高尚、专业基础扎实、教育教学能力和自我发展能力突出的高素质专业化中小学教师"。2014年9月,习近平总书记到北京师范大学看望师生,号召全国教师做"有理想信念、有道德情操、有扎实学识、有仁爱之心"的"四有"好老师。上述政策导向和文件精神,成为我们确定卓越教师培养目标的重要依据。第二,卓越教师培养目标的确定,应始终着眼于社会发展和教育改革需求。卓越教师的培养是一个长期的动态过程,培养理念和培养目标应与国家经济社会发展需求和教育改革发展的总体要求相适应。第三,卓越教师培养目标的确定,应与学校师范教育的传统和特色相结合。杭州师范大学从1908年创办的浙江官立两级师范学堂开始,教师教育至今已有百余年的发展历程,特别是首任校长经亨颐先生提出的"人格为先、五育并举"的教育思想,以及"自动、自由、自治、自律"的以学生为本位的教育理念,仍是现代教育所极力提倡和追求的教育目标。

基于上述三个方面的思考,我们将卓越教师的培养目标确定为:秉承经亨颐先生"人格为先、五育并举"的教育思想,注重人格训练,培养具有"宽厚的文化涵养、精深的学科底蕴、卓越的教育素养、开阔的国际视野"的优秀教师和未来教育家。

---

[1]　苟顺明、陈时见:《法国教师教育改革的主要措施与基本经验》,《教师教育研究》,2013年第2期,第91—95页。

（二）卓越教师培养规格的解读

根据卓越教师的培养目标，我们从培养师范生未来成为卓越教师应该具有的品质和潜力出发，从素质、知识、能力三个维度梳理和明确卓越教师的培养规格，将其简单地概括为"三高"，即德高、学高、技高。

1. 素质方面：突出"德高"，这是卓越教师培养的根本，是遵循经亨颐先生"人格为先"教育思想的应有之义，也是落实"立德树人"根本任务的必然要求。其具体内涵是：热爱教育事业，具有高度的社会责任感、崇高的教育理想和先进的教育理念；具有高尚的道德情操、博大的仁爱之心和健全的人格；具有坚强的意志、开阔的胸怀和与时俱进的精神。

2. 知识方面：要求"学高"，这是卓越教师培养的基础。其具体内涵是：具有开阔的知识视野、丰富的知识结构以及多重认识和解决问题的视角，即学科专业知识精深、教育理论知识扎实，提升教师整体素养的相关人文社科和自然科学知识广博。

3. 能力方面：强调"技高"，这是卓越教师培养的核心。其具体内涵是：具有过硬的教育教学技能和组织管理能力；具有批判性思维和较强的反思与研究能力；具有跨文化理解和国际交流能力；具有终身学习与发展的能力。

可见，卓越教师的培养规格，明确表达出对卓越教师的要求是：既要掌握扎实的专业理论知识和教师教学技能，更要具备高标准的教师职业道德、综合的教师专业素养、可持续发展的能力和示范性的教师日常行为。[①] 只有这样，他们才能从容淡定地面对今后的教育实践和教育变革，在不断追求中走向卓越。

第二节　培养方案：素养双强

一、人才培养方案的设计思路

卓越教师的培养是一项系统工程，其培养目标需通过制订较为系统的人才培养方案并有效实施才能得以实现。为此，为制订科学合理、切实可行的卓越中学教师培养方案，我们对优秀校友进行了走访，对教育行政主管部门和浙江省部分优质中学进行了调研，以找寻目前卓越中学教师培养的瓶颈和薄弱环节。同时，我们还从个人背景因素（性别、学历、毕业高校、教龄、学科背景、学校类型等）、外在因素（同行互助、名师引领、专家指导、教育培训、制度安排、政策支持等）、自身因素（教育理念、学习能力、研究与反思、教学实践、国际视野等）三个层面，对影响卓越教师成长的要素作了系统分析，以进一步加强培养方案设计的针对性。总体上讲，个人的背景因素对卓越教师的成长影响

---

① 胡昂、何青青：《"叠加嵌入"：地方高师院校卓越教师培养模式的创新——以合肥师范学院为例》，《合肥师范学院学报》，2013年第2期。

不大,而外在因素和自身因素对卓越教师的成长具有重大作用,应尤为重视。[①] 基于上述调研和分析,我们逐步明晰了卓越中学教师培养方案的设计思路,即全面贯彻落实《教育部关于实施卓越教师培养计划的意见》文件精神,主动适应经济社会发展和教师教育改革总体要求,围绕"三高"(德高·学高·技高)的卓越教师培养目标,针对教师培养的薄弱环节和深层次问题,以创新教师教育职前职后一体化和"高校—政府—中学"三位一体协同育人机制为突破口,以强化师范生教师素养和能力培养为核心,以建构学科素养和教师素养相融合的课程体系为重点,在招生选拔、协同培养、课程体系、培养模式、实践教学、学院文化等方面进行系统设计和改革创新,探索优秀师范生成长规律,不断提高人才培养质量,为师范生未来走向卓越奠定坚实的基础。

二、人才培养方案的框架结构

(一)四年制本科卓越中学教师培养方案

1.培养方案基本框架

总体讲,我校四年制本科卓越中学教师培养方案,突出师范生教师素养和能力的培养,课程体系由文化涵养、学科底蕴、教育素养、国际视野四大模块组成(见图1)。特别是教育素养模块的建构,以"立德树人、强化技能、加强实践、改革教学"为基本理念,通过设置"教师职业道德与教育法规"等课程,强化立德树人;通过选定《×××学科教学论》、《×××课堂教学技能训练》和《班主任工作技能训练》三门课程为"双师课程"(即校内教师与校外中学一线名师共同研制课程纲要、教学计划,共同备课、授课与课程评价等),强化理论与实践的融合;通过选定《书写技能训练》和《×××课堂教学技能训练》两门课程试行"达标拿分",强化师范生教学技能;通过规范教育见习与实习"两习环节",强化教学实践能力。

---

① 胡定荣:《影响优秀教师成长的因素》,《教师教育研究》,2006 年第 4 期,第 65—70 页。(笔者的调查分析参考和借鉴了该研究成果)

培养目标		培养规格
卓越中学教师		**德高·学高·技高**

课程体系　　　　　**培养过程**

文化涵养

通识必修	思想政治理论课　创新思维与应用等
通识选修	经典研读与文化传承　创新精神与创业实务 国际视野与文明对话　数理基础与科学素养 信息技术与现代生活　生态环境与生命关怀 艺术鉴赏与审美体验　社会发展与公民责任

双导师制

学科底蕴

必修	文科（理科）类基础平台课程
	语、数、外等学科专业课程
选修	学科拓展课程
	跨学科课程

教学小班化

教育素养

教育理论类	必修	教师职业道德与教育法规　心理学基础 教育学基础　　　　　　　学科教学论
	选修	教师发展类课程　学生发展类课程 教育视野类课程　学科教学类自设课程
教育技能类	必修	现代教育技术　教师口语表达技能训练 书写技能训练　课堂教学技能训练 　　　　　　　班主任工作技能训练
教育实践类	必修	教育见习　教育实习
荣誉课程	必修	教育家大讲堂

素养双强化

国际视野

必修	大学英语（基础+拓展）　我看大世界
选修	国际视野与文明对话

实践全程化

培养机制

"政府–高校–中学"协同育人
"学校–学院"协同育人
"荣誉学院–专业学院"协同育人

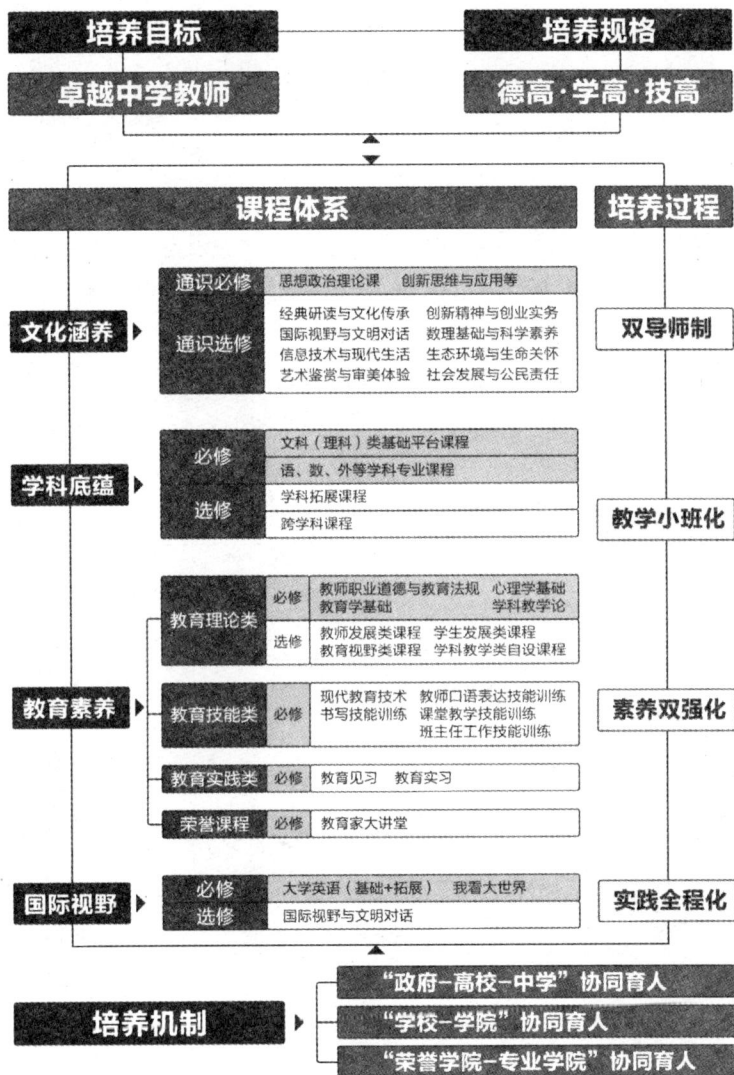

图 2-1　四年制本科卓越中学教师培养方案框架结构

2.培养方案的课程结构比例(表2-1)

表2-1　课程结构比例表

类型	模块	课程类别	修习类型	学分数	比例/%
I 类学分课程	文化涵养	通识教育课程	必修	24	21.2
			选修	12	
	学科底蕴	专业基础平台课程	必修	文 15　理 24	文 45.9 理 48.2
		专业课程	必修	文 47　理 45	
			选修	文 16　理 13	
	教育素养	教育理论类	必修	7	15.9
			选修	4	
		教育技能类	必修	5	
		教育实践类	必修	10	
		教育家大讲堂	必修	1	
	国际视野	外语基础强化和拓展	必修	文 22　理 18	文 13.5 理 11.2
		我看大世界	必修	1	
		国际视野与文明对话	选修	2	
II 类学分课程		思政实践类			3.5
	社会实践类	艺术才能达标(实现"一人一艺")		2	
		社会公益			
		暑期社会实践活动			
	创新创业类	学科竞赛		2	
		科学研究(主持或参与科研创新项目、公开发表学术论著或作品、获得专利等)			
		其他(考取职业资格证书、各类创业活动和经历等)			
合计				170	

(二)本硕一体化卓越中学教师培养方案

我校四年制本科卓越中学教师的培养经过几年的探索,在取得一定成绩和社会影响力的同时,我们也不断地进行总结和反思。目前,四年制卓越中学教师的培养受学制限制,在提高教师培养的层次和实现"学科专业素养与教师素养双强"等方面面临一些瓶颈。为此,我校根据教育部《关于实施卓越教师培养计划的意见》文件精神,针对中学教育改革发展对高素质教师的需求,借鉴国内和发达国家关于卓越教师培养的价值思考、目标定位、招生方式、培养模式、课程设计、教学改革、协同培养、实践安排等,在四年制本科卓越中学教师培养的基础上,结合学校实际,进一步探索"本科和教育硕士研究生阶段整体设计、分段考核、连续培养的一体化模式"。培养方案基本框架见图2-2。

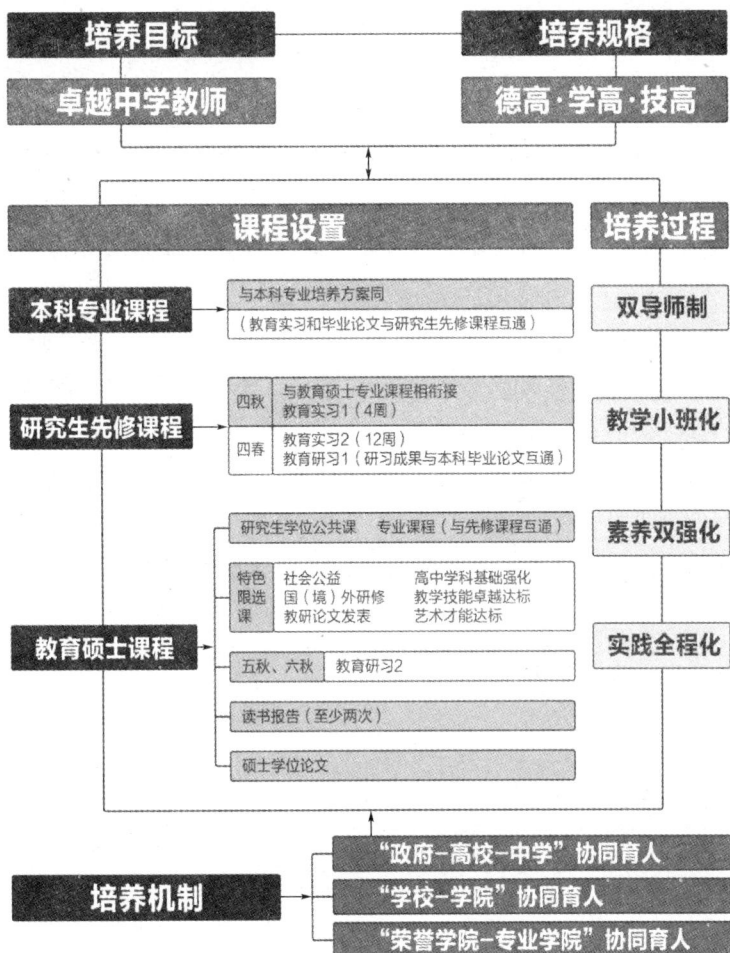

图 2-2　"3＋3"本硕一体化卓越中学教师培养方案框架结构

三、人才培养方案的主要特色

卓越中学教师培养方案(四年制本科),其主要特色突出表现为以下几个方面:

1.综合素养方面,强化学生社会责任感,突出师德培养和文化育人,确立以"诚信、立志、笃学、卓越"为核心的价值观,并注重价值观的强化、内化和固化,使之成为学生的自觉行为。

2.课程体系方面,为实现学生知识、能力和素养的协调发展,专业教育和教师教育的统一,创新精神和实践能力的提升,我校注重在传统教师教育课程体系上创新,根据卓越人才培养目标和"三高"培养要求,构建了由"文化涵养、学科底蕴、教育素养、国际视野"四大模块组成的Ⅰ类学分课程(160学分)和由社会公益、艺术才能达标、学科竞赛、科学研究等组成的Ⅱ类学分课程(6学分)构成的课程体系。

3.培养模式方面,实施"双导师制、教学小班化、素养双强化、实践全程化"的"一制三化"培养模式(本章第五节将详细阐述)。

4.教学改革方面,推进课程建设与课堂教学改革,大胆尝试新的教学理念和教学方法,变"以教为主"为"以学为主",转变课堂学习方式,使学生成为主动学习者,让课堂活起来,让学生忙起来,让内外动起来。

5.教育国际化方面,实施"学年英语进阶计划",搭建英语课堂特色教学和专业课程全英文授课、第二课堂素质拓展教学、英语考证考级培训营、国(境)外实训实习四位一体的英语能力进阶体系,推进教育国际化,着力提升学生开阔的国际视野和跨文化交际能力。

经过几年的探索,人才培养初显成效,学生学风优良,学习兴趣浓厚,思维活跃,善于独立思考和自由表达,显示出较强的创新精神和实践能力;个人涵养、精神气质和综合素养也得到了校内外的广泛认可;高水平科研成果、学科竞赛成绩、外语学习优势、毕业生签约率和就业质量、教育国际化等方面均呈现明显优势。

第三节 招录改革:二次选拔

一、师范生选拔标准及存在问题

(一)师范生选拔标准

关于师范生的选拔标准,从国外看,美国全国教师教育认证委员会(National Council for Accreditation of Teacher Education,NCATE)强调,"任何准备从事教育工作的候选人都必须具有专业知识、专业技能和专业品性,以便未来能帮助学生学习",这是当下美国教师教育的新三维标准。前二者可视为申请者的学术标准,可以细分为知识标准和能力标准;后者专业品性可视为申请者的非学术标准,因为专业品性的表现重点就在于道德伦理,有学者甚至认为现代教师教育标准的三大维度就是"知识、技能和伦理道德",将专业品性与伦理道德等量齐观。[1]

我国师范生的选拔标准,可简单地概括为"乐教适教"。在 2012 年国务院《关于加强教师队伍建设的意见》中,明确指出要"选拔乐教适教的优秀学生攻读师范类专业"。可见,该《意见》以"乐教"和"适教"为关键词,简明扼要地回答了师范生选拔的标准问题。所谓"乐教",简言之,就是对待教师职业的主观倾向,它是涵盖个人德性、信仰等多重因子的教育价值观,其关键在于是否具有良好的专业品性。[2] 根据舒斯勒、斯图克斯贝利和搏括等人的三分论,专业品性通常包括智力、文化和道德三个方面。[3] 所谓"适

---

① 张松祥:《师范生选拔:非学术标准的内涵、借鉴与本土透视——基于教师职业专业品性的角度》,《当代教育科学》,2015 年第 3 期,第 32—36 页。

② 张松祥:《师范生选拔:非学术标准的内涵、借鉴与本土透视——基于教师职业专业品性的角度》,《当代教育科学》,2015 年第 3 期,第 32—36 页。

③ 王凯:《专业品性:美国教师教育标准的新元素》,《教育研究与实验》,2011 年第 3 期。

教",就是具备适合担任教师的一切条件,适合与否的标准既包括知识、能力等认知层面的要素,也包括生理、心理、个性、情感等非认知层面的要素。[①]

(二)师范生生源质量存在的问题

生源质量是衡量人才培养质量的重要维度,"前期的生源质量与后期的培养质量可谓是源与流的关系,所谓源正则流清"[②]。因此,在卓越教师培养中,师范生生源质量是实现卓越教师培养目标的基础性影响因素。

从我国师范专业招生看,新中国成立后很长一段历史时期,在师范专业招生上国家都有一些倾斜政策,以此作为吸引优秀生源报考的重要手段,即使到20世纪90年代初师范招生最热的时期,招生政策也有例如包分配、免收学费和发给生活补助、户口农转非等方面的优势,这对优秀生源有着很大的吸引力,师范专业的录取分数线较高,学生综合素质较好。但进入21世纪以来,随着非义务教育阶段学生收费标准逐步放开,师范院校也陆续开始收取学费,除国家特殊要求外,师范专业招生政策的优惠逐步取消直至和其他专业无区别,导致考生报考师范专业的热情锐减。同时,高等教育规模的扩张、师范生就业竞争的激烈、教师职业准入的高要求、教师地位和待遇还缺乏足够的吸引力等因素的存在,也直接影响到学生选择师范专业。因此,近年来师范生生源质量总体上有所下降,从招生环节分析,主要存在以下问题:

1. 部分学生专业思想不稳定。截至2016年,我国高考均实行考生先选高校、再选专业、分批次录取的招录机制。很多考生在报考高校和专业难以两全的情况下,首先选择心仪的高校,所学专业往往非其所愿,师范类专业也存在此问题。因此,有部分学生虽然读了师范却并不想从事教师职业,或者就读的师范专业不是其第一选择,专业思想不稳定。

2. 有些学生学科基础不扎实。由于高考是按照总成绩录取,对各科目单科成绩不能提出要求,因此,在语、数、外等主干学科的师范专业中,有些学生学科基础不扎实,甚至是短板。

3. 综合素质参差不齐。由于师范专业在高考中没有面试环节,与其他专业一样根据高考总成绩录取,因此,学生的综合素质参差不齐,有些学生考试成绩虽高,但知识面较窄。特别是,个别学生的表达能力、沟通能力等从教的基本素质较为薄弱,进而影响他们的专业发展。

基于师范生生源质量情况和招录中存在的问题,改革师范生招录机制,选拔乐教适教的优秀生源是卓越教师培养中亟须解决的问题。为此,教育部《关于实施卓越教师培养计划的意见》中明确提出:"要推进多元化招生选拔改革,通过自主招生、入校后二次选拔、设立面试环节等多样化的方式,遴选乐教适教的优秀学生攻读师范专业。"据此,

---

① 张松祥:《师范生选拔:非学术标准的内涵、借鉴与本土透视——基于教师职业专业品性的角度》,《当代教育科学》,2015年第3期,第32—36页。

② 杨思帆、聂嘉:《全日制教育硕士生源质量调查分析——以某师范大学"小学教育"专业为例》,《教学研究》,2016年第6期,第33页。

杭州师范大学结合学校实际,从 2010 年开始以经亨颐学院为试点,在语、数、外等主干学科的师范专业中实行校内二次选拔,面向全校各专业择优遴选乐教适教的优秀学生就读相关师范专业,积极探索师范生选拔机制。

二、校内二次选拔的探索与实践

(一)出台选拔与分流制度

师范生校内二次选拔是我校招录工作的大胆尝试,为加强该项工作的规范性,我校首先从制度建设入手,在经过广泛调研和论证的基础上,出台了《经亨颐学院选拔与分流暂行办法》,该办法对经亨颐学院文理实验班学生的遴选机制和滚动分流淘汰制度作了原则性规定。

1. 学生选拔机制

(1)每年九月份,从全校高考成绩优异的第一批次录取的新生中,通过自愿报名,以"高考+笔试+面试"综合考核的方式择优选拔,组建文科(中文、英语方向)和理科(数学、物理方向)两个实验班。

(2)每学年学校转专业申请审核期间,其他专业同年级学生,在符合学校关于转专业要求的相关规定下,符合下列条件者,可由本人提出书面申请,经学校审核及相关课程考核,成绩合格后,按不超过经亨颐学院同年级相关专业人数的 15% 比例择优选拔进入经亨颐学院学习:①所在专业成绩排名列专业前 10% 或获得校一等奖学金;②全程无不及格课程;③未受学校违纪处分。

2. 学生分流制度

(1)经亨颐学院分流对象为一、二年级学生,本人有意转其他专业学习者,可在每学年第二学期学校转专业申请审核期间,提出申请。经相关学院考核与学校审核,可转入相关专业完成学业。

(2)经亨颐学院学生在前两年学习中如不能适应学院的学习和生活,无法达到理想的学习效果,可在第一学期结束时提出申请,自动分流出经亨颐学院。分流学生可回到入学录取的原专业继续学习,也可申请并通过学校转专业考核进入其他专业学习。

(3)经亨颐学院学生第一学期的平均学分绩点如低于 2.5(补考成绩录入后统计),或有 2 门课程不及格(含学位课程不达 70 分标准),学院将给予学业警诫,发放"学业警诫通知书",通知学生本人及其家长,并报教务处备案。受到学业警诫的学生,如第二学期的平均学分绩点仍低于 2.5(补考成绩录入后统计),或仍有 2 门课程不及格(含学位课程不达 70 分标准),学院将要求学生分流出经亨颐学院。分流学生可回到相关专业所在学院继续学习。

(4)经亨颐学院遵循"人格为先、五育并举"的教育思想,注重人格训练,诚信守法。如学生有违反校纪校规的行为经查证属实,不仅按照学校有关规定给予相应处分,同时取消其荣誉学院学生的称号,转回相关专业所在学院学习。

(5)三年级及以上年级的学生,原则上不再进行专业分流。

(二)制定招生选拔工作方案

为把好"入口"关,真正遴选出乐教适教的优秀生源,根据《经亨颐学院选拔与分流暂行办法》,学校制定了《经亨颐实验班招生选拔实施方案》,从组织机构、招生人数、报考对象和要求、资格审核、选拔规则等方面对招生选拔工作作了详细规定。

1. 组织机构

学校成立经亨颐实验班招生选拔工作领导小组,由教务处和纪委办公室(监察处)有关人员、经亨颐学院党政班子成员、相关专业学院分管教学的副院长等人员组成。经亨颐学院执行院长任组长,负责全面统筹招生选拔工作;经亨颐学院党总支副书记任副组长,负责招生选拔的宣传、心理测试等工作;经亨颐学院分管教学副院长、相关专业学院分管教学副院长负责招生选拔的笔试和面试等工作;教务处和纪委办公室(监察处)有关人员负责招生选拔工作的纪律检查和监督,确保公开、公平和公正。

2. 招生人数

在杭州师范大学每年录取的新生中,根据自愿报名,择优选拔录取 80 人进入经亨颐实验班学习。其中,文科实验班包括汉语言文学(师范)和英语(师范)两个专业;理科实验班包括数学与应用数学(师范)和物理学(师范)两个专业。文、理实验班的具体招生人数及招生专业每年确定计划后,提前向考生公布。

3. 招生对象与要求

当年被杭州师范大学第一批次各专业录取且英语单科成绩达到 110 分以上的学生(三位一体招生和音体美专业除外),有资格报名参加选拔。

4. 报名及资格审核

学生按照公布的报名时间和报名方式报名。报名结束后,根据报考学生高考成绩(考虑高考总分、省批次分数线等因素)从高到低排序,按专业招生人数与参加选拔考核人数 1∶4 的比例确定资格审核通过名单,并在相关网站上予以公布。

5. 选拔规则

考生需参加心理测试、综合素质笔试及专业面试,报考中文、数学、物理专业的考生还需参加英语面试。选拔成绩采用百分制,具体构成是:选拔成绩＝高考成绩×40％＋专业面试成绩×40％＋综合素质笔试×20％,各项成绩均转换成百分制进行计算,省内考生高考成绩不计算浙江模块。心理测试由学校统一组织,不计入选拔成绩,遴选学生时供参考。英语面试成绩亦不计入选拔成绩,但须达到 A、B 级。录取原则是:对英语面试达到 A、B 级的学生,分专业按选拔成绩从高到低排序录取,并在学校相关网站上予以公布。

(1)综合素质笔试

主要考核学生的知识面和综合素质。内容包括数量关系、判断推理、常识判断、言语理解与表达、资料分析等五个方面。题型均为选择题,从四个选项中选择一个正确选项,共 100 个小题,每小题 1 分,满分 100 分。

(2)专业面试

主要考查学生的学科基础以及是否具备从教的基本素养,以破解"想不想当教师"

(乐教)、"能不能当教师"(适教)两个卓越教师培养中的瓶颈问题。内容包括教师职业倾向、学科基础知识、教师专业素养等。采取半结构面试,考生每人回答2~3个问题,满分为100分。考官由校内外专家组成,每组考官五人,其构成为:院领导1人、相关专业学院领导1人、专业负责人1人、学科教学论教师1人、中学名师1人。评价指标见表2-2。

表 2-2 经亨颐学院学生选拔面试评分表

评价指标	权重	指标内涵	各项得分	总分
综合知识	30	了解应试者掌握知识的广度和深度		
表达能力	20	了解应试者表达自己思想、观点的逻辑性、准确性、感染力等		
应变能力	20	了解应试者对问题的理解是否准确贴切,回答是否机智、敏捷、准确等		
个人志向	10	了解应试者申请来经亨颐学院学习的动机和追求等		
兴趣爱好	10	了解应试者的兴趣、特长、爱好等		
仪表举止	10	了解应试者的体型外貌、衣着举止、气质风度等		

(3)英语面试

报考中文、数学专业方向的考生除专业面试外,单独设立英语面试,测试英语听力、口语表达能力,成绩分A、B、C、D四个级别。报考英语专业的考生不再单独设英语面试。英语面试考官由两人组成,由外国语学院教师担任。

(三)明确招生选拔工作流程(图2-3)

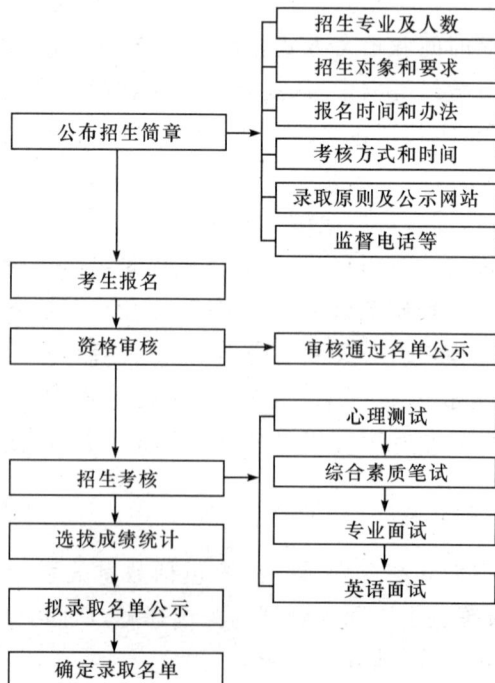

图 2-3 经亨颐学院招生选拔工作流程图

（四）做到选拔公开、公平、公正

为确保招生选拔工作公开、公平、公正，学校纪委等有关部门对整个招生工作实行全程监督，并注重把好以下几个环节：(1)综合素质笔试环节。该环节主要把好试题关，试题全部聘请校外专家根据学校要求组题，并严格执行试题保密制度。(2)专业面试环节。面试考官由校内外专家组成，每组5人，考官和考生均通过抽签方式在考前确定考场，并对面试过程实行全程摄像。(3)公示环节。向考生公布监督电话，资格审核和录取名单必须进行公示。

三、校内二次选拔总体情况

（一）经亨颐学院校内二次选拔报名与录取情况(2010—2016年)

2010—2016年，经亨颐学院共进行七次校内二次选拔，涉及数学与应用数学、汉语言文学、英语、物理学、科学教育、化学、应用化学、历史学、人文教育、电子商务、市场营销、法学、计算机科学与技术、软件工程、生物科学、公共事业管理、经济学、社会工作等24个专业，共2226名学生报名参加了选拔，录取总人数为567人，平均录取比例为25.5%。

表2-3 2010—2016年经亨颐学院校内二次选拔报名与录取情况统计表

年份	报名人数	录取人数	录取比例%
2010	319	81	25.39
2011	287	81	28.22
2012	391	85	21.74
2013	270	80	29.63
2014	333	80	24.02
2015	286	80	27.97
2016	340	80	23.53

（二）招生简章和面试现场图片

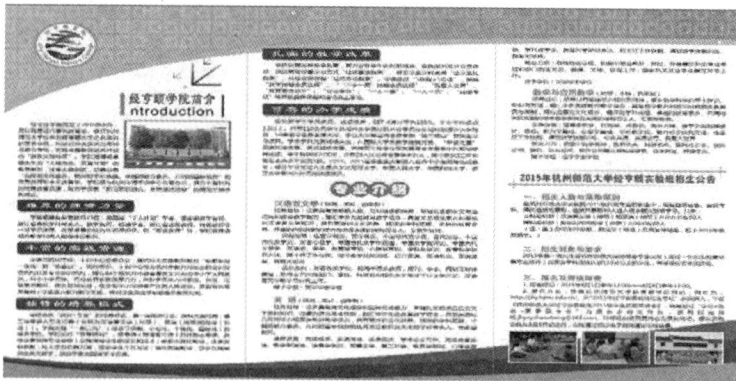

图 2-4　经亨颐学院 2015 年招生简章

图 2-5　经亨颐学院 2010 年校内二次选拔面试现场

第四节　培养机制：三个协同

一、基于"U-G-S"协同的教师发展学校建设

为促进教师的专业化发展，在教师教育改革中，国内外在高校与政府、中小学协同育人（简称为"U-G-S"协同）方面都进行了积极的探索。就国外而言，最为典型的就是美国的 PDS 模式，即教师发展学校（也有论著称其为教师专业发展学校）。该模式是 20 世纪 80 年代中期美国教师教育改革中出现的融职前培训、在职进修和教学改革为一体的新型教师教育模式[①]，原名"Professional Development School"，简称"PDS"。PDS 不

---

① 　蒋吉优：《美国专业发展学校（PDS）模式及启示》，《当代教育科学》，2009 年第 5 期，第 46—48 页。

是重新建立一所独立的专门学校,而是以中小学为基地进行的一种与大学合作的功能性建设,它由大学与所在学区的一所或多所学校建立合作伙伴关系,融初学者的专业训练、有经验者的继续发展以及教学研究和发展为一体[①],其主要目的是为职前教师提供临床性的实践训练,促进在职教师的专业发展,组织教学和学习方法的调查,提高中小学生的学业成绩,实现教师教育改革与学校革新同步,促进大学与中小学的改革与发展。美国的 PDS 模式于 20 世纪 90 年代末传入我国,2001 年始国内诸多师范大学、中国教育学会等相继开展教师发展学校建设。杭州师范大学在借鉴美国的 PDS 模式和国内教师发展学校建设实践经验的基础上,全面总结了近年来教师教育改革中与中小学合作的成功经验,在卓越教师培养中对教师发展学校建设也进行了积极的探索和尝试。

(一)以经亨颐学院为实验区的"大学主导—政府支持—中学参与"的教师发展学校建设模式(2010—2014)

经亨颐学院成立后,为进一步强化师范生实践创新能力的培养,我校便以该学院为实验区,积极探索"大学—政府—中学"三位一体协同培养新机制,创新师范生教育实践基地,创造性地建设教师发展学校。

经亨颐学院(甲方)针对卓越中学教师的培养,高标准地选择与杭州市名校、名师云集的西湖区教育局(乙方)及其所辖名校(杭州市第十三中学教育集团、杭州市第十五中学教育集团、杭州市公益中学、杭州市保俶塔实验学校、杭州市翠苑中学等),按照"大学主导、政府支持、中学参与"的思路,建立了"大学—政府—中学"三位一体协同培养卓越中学教师的共同体,签订了"'三位一体'协同培养卓越中学教师协议书",并高效开展相关工作。

1. 架构有效的协同组织

为有效落实"三位一体"协同培养,加强对其组织领导和业务指导,成立以下三个小组:

(1)领导小组。成立"三位一体"协同领导小组,成员主要由甲、乙双方领导组成,主要负责协调相关事宜。

(2)工作小组。根据协同培养工作的实际需要,成立若干工作小组如教育实践工作小组、课程资源建设工作小组、教学改革工作小组等,成员由甲方和乙方所辖中学的业务领导和教师组成,主要负责各项协同培养工作的具体开展。

(3)专家小组。为确保协同培养工作的有效开展,成立专家工作小组,成员由甲、乙双方遴选高校专家和中学一线名师组成,主要负责人才培养方案优化、各项业务指导、人才培养质量监测以及指导教育实践等。

---

① 冯龙芝:《"PDS"实践中影响高校与中小学合作的原因分析与策略应对》,《太原师范学院学报(社会科学版)》,2007 年第 6 期,第 136—137 页。

2.明确全方位协同内容

(1)协同创新人才培养模式。协同探索基于"一制三化"的卓越中学教师培养模式。

(2)协同优化人才培养方案。协同制订更加规范、科学的卓越中学教师培养方案，明晰培养目标，合理设计课程体系，优化教学内容及教学方法，确保人才培养目标与教学过程的有机结合。

(3)协同建设教师教育类课程。协同建设教师教育类课程，主要包括三个方面：一是协同开设"双师课程"；二是协同建设教育实践课程；三是协同开发校本教师教育课程。

(4)协同开展资源库建设和教学研究。根据人才培养的要求，一方面协同开展教师教育类课程资源建设，尤其是课堂教学和班级管理案例库建设；另一方面协同开展课堂教学研究，尤其是对教育理论和教学实践的裂痕地带进行研究。

(5)构建协同育人的质量评价体系。根据"三位一体"人才培养实际情况，进一步健全人才培养质量评价体系，包括培养条件、实践基地建设、训练方法、师资队伍建设、课程资源建设、成绩考核等，调动各方面积极性，为人才培养质量提供保证。

3.建立合作共赢的长效机制

(1)政府统筹规划本地区中学教师队伍建设，科学预测教师需求的数量和结构，做好招生培养与教师需求之间的有效对接。

(2)经亨颐学院做好教师教育职前和职后一体化。将社会需求信息及时反馈到教师培养环节，优化整合内部教师教育资源(包括杭州市师干训中心资源)，促进教师培养、培训、研究和服务一体化。

(3)中学全程参与教师培养，积极利用我校的智力资源，发挥学术引领作用，促进教师专业发展。

附：

"三位一体"协同培养卓越中学教师协议书

甲方：杭州师范大学经亨颐学院

乙方：杭州市西湖区教育局

为更好地推进卓越中学教师培养计划，建立高校、地方政府与中学"三位一体"培养卓越教师新机制，本着"权责明晰、优势互补、协同创新、合作共赢"的原则，经友好协商，甲、乙双方就协同培养卓越中学教师工作达成如下协议：

一、协同内容

1.协同创新人才培养模式。甲、乙(含所辖中学)双方协同探索"4＋X"卓越中学教师培养模式，即本科和教育硕士(X＝2)/农村硕士(X＝3＋1)研究生阶段整体设计、分段考核、连续培养的一体化模式。

2.协同优化人才培养方案。甲、乙(含所辖中学)双方协同制订更加规范、科学的卓越中学教师培养方案，明晰培养目标，设计合理的课程体系，优化教学内容及教学方法，确保人才培养目标与教学过程的有机结合。

3.协同建设教师教育类课程。甲、乙(含所辖中学)双方协同建设教师教育类课程，主要有三个方面：一是协同开设"双师课程"；二是协同建设教育实践课程；三是协同开发校本教师教育课程。

4.协同建设教育实践基地。甲方从乙方所辖中学遴选若干所名校作为稳定的教育实践基地，协同建立教育实践的专业标准，对"实践前—实践中—实践后"全过程提出具体的专业要求。协同建设教育实践管理信息系统平台，探索教育实践现场指导与远程指导相结合的新模式。

5.协同开展资源库建设和教学研究。甲、乙(含所辖中学)双方根据人才培养的要求，一方面协同开展教师教育类课程资源建设，尤其是课堂教学和班级管理案例库建设；另一方面协同开展课堂教学研究，尤其是对教育理论和教学实践的裂痕地带进行研究。

6.构建协同育人的质量评价体系。甲、乙(含所辖中学)双方根据"三位一体"人才培养实际情况，进一步健全人才培养质量评价体系，包括培养条件、实践基地建设、训练方法、师资队伍建设、课程资源建设、成绩考核等，调动各方面积极性，为人才培养质量提供保证。

二、协同组织

为有效落实"卓越中学教师培养计划"的目标要求，加强对改革试点项目的组织领导和业务指导，成立以下三个小组。

1.领导小组。本着"大学主导、政府支持、中学参与"的思路，成立"三位一体"协同领导小组，成员主要甲、乙双方的领导组成，主要负责协调相关事宜。

2.工作小组。根据协同培养工作的实际需要，成立若干工作小组，如教育实践工作小组、课程资源建设工作小组、教学改革工作小组等，成员由甲、方和乙方所辖中学的业务领导和教师组成，主要负责各项协同培养工作的具体开展。

3.专家小组。为确保协同培养工作的质量，成立专家工作小组，成员由甲乙双方遴选高校专家和中学一线名师组成，主要负责人才培养方案优化、各项业务指导、人才培养质量监测等。

三、权利与义务

为建立合作共赢的长效机制，甲、乙双方具有如下权利与义务。

(一)甲方权利与义务

1.甲方优化整合内部教师教育资源(包括杭州市中小学师干训中心资源)，促进教师培养、培训、研究和服务一体化。

2.根据乙方及所辖学校的需求，甲方应利用自身优质资源提供智力支持，积极开展全面教育合作，如学校发展规划制定、学校文化建设推进、新优质学校培育、骨干教师培训、课堂教学改革等，帮助提升办学水平和质量。

3.在乙方招聘新教师以及培养教师攻读教育硕士(包括农村硕师)时，在同等条件下，甲方优先满足乙方需求。

4.甲方应全力支持乙方其他未尽事宜。

（二）乙方权利与义务

1.乙方统筹规划本地区中学教师队伍建设，科学预测教师需求的数量和结构，做好招生培养与教师需求之间的有效对接。

2.乙方支持所辖中学全程参与卓越教师培养，鼓励一线名师（包括优秀班主任）参与相关工作，尤其是教育实践的全过程和全方位的指导，为实习生提供较好的学习和生活条件。

3.乙方应全力支持甲方其他未尽事宜。

四、协同经费

涉及卓越教师培养的相关经费原则上由甲方承担，甲、乙双方开展其他相关合作所需费用由双方协商解决。

五、成果与产权

"三位一体"协同培养卓越中学教师的科研成果与产权归属，由甲、乙双方协商解决。

六、其他

1.本协议经甲、乙双方签字加盖公章后生效。根据教育部卓越教师计划文件精神，协议期限为2期，每期五年。第一期有效期满后，若甲、乙双方无特别声明解除本协议，本协议自动续展第二期。

2.其他未尽事宜，由甲、乙双方协商解决。

3.本协议一式两份，甲、乙双方各执一份。

甲方单位（盖章）：　　　　　　　　乙方单位（盖章）：

执行代表（签字）：　　　　　　　　执行代表（签字）：

　年　月　日　　　　　　　　　　　年　月　日

（二）政府主导的"U-G-S"模式下教师发展学校建设的新探索（2015年至今）

1.教师发展学校建设基本情况

（1）教师发展学校建设的总体情况

为进一步落实教育部《关于实施卓越教师培养计划的意见》等文件精神，2015年6月12日，浙江省教育厅办公室印发《浙江省教师发展学校建设实施方案（试行）》（浙教办师〔2015〕49号，以下简称《实施方案》），明确指出："教师发展学校是在中小学校建制内，由高等学校和中小学校合作建立的旨在促进教师专业培养和培训的教学研合一的共同体，既是高校师范生有效开展教育教学实践的场所，也是高校教师参与基础教育改革实践的平台，更是高校与中小学合作开展基础教育科学研究、促进中小学教育教学改革和教师专业发展的重要阵地。"要求各级教育行政部门、有关高校和中小学要深刻认识教师发展学校对中小学教师队伍建设的重大意义，认真按照《实施方案》要求，结合当地实际，从有利于师范人才培养培训考虑，抓紧研究区域内教师发展学校建设的具体实施计划和配套政策措施。《实施方案》的出台,使教师发展学校建设真正有了政府的主导和参与。

　　在这一背景和契机下,杭州师范大学将教师发展学校建设作为强化师范生实践教学、提高师范生培养质量的重要举措,纳入学校集结式推进教师教育改革的总体方案。学校在经亨颐学院与西湖区教育局及其所属中学协同培养的基础上,扩大范围、拉高标杆,按照《实施方案》的要求,面向全校各师范专业,整合全校资源参与并推动教师发展学校的建设工作,全方位深化"U-G-S"三位一体协同培养模式。学校成立了由分管校领导牵头的教师发展学校建设组织机构,与杭州市教育局和杭州市辖区内的中小学多方联络,校领导专程走访了嘉兴、湖州、绍兴、宁波、东阳等地,与合作方达成了教师发展学校建设意向,确定了首批187所教师发展学校名单(表2-4),构建了以杭州地区为主、辐射周边地市,各地市教育局主导,名校及重点中学引领,各学段合理配置,充分满足我校教师教育改革发展需求的教师发展学校集群。

表 2-4　杭州师范大学 187 所教师发展学校区域分布一览表

区域	县(市、区)	数量	学段分布					
			高中	初中	小学	幼儿园	九年一贯	特教中职
杭州	滨江区	8	0	1	1	3	3	0
	拱墅区	22	1	4	7	8	0	2
	江干区	13	0	2	7	2	2	0
	上城区	14	0	3	5	5	0	1
	下城区	14	0	5	3	3	2	1
	西湖区	30	0	4	15	9	1	1
	萧山区	9	1	5	2	1	0	0
	余杭区	19	4	7	3	3	0	2
	直属	12	9	0	0	0	0	3
	经济技术开发区	1	0	0	0	0	1	0
	大江东产业集聚区	2	1	1	0	0	0	0
	富阳区	16	3	5	7	0	0	1
	桐庐县	7	2	2	2	1	0	0
	淳安县	7	2	1	1	1	1	1
	临安市	6	2	2	1	1	0	0
	建德市	1	1	0	0	0	0	0
金华	东阳市	1	1	0	0	0	0	0
湖州		2	2	0	0	0	0	0
嘉兴		1	1	0	0	0	0	0

续表

区域	县（市、区）	数量	学段分布					
			高中	初中	小学	幼儿园	九年一贯	特教中职
宁波		1	1	0	0	0	0	0
绍兴		1	1	0	0	0	0	0
合计	187	32	42	54	37	10	12	

2016年1月12日，学校召开了杭州师范大学教师发展学校建设研讨会暨签约仪式（图2-6），省教育厅师范处、杭州市教育局以及杭州市属各区、县（市）教育局相关负责人，杭州高级中学等全省180余所中小学校长、幼儿园园长参加了会议。会议中，来自教育主管部门、高校和中小学（幼儿园）的负责人针对教师发展学校建设等议题进行了集中研讨，希望通过教师发展学校这个平台，加强校际深度合作，协同培养优秀的教师教育人才，共同为浙江省基础教育发展作贡献。会上举行了教师发展学校签约和授牌仪式，学校与187所中小学签订了教师发展学校的合作协议。

图2-6　杭州师范大学教师发展学校建设研讨会暨签约仪式

（2）示范性教师发展学校建设

为进一步推进教师发展学校建设，2016年5月，学校在187所教师发展学校的基础上，遴选出21所教师发展学校作为示范，提供专项经费支持，建设周期为三年。示范性教师发展学校以中学为主，根据各校的特色和需求，结合学校相关学院的学科优势，采用由"某一学院为主、其他学院配合、教务处协调、基地共享"的方式，由主导学院牵头整合学校资源，与教师发展学校对接，以加强合作的针对性和有效性，增强合作的广度和深度。建设重点和要求主要包括五个方面：一是合作机制。要求合作双方共同制订建设方案，发展规划明晰，年度实施计划明确，双方职责清晰、措施得力；双方建立有效的合作机制，有联席会议和定期协商制度，在合作研究、教师培养和培训等方面合作密切。二是组织领导。实行学院院长负责制,合作双方内部分工明确,按照工作需要设立教学、科研、实习和培训等工作小组;整合双方优质教师教育资源,建立教师职前教育与职后培训的基本功能。三是教师参与。建立教师深入中小学一线开展基础教育研究、参与中小学教育教学改革的相关制度;制订明确的教师挂职和承担中小学师资培训工作计划;要求双方教师参与师范生见习、实习、技能训练与达标等环节。四是教学条件。加强和改进住宿条件、办公条件、研究条件等硬性条件。五是改革创新与社会影响。在教师教育和基础教育改革创新方面成果显著,获得重要的教改、科研项目或教学成果奖项,对当地中小学教育教学改革产生重要影响,形成良好的社会效应;教育行政部门对教师培养、培训、指导和服务基础教育等工作满意度高;师范生就业竞争力显著增强,社会美誉度明显提高。

学校通过重点扶持,点面结合,引导培育一批特色鲜明、成效显著的教师发展学校,以此为示范,引领和带动其他教师发展学校的建设和发展,使教师发展学校真正成为师范生实习实践的主阵地,高校与基础教育师资交流的主渠道,教师教育职前与职后培养的主平台,高校教师教育理论研究落地和基础教育实践应用提升的主枢纽。

表 2-5　杭州师范大学教师发展学校示范建设项目一览表

序号	教师发展学校名称	学校类别	区域	负责建设学院
1	杭州市学军小学	小学	杭州市(西湖区)	教育学院
2	杭州市求是教育集团	小学	杭州市(西湖区)	教育学院
3	杭州市保俶塔实验学校	九年一贯	杭州市(西湖区)	政治与社会学院
4	杭州市十三中教育集团	初中	杭州市(西湖区)	人文学院
5	杭州市十五中教育集团	初中	杭州市(西湖区)	经亨颐学院
6	杭州高级中学	高中	杭州市(直属)	经亨颐学院
7	杭州第二中学	高中	杭州市(直属)	理学院
8	杭州第四中学	高中	杭州市(直属)	体育与健康学院
9	杭州第十一中学	高中	杭州市(直属)	体育与健康学院
10	杭州师范大学附属中学	高中	杭州市(直属)	国际服务工程学院
11	杭州第十四中学	高中	杭州市(直属)	生命与环境科学学院
12	浙江大学附属中学	高中	杭州市(直属)	美术学院
13	杭州学军中学	高中	杭州市(直属)	理学院
14	杭州市长河高级中学	高中	杭州市(直属)	外国语学院
15	富阳中学	高中	杭州市(富阳区)	生命与环境科学学院
16	嘉兴市第一中学	高中	嘉兴市	政治与社会学院
17	湖州中学	高中	湖州市	外国语学院

续表

序号	教师发展学校名称	学校类别	区域	负责建设学院
18	绍兴市第一中学	高中	绍兴市	国际服务工程学院
19	宁波市第四中学	高中	宁波市	美术学院
20	东阳中学	高中	金华市(东阳市)	人文学院
21	长兴中学	高中	湖州市长兴县	材料与化学化工学院

2.教师发展学校协同建设内容

教师发展学校作为促进教师专业培养和培训的教、学、研合一的共同体,其有效运行不仅需要可行的合作理念,更需要通过实质性的合作内容实现各方互惠共赢。杭州师范大学根据《浙江省教师发展学校建设实施方案(试行)》文件要求,在汲取中小学校、教育行政主管部门意见和建议的基础上,按照"合作共赢、互利互惠、共同发展"的原则,充分考虑合作各方在教师发展学校建设中的不同诉求和各自优势,整体设计教师发展学校合作方案,强调以实践教学为合作纽带,在新入职教师职前指导、在职教师专业发展、教育课题合作研究、师范生培养方案研制、教师教育类课程建设、师范生教育实践、高校教师挂职锻炼、优质教学资源共享等方面,不断拓展学校与教师发展学校在基础教育领域合作的广度和深度。(双方具体合作内容见教师发展学校建设协议书)

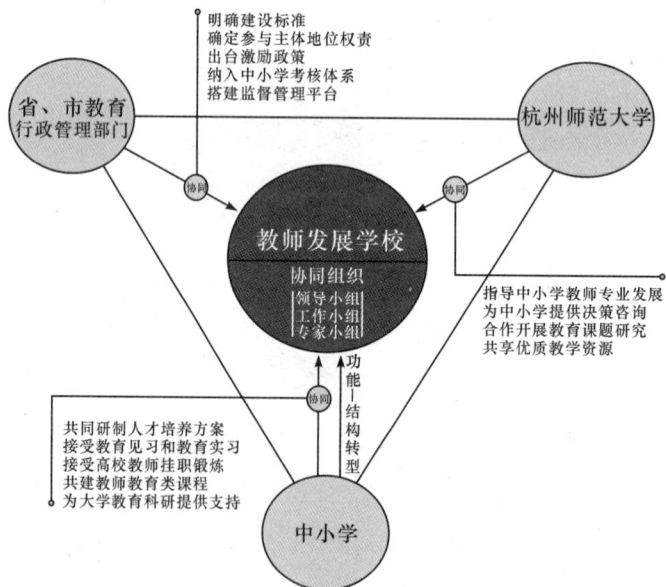

2-7　杭州师范大学教师发展学校协同建设示意图

杭州师范大学教师发展学校建设
协议书

甲方:杭州师范大学

乙方:

　　教师发展学校是在中小学校建制内,由高等学校和中小学校合作建立的旨在促进教师专业培养和培训的教学研一的共同体,既是高校师范生有效开展教育教学实践的场所,也是高校教师参与基础教育改革实践的平台,更是高校与中小学合作开展基础教育科学研究、促进中小学教育教学改革和教师专业发展的重要阵地。为进一步推进教师发展学校建设,根据浙江省教育厅、杭州市教育局有关文件精神,本着互惠互利、优势互补、共同发展的原则,杭州师范大学(甲方)与＿＿＿＿＿＿＿＿＿＿(乙方)经协商签订本协议,具体内容如下:

　　一、合作目的

　　甲、乙双方以师范生教育实践、中小学教师专业发展培训教育实践和高校教师挂职锻炼等内容为合作重点,相互支持,密切配合,共同建设教师发展学校,为师范生教师教育课程提供应用型师资,为高校教师指导参与基础教育改革提供平台,进而有效促进教师专业发展,提高教师教育教学水平。

　　二、甲方职责

　　1.甲方授予乙方"杭州师范大学教师发展学校"称号。

　　2.甲方将教育实习(见习)活动计划和相关材料在实施前一个月报送给乙方,确保乙方安排相关工作;甲方学生在实习(见习)期间,应自觉遵守乙方的校纪校规,并根据实习(见习)计划和乙方的指导意见,认真完成教育实习(见习)各项任务;甲方应在学生进入实习学校(乙方)一周内,按有关规定一次性付给乙方实习指导管理经费。

　　3.甲方成立"杭州师范大学教师发展学校联盟",搭建基础教育教学改革交流平台,甲方提供经费与乙方开展相关合作。每年举办一次教师发展学校专题研讨,研讨培训的学时纳入五年360学时范畴。

　　4.甲方选派专家学者参与乙方教育科研和校本研修活动,建立与乙方联合开展教学、科研和教师培训等合作机制,共同研究、解决基础教育改革和中小学教师专业发展中的问题。在条件成熟的基础上,双方可合作申报省级、国家级基础教育教学成果奖。

　　5.甲方为乙方教师到高校参加业务进修、学历学位提升提供条件,帮助乙方完成师资专业培训和发展,并向乙方开放图书资料、运动场地、教学场所等公共资源。

　　6.甲方在毕业生就业时向乙方推荐优秀毕业生。

　　三、乙方职责

　　1.乙方每年接纳甲方一定数量的学生进行教育实习(见习)。

　　2.乙方在甲方学生教育实习(见习)期间,安排专人负责学生的教育实习(见习)工作,按甲方的计划要求选派业务熟悉,责任心强(一般应具有两年以上基础教育教学工作实践经验,并具有中级及以上职称)的教师担任课堂教学实习、班主任实习和教育调查的指导教师,并为实习生提供必要的教学条件和生活条件保障,帮助解决实习中遇到的困难。

3. 乙方应为甲方人才培养方案的制订提供咨询;选派优秀教师参与甲方教师教育类课程的开发和建设。

4. 乙方为甲方教师指导参与基础教育改革提供平台,为甲方教师挂职锻炼等提供场所,支持和配合甲方师生开展教育科研调查等各项工作。

四、其他事项

1. 甲、乙双方协作期间遇到单方面无法克服的困难时,由双方协商解决。可由甲方牵头,不定期地召开会议,检查协议执行情况,交流意见和信息。

2. 本协议书一式三份,甲方两份,存杭州师范大学教务处和相关学院备案,乙方存一份。

3. 本协议自签约之日起生效,有效期为五年(年月至年月),未尽事宜,由双方本着平等、友好的精神共同协商解决。

甲方: 乙方:

杭州师范大学(盖章)   _____(盖章)
代表(签名):   代表(签名):
　年　月　日   　年　月　日

3. 教师发展学校运行的保障机制

(1)协同组织架构。根据《浙江省教师发展学校建设实施方案(试行)》,省教育厅成立由厅分管领导为组长的浙江省教师发展学校建设领导小组,负责全省教师发展学校建设的统筹规划和组织协调工作,领导小组办公室设在师范教育处;杭州市等相关地市教育行政部门也成立了相应组织机构。我校也成立了由分管校领导牵头,教务处、学生处、人事处和承担师范生培养任务的相关学院负责人组成的教师发展学校建设专门机构,日常工作由教务处教师教育管理办公室实施。各教师发展学校也根据省教育厅要求,组建了由教育行政部门、高校和中小学三方相关人员组成的工作小组,统筹规划和实施教师发展学校建设工作。

(2)专家队伍建设。学校成立了学科教育研究中心,将全校师范专业的学科教学论教师、教育硕士学位点、研究平台等集中至学科教育研究中心,建立校内专家库,依托学科教育研究中心的力量,加强与中小学、教育行政部门的协同研究,关注和指导在职教师的专业发展,为教师发展学校所在中小学的事业发展提供咨询和建议,将学科教育研究中心打造成教师发展学校改革与发展的智慧库、策源地和实施者。

(3)合作机制构建。一是教师参与方面。学校出台《杭州师范大学教师产学研践习计划实施办法》,将教师到教师发展学校开展实习带队指导、挂职锻炼等经历,作为教师的产学研践习经历予以认定,并纳入教师职务晋升、岗位考核的评价指标体系,鼓励教师深入中小学开展教育实践和研究。二是学生教育实践方面。完善《杭州师范大学教育实习管理办法》,规范教育实习和见习,强调"两习环节"必须在教师发展学校进行,并以此为纽带加强教师发展学校建设,在教育课题研究、师训干训等方面加强合作,提高合作的互惠度,形成可持续性的合作关系。三是建立联络走访机制。学校利用现代化、数字化沟通手段,建立日常工作交流机制,畅通沟通渠道,及时对接教师发展学校的合作意向,推动与教师发展学校的互动交流;学校每年开展教师发展学校走访工作,并将其制度化和常态化,校领导班子所有成员与相关部门负责人每年每人走访教师发展学校2所,各相关学院领导负责对其他所有开展实习合作的教师发展学校进行全面的走访联络,通过校院二级走访,了解合作事项推进情况,探讨合作的领域和内容,不断推进教师发展学校的各项工作。四是建立教师教育讲席教授制度。出台《教师教育讲席教授管理办法》,聘请教师发展学校的名师担任讲席教授,参与师范生教学实践、师范专业"双师"课程建设、师范生"双导师制"等工作,并筹措专项资金,支持讲席教授开展工作。

(4)监督机制。一是教育行政部门层面。省教育厅正着手制定教师发展学校建设标准,并要求所属各级教育行政部门定期对辖区内的教师发展学校工作情况进行督查,将教师发展学校工作开展情况列为中小学发展性评价考核加分因素;省教育厅每年对各地各高校教师发展学校建设和工作情况实行检查,并将检查情况纳入高校教学评估和市县教育科学和谐发展业绩考核。二是学校层面。学校制定了《杭州师范大学教师发展学校建设管理办法》,在明确教师发展学校的定位、功能和主要建设内容的基础上,进一步明确校内各相关学院在教师发展学校建设中的主要职责,并将教师发展学校建设工作纳入年度学院业绩考核指标体系和师范专业评估指标体系。

(5)经费保障。一是常规经费方面。学校拨付学院师范专业的常规教学经费中,安排不低于60%的经费专项用于师范生教育实践;各相关学院在教学常规经费和其他专项经费中安排一定经费,用于支持教师发展学校开展工作的各项支出。二是专项支持方面。学校开展教师发展学校示范项目建设工作,遴选合作良好、建设基础扎实的教师发展学校,给予专项资金支持,立项进行重点建设。

4.教师发展学校运行总体情况

政府主导下的教师发展学校建设模式实施两年来成效显著。2016年,学校1200余名师范生集中在已签约的83所教师发展学校开展教育实习,占所有实习学生的93%,充分发挥了教师发展学校在师范生教育实践中的主阵地作用。经调研,实习学生对教师发展学校的总体满意度明显提高,特别是,在教师发展学校对教育实习工作的支持度,对学生开展实习所需要的办公场所、住宿等硬件条件的配备等方面,学生普遍反映较好,认为教育实习收获颇丰。学校还积极探索由地方教育行政部门、中小学校和高校协同开展实习——就业一体化的招聘咨询活动。2017年4月,杭州市江干区教育局统一组织区域内的教师发展学校到我校开展实习生实习岗位咨询招聘活动,经面试择优选拔实习生定向到教师发展学校进行实习,实习表现优秀并符合招考程序的实习生可以优先在教师发展学校实现就业。中学专场共有 13 所教师发展学校到我校招聘实习学生,有 300 余名学生参加面试,初步达成意向的学生近 70 人。

表 2-6　2016 年全校师范生在教师发展学校教育见习实习人数统计表

项目	高中	初中	小学	幼儿园	特殊学校	合计
教育见习学生数	213	435	634	422	118	1822
教育实习学生数	305	485	288	156	39	1273

表 2-7　2016 年经亨颐学院学生在教师发展学校教育实习人数统计表

教师发展学校名称	人数
杭州高级中学	10
杭州市第十五中学教育集团	20
杭州市十三中教育集团	18
杭州市紫金港中学	12
杭州市塘栖第二中学	10
总计	70

此外,学校还为教师发展学校举办教学水平提升培训、开展教育科研和校本研修活动,推进学科教学论教师挂职锻炼等,与教师发展学校开展多类型、多层次的合作互动,产生了良好的社会效果。

(三)教师发展学校建设的主要特点

1.我校教师发展学校建设是一种制度性安排

我校教师发展学校建设,经历了从早期的初步探索,到以经亨颐学院为实验区的大学主导下的"U-G-S"合作模式,再到现今的面向全校师范专业的政府主导下的"U-G-S"合作模式。从建设历程看,我校教师发展学校建设不再以实验的方式进行局部的探索,而是在省级教育行政部门的统筹规划和要求下,在地市级教育行政部门的主导和参与下,从推进教师教育改革的高度进行系统设计,"以面向教育自然生态环境与中小学结成伙伴关系的方式进行建设的,这是一种制度性安排,不是个别行为。"[①]

2.我校教师发展学校建设是政府主导下的三方协同

如前所述,我校教师发展学校是在省级教育行政部门对区域教师发展学校建设进行统筹规划下而进行的系统设计,省教育厅通过颁布《浙江省教师发展学校建设实施方案(试行)》,对高校和中小学提出了建设教师发展学校的要求,对所属各级教育行政部门、高校和中小学在教师发展学校建设中的地位和职责作了明确规定,并在建设原则、组织实施和保障措施等方面提出了具体要求,使教师发展学校建设成为政府的管理职责,真正有了政府的主导和参与,不仅在经费安排、人员编制等方面得到了政府的政策

①　商竞:《促进教师专业,发展推动学校改进——中国教育学会教师发展学校建设述要》,《中国教育学刊》,2006 年第 10 期,第 25－28 页。

支持,而且把教师发展学校工作开展情况纳入了政府监督和考核的范畴,真正意义上实现了"高校—政府—中小学"的三方协同,形成了更加紧密的合作关系,在教师专业发展、教育课题合作研究、师范生教育实践、高校教师挂职锻炼、优质教学资源共享等方面全方位开展合作,打破了长期以来教师发展学校建设中政府参与较少、合作事项零散单一(以教育实习为主)、运行难以持续的局面。

3. 我校教师发展学校运行机制具有长效性

为使我校与教师发展学校双方的合作具有可持续性,如前所述,我校从协同组织、队伍建设、合作机制、监督机制、经费保障等方面,多维度、系统化构建教师发展学校运行的保障机制,确保教师发展学校能够顺畅运行,切实实现"高校—政府—中小学"的三方协同,进而产生协同效应。因此,我校教师发展学校的运行机制具有长效性。

二、"校院协同"与"院院协同"的实践探索

卓越教师的培养是一项系统的综合改革,不仅在校外需要政府、中学等多方力量的参与,在校内同样需要各学院、各部门的协同。为此,学校提出"三个协同"的培养理念,除加强学校与教师发展学校合作(校校协同)外,在校内强调校院协同和院院协同。

在校院协同方面,学校成立经亨颐学院管理委员会,校长和分管教学的副校长分别担任主任和副主任,成员由教务处、学生处、人事处、计财处、经亨颐学院、教育学院、人文学院、外国语学院、理学院等相关部门和学院负责人组成,主要职能是研究和讨论经亨颐学院办学及教学运行管理机制、协调和落实经亨颐学院在卓越教师培养中资源配置、条件保障等有关事宜,使经亨颐学院通过管理委员会整合全校教师教育资源,组织和协调各相关部门特别是专业学院在资源配置、师资配备、实验室开放、参与教师科研等方面向荣誉学院倾斜,以点带面统筹推进卓越教师的培养;在院院协同方面,经亨颐学院学生在校内拥有荣誉学院和专业学院双重身份,即荣誉学院和专业学院共同培养、成果共享,强化各专业学院在卓越教师培养中的主体意识,调动专业学院参与卓越教师培养的积极性,夯实学生学科底蕴。

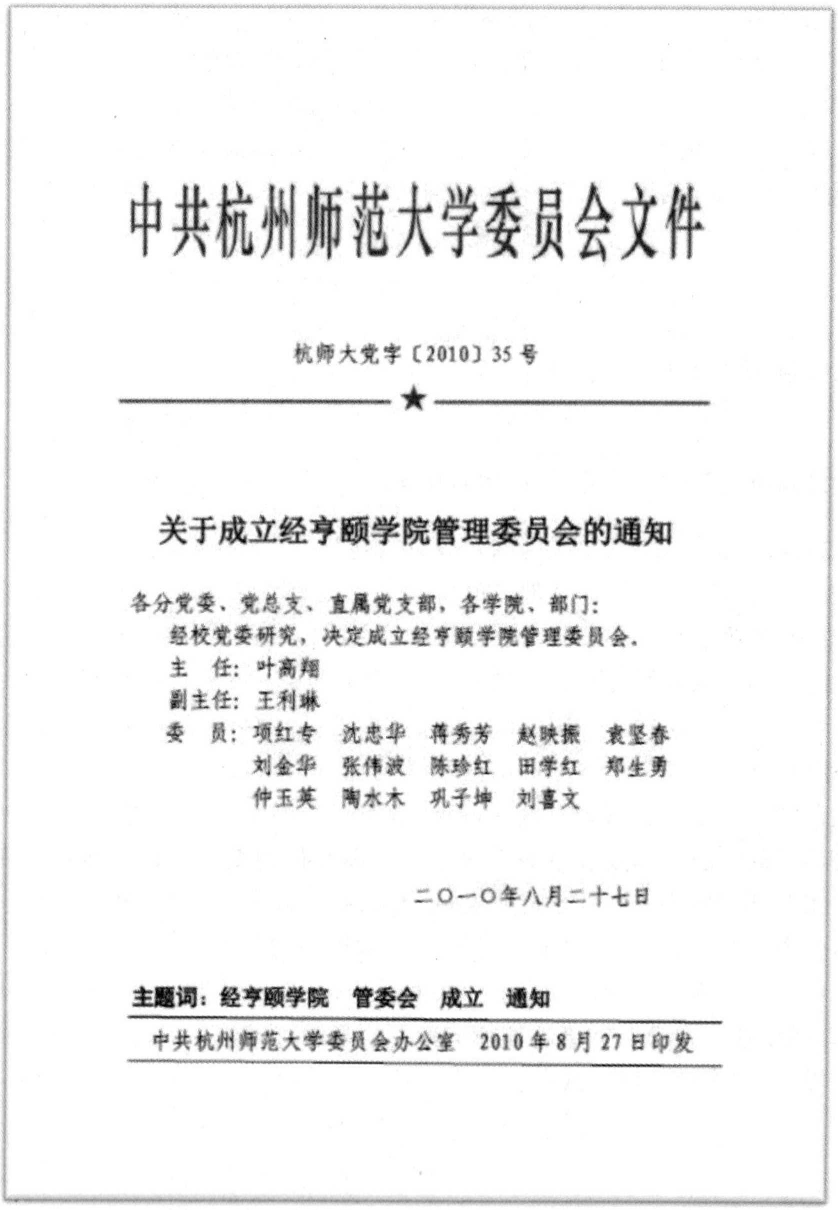

中共杭州师范大学委员会文件

杭师大党字〔2010〕35 号

——————————————★——————————————

关于成立经亨颐学院管理委员会的通知

各分党委、党总支、直属党支部，各学院、部门：

经校党委研究，决定成立经亨颐学院管理委员会。

主　　任：叶高翔

副主任：王利琳

委　　员：项红专　沈忠华　蒋秀芳　赵映振　袁坚春

刘金华　张伟波　陈珍红　田学红　郑生勇

仲玉英　陶水木　孔子坤　刘喜文

二〇一〇年八月二十七日

主题词：经亨颐学院　管委会　成立　通知

中共杭州师范大学委员会办公室　2010 年 8 月 27 日印发

图 2-8　经亨颐学院管理委员会成立文件

第五节　培养模式:"一制三化"

一、"一制三化"培养模式的形成及其内涵

(一)人才培养模式概念之界定

"人才培养模式"一词在教育教学改革的理论研究和实践探索中经常使用。但是,尽管在理论和实践中人才培养模式这一概念使用频率较高,但学者们对其内涵的理解却不尽相同。龚怡祖教授认为:"所谓人才培养模式,就是在一定的教育思想和教育理论指导下,为实现培养目标(含培养规格)而采取的培养过程的某种标准构造式样和运行方式,它们在实践中形成了一定的风格或特征,具有明显的系统性和规范性。"[①]柯文进先生认为:"人才培养模式是指大学根据国家人才培养的目标和质量标准,在一定的教育思想和理念指导下,以人才培养活动为本体,为大学生设计的知识、能力等素质结构以及实现这种素质结构的教育、教学活动方式。包括四层含义:一是人才培养要有一定的教育思想理念作为指导,办学理念、教育思想将制约着培养目标、专业设置、课程体系和基本的培养方式;二是人才培养模式的属性在于它是一个过程范畴,体现在人才培养的各个环节之上;三是人才培养模式的功能主要是'构造与运行',因而培养模式不等同于教学模式,它是介于办学模式之下教学模式之上的一个概念,大于或小于这个外延都会伤及概念的准确性和完整性;四是人才培养模式是一种标准式样,它应该具备一定程度的系统性、范型性和可操作性。"[②]刘英等学者则认为:"人才培养模式是在一定的教育理念指导下,高等学校为完成人才培养任务而确定的培养目标、培养体系、培养过程和培养机制的系统化、定型化范型和式样。"[③]

综观学界的观点,虽然学者们对人才培养模式的定义有所不同,但其内涵都包括教育思想和理念、培养目标、培养过程等人才培养的基本要素,其中培养过程是核心要素。定义的基本逻辑是:教育思想和教育理念——回答"为什么要构建或改革人才培养模式",培养目标——回答"培养什么样的人",培养过程——回答"如何培养"。在不同的语境下,对人才培养模式内涵的理解有广义和狭义之分:从广义上讲,如上述第三位学者的观点,将人才培养模式理解为整个人才培养的系统化设计,包括在一定的教育理念指导下而确定的培养目标、培养体系(课程体系和教学环节设置等)、培养过程(培养路径、方式等)和培养机制等,本章以"人才培养模式的创新"为标题,就是基于广义的理解,是我校根据国内外教师教育改革发展趋势,从培养标准、培养方案、招录改革、协同

---

① 龚怡祖:《论大学人才培养模式》,江苏教育出版社,1999年版,第16页。

② 柯文进:《现代大学制度下大学人才培养模式研究》,《北京教育(高教版)》,2007年第8期,第13—17页。

③ 刘英、高广君:《高校人才培养模式的改革及其策略》,《黑龙江高教研究》,2011年第1期,第127—129页。

育人、培养路径和方式、机制保障等方面对卓越教师培养而进行的系统设计;从狭义上讲,主要是围绕培养过程这一核心要素来界定人才培养模式的内涵,即人才培养模式"是在一定教育理念指导下,为实现一定的培养目标,在培养过程中所采取的某种能够稳定培养学生掌握系统的知识、能力、素质的结构框架和运行组织方式"①。本节中的"培养模式",主要是基于狭义的理解。

(二)"一制三化"培养模式的形成及其内涵

如前所述,杭州师范大学已历经百余年的发展历程,具有鲜明的教师教育特色和艺术教育优势。自《国家中长期教育改革和发展规划纲要(2010—2020年)》提出卓越人才培养的战略部署,我校便于2010年先行启动了卓越教师培养计划。通过创办国内首家专注卓越教师培养的实体性荣誉学院——经亨颐学院,着力创新卓越教师培养模式。经过几年的探索,形成了以"一制三化"(双导师制、教学小班化、素养双强化、实践全程化)为内核的卓越中学教师培养模式。

所谓"一制三化"是指:通过校内二次选拔遴选优秀生源,选择优秀博士和一线名师作为学生励志导师和学科导师,涵养学生的师德和教师气质;推行小班化(20人以内)教学,进行"学为中心"变革,让学生成为主动学习者;荣誉学院与专业学院协同强化培养师范生的教师素养和学科素养;大学、政府和中学协同实施,四年全程实践浸润,贯通职前职后,提升教学技能。

二、"一制三化"培养模式的探索与实践

(一)双导师制

经亨颐学院在卓越中学教师培养中,传承经亨颐先生"人格为先、五育并举"的教育思想,倡导"与优秀的人在一起会更加优秀"的理念,在人才培养中实行"优秀博士学长制"和"一线名师师徒制"的双导师培养模式,即根据学生的学科基础和发展趋向,在为每名学生配备一名本校职业道德高尚、学术造诣深厚、具有博士学位和副教授以上职称的教师作为励志导师的同时,还以中学一线名师为主体、校内学科专业资深教授为补充,为每名学生配备一位学科导师。"双导师"的协同指导和携手引领,让学生感受到名师的价值取向、人生追求和人格魅力,坚定学生的教育信仰和对教育理想的追求,强化学生的学科基础和教师素养,"使学生学会学习、学会研究、学会创造,为其成为教师队伍中的学识厚实、能力超群、综合素质好、发展后劲足的优秀人才奠定基础"②。

(二)教学小班化

小班化教学是围绕学生个体发展,以小班额为课堂教学的组织形式,在提高课堂教学质量和培养创新人才过程中发挥着重要作用。经亨颐学院在卓越中学教师培养的探

---

① 左兵:《协同创新理念下卓越教师培养模式的实践与探索》,《湛江师范学院学报》,2013年第4期。

② 曹霞、梁燕玲:《地方师范大学卓越教师培养模式探索与实践反思》,《教师教育论坛》,2015年第11期,第8—11页。

索中,积极推行小班化教学,变"以教为主"为"以学为主",充分调动教师的教学热情,激发学生学习的主动性、创造性和内在潜力,让学生成为主动学习者,让课堂真正成为学生学习知识、提升能力、启迪智慧的乐园。具体如下:

1.班级规模。小班化教学的班级规模一般在20人以内。

2.师资配备。选派学术水平高、教学经验丰富的优秀教师、知名教授学者担任课程主讲教师。根据课程特点,也可同时配备小班研讨教师。

3.教学方式。小班化教学强调以学生为中心,注重引导学生进行合作学习和自主学习,鼓励教师根据专业和课程特点,大胆探索启发式、探究式、案例·模拟·诊所式等教学方式改革,研讨课学时一般不少于课程总学时的1/3。要求任课教师对教学内容、课堂教学组织、研讨方式、文献研读、作业布置、课程考核等所有教学环节实施综合性的改革和全面优化,教师授课内容可适度粗化,增加课程深度和挑战性,在保证教学大纲整体进度的基础上,着重学科基础和前沿开放性课题,鼓励学生通过课后阅读、个体研究和团队合作寻找解答方式。学生研讨可分成若干学习小组,每组采取学生讲解、相互提问和小组讨论等方式开展学习,授课教师参与辅导答疑。课程主讲教师和小班研讨教师每周应留出不少于2小时的课外答疑时间,对学生进行一对一的学业指导。

4.课程资源。学生课外研读和探究是开展充分的课堂研讨的基础,为此,要求实施小班化教学的课程充分重视教学资源建设,给学生提供包括课程介绍、教学大纲、教案或演示文稿、课程微视频、文献资料库、专题讲座库、案例库、试题库等丰富的课程学习资源,使学生能够通过网络课堂进行自主学习,实现课程线上线下双线教学,互相补充。

5.课程考核。要求小班化教学的课程改革学业评价方式,将考核贯穿到课程教学全过程,将过程性评价与终结性评价结合起来,丰富考试形式。原则上应将学生小班研讨课堂表现以及学生课后参与答疑、阅读和作业等方面的情况,以不低于60%的比例计入课程成绩,并制订详细的课程成绩评定方案。

(三)素养双强化

扎实的学科基础和较强的教师素养是师范生未来走向卓越的基础和关键,也是四年制卓越中学教师培养的瓶颈问题。经亨颐学院主要采取如下措施,着力实现学科素养和教师素养的双强。

1.学科素养方面

(1)优化学科底蕴课程模块。在卓越中学教师培养方案中,课程体系设置学科底蕴课程模块,该课程模块占Ⅰ类学分的比例达50%左右,由学科基础平台课程、学科专业课程、学科拓展课程和跨学科课程四大课程群组成,强化学生的学科基础。

(2)学科导师专业指导。指导学生的学科专业发展和教师教育实践是学科导师的主要职责。学科导师指导学生分析专业和课程特点并根据其自身实际及发展方向进行选课,指导和帮助学生开展科技创新活动,吸收学生参与导师本人的科学研究活动,进一步夯实学生的学科基础。

(3)设置荣誉课程。将学科底蕴课程模块中最核心的学科专业课程设置为学位课程(要求70分通过),并作为荣誉课程进行建设,由荣誉教师授课,重在拓展课程的广度和深度,增加学业挑战度,启发学生思维,培养学生的探究能力。经亨颐学院已聘请了23位荣誉教师,他们均是校内外德高望重、学术造诣深厚、教学经验丰富的名师和名家。

2.教师素养方面

(1)师德教育和涵养气质。一是以艺润德。学校将师范生师德养成教育与艺术教育有机结合,在人才培养方案中要求学生修读4个学分的艺术鉴赏与审美体验类通识课程,并将"艺术才能"达标(即要求每位学生根据自身爱好至少发展一样艺术特长)作为限定性二类学分课程,通过"一人一艺"以艺润德。二是践行师德。在培养方案中设置"公益学分"、"暑期社会实践"作为限定性二类学分课程,强化学生的社会责任感;推行慎独考场,让学生自觉承诺以公平、坦荡的行为维护学习的尊严,以此为抓手开展诚信教育;组织师范生积极参加相关志愿者活动,锻炼和培养师范生的耐心、爱心、责任心等人文关怀和教师品质,提升师德情操。三是教师气质熏陶。通过"从教第一课"、"教育家大讲堂"、"毕业展示"等环节,涵养学生的未来教师气质。

(2)学科导师言传身教。由一线名师担任学科导师,一方面以名师的人格魅力感染学生,不断强化他们的职业认同感和自豪感,引导他们树立献身基础教育的理想信念;另一方面以名师的言传身教,使学生将所学的学科理论知识与中学的学科教学相衔接,更好地融会贯通,在进一步夯实学科基础知识的同时,提高学科教学能力。

(3)教育实践全程浸润。具有较强的教学能力是师范生教师素养的基本内涵,也是他们未来走向卓越的基础和关键。经亨颐学院通过四年一贯的全程浸润教育教学实践,以及实施师范生教学技能全员达标和师范生教学技能竞赛全员参与,强化学生的教学能力。

(四)实践全程化(图2-9)

1.高规格质量标准引领

为明确师范生教育实践质量标准,规范教育见习和实习"两习环节",学校在广泛调研的基础上,进一步完善相关制度,制订了《杭州师范大学教育实习规程》和《杭州师范大学教育实习管理办法》。在此基础上,经亨颐学院基于卓越的培养理念,根据《教育部关于加强师范生教育实践的意见》(教师〔2016〕2号)文件精神,研制出高规格的教育实践质量标准,即《经亨颐学院教育见习规程》和《经亨颐学院教育实习(研习)规程》,明确教育实践的目标任务,构建全方位的教育实践内容体系和促发展的教育实践多元评价体系,对师范生教育实践提出高标准要求,以此引领教育实践的实施。

2.教育实践贯穿四年

在调研基础教育需求并结合卓越教师培养要求的基础上,充分整合学校和教师发展学校的教育教学资源,将教育技能类课程和教育实践环节整体规划、有序连贯、互为衔接,教育实习延至半年,教育实践课程和"见习—实习—研习"三个教育实践环节贯穿四年,强调师范生将各年级段的学科专业知识和教师教育知识运用于中学教育教学实践,实现教育实践全程浸润,提高师范生的备课能力、教案设计能力、说课讲课评课等教育教学能力。

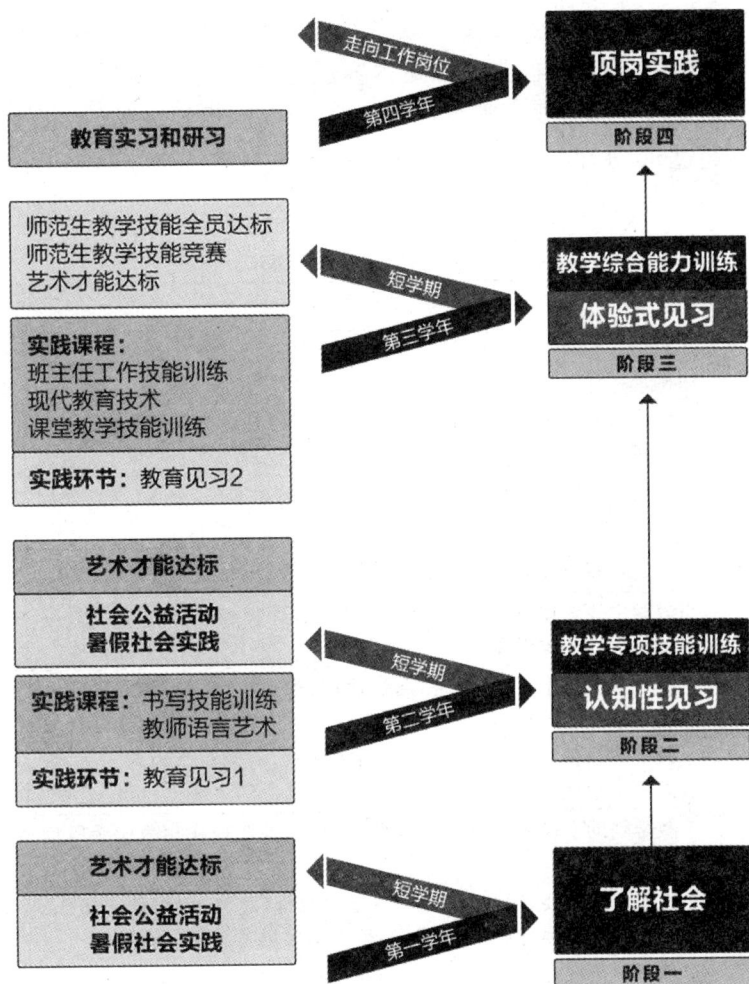

图 2-9 实践教学体系设计示意图

3.师范生教学技能全员达标

学校创新师范生教学技能达标机制,出台《杭州师范大学师范生教学技能全员达标实施方案》,要求全体师范生教学技能考核人人达标,达标后方可参加教育实习。全员达标内容分为四项:教学设计、多媒体课件制作、说课、模拟上课·板书。达标考核成绩分通过与不通过两个等级,要求考生各单项成绩均通过,总成绩方可定为通过,即达标过关;否则成绩定为不通过,即达标不过关。考核时间定在三年级短学期,考核工作由教务处负责,由经亨颐学院组织实施,各相关学院配合。对于考核未达标的学生,可在第七学期开学初进行一次补考,成绩通过者方可参加教育实习;对于补考仍未达标者,限期一个月进行教育见习和教学技能模拟实训,然后再给予一次补考机会,再次补考达标者可入队参加教育实习,仍未达标者则延期毕业。

师范生教学技能全员达标评价标准如下:

(1)教学设计

指运用系统方法,将学习理论与教学理论的原理转换成教学过程和教学活动的具体计划的系统化过程。学生应结合我国新课程改革的理念,以及基础教育现实、教学要求、课程目标等发生的深刻变化,针对指定内容进行教学设计,解决教什么、怎样教的问题,使教学过程最优化。具体要求学生根据抽取的试题,设计完整的一课时教学方案一例,设计时间不超过 90 分钟。教学设计总分 25 分,成绩大于等于 15 分为通过。评价标准见表 2-8。

表 2-8　教学设计评价标准

评价内容	评价标准	分值
目标设计 (3分)	教学目标清楚、具体,易于理解,便于实施,行为动词使用正确,阐述规范	1.5
	符合课标要求、学科特点和学生实际;体现对知识、能力与创新思维等方面的要求	1.5
内容分析 (2分)	教学内容前后知识点关系、地位、作用描述准确,重点、难点分析清楚	2
学情分析(2分)	学生认知特点和水平表述恰当,学习习惯和能力分析合理	2
教学过程设计 (11分)	教学主线描述清晰,教学内容处理符合课程标准要求,具有较强的系统性和逻辑性	2
	教学重点突出,点面结合,深浅适度;难点清楚,把握准确;化难为易,处理恰当	2
	教学方法清晰适当,符合教学对象要求,有利教学内容完成、难点解决和重点突出	2
	教学辅助手段准备与使用清晰无误,教具及现代化教学手段运用恰当	1
	内容充实精要,适合学生水平;结构合理,过渡自然,便于操作;理论联系实际,注重教学互动,启发学生思考及问题解决	3
	注重形成性评价及生成性问题解决和利用	1
延伸设计 (2分)	课时分配科学、合理;辅导与答疑设置合理,练习、作业、讨论安排符合教学目标,有助强化学生反思、理解和问题解决	2
文档规范 (2分)	文字、符号、单位和公式符合标准规范;语言简洁、明了,字体、图表运用适当;文档结构完整,布局合理,格式美观	2
设计创新 (3分)	教学方案的整体设计富有创新性,较好体现课程改革的理念和要求;教学方法选择适当,教学过程设计有突出的特色	3

(2)多媒体课件制作

指学生在一定的学习理论和教学理论的指导下,遵循认知规律,根据学习目标或教学目标设计反映某种教学策略和教学内容的课件。要求学生根据教学设计内容制作课件一例,制作平台不限,制作时间不超过 60 分钟。课件制作总分 15 分,成绩大于等于 9 分为通过。评价标准见表 2-9。

表 2-9　课件制作评价标准

评价内容	评价标准	分值
科学性 （4分）	课件取材适宜,内容科学、正确、规范	2
	课件演示符合现代教育理念	2
教育性 （6分）	课件设计新颖,能体现教学设计思想;知识点结构清晰,能调动学生的学习热情	6
技术性 （3分）	课件制作和使用上恰当运用多媒体效果	1.5
	操作简便、快捷,交流方便;适于教学	1.5
艺术性 （2分）	画面设计具有较高艺术性,整体风格相对统一	2

（3）说课

主要进行课前说课考核。要求学生在前期备课的基础上,面对评委和其他听课学生,系统地阐述自己的教学构想及其理论依据,时间不超过 5 分钟。说课总分 15 分,成绩大于等于 9 分为通过。评价标准见表 2-10。

表 2-10　说课评价标准

项目	内容	评价标准	等级			
			A	B	C	D
说课 （15分）	说教材	教学内容阐述清楚,教材解析到位,教学目标分析合理、定位正确,教学重难点分析完整、严密	3.0	2.3	1.5	0.8
	说教法	教法或学法指导选择正确,符合新课程要求,且说明清楚,具有针对性和可操作性	3.0	2.3	1.5	0.8
	说过程	教学过程环节清楚,层次分明,解读正确,设题精当,引导巧妙,富有创意,能充分体现上述各方面说明,符合学科教学特点与规律	9.0	5.0	3.0	1.5

（4）模拟上课・板书

模拟上课・板书要求学生依据教学设计方案和课件,自主选择一个"教学片段"或"环节"进行模拟上课,板书在模拟上课过程中呈现,总时间不超过 10 分钟。模拟上课・板书总分 45 分,成绩大于等于 27 分为通过。评价标准见表 2-11。

表 2-11　模拟上课・板书评价标准

项目	评价内容	评价标准	分值
模拟 上课 （35分）	教学目标 （3分）	目标设置明确,符合课标要求和学生实际	3
	教学内容 （5分）	重点内容讲解明白,教学难点处理恰当,关注学生已有知识和经验,注重学生能力培养,强调课堂交流互动,知识阐释正确	5
	教学方法 （7分）	按新课标的教学理念处理教学内容以及教与学、知识与能力的关系,较好落实教学目标;突出自主、探究、合作学习方式,体现多元化学习方法;实现有效师生互动	7

续表

项目	评价内容	评价标准	分值
	教学过程 （7分）	教学整体安排合理，环节紧凑，层次清晰；创造性地使用教材；教学特色突出；恰当使用多媒体课件辅助教学，教学演示规范	7
	教学素质 （4分）	教态自然亲切、仪表举止得体，注重目光交流，教学语言规范准确、生动简洁	4
	教学效果 （4分）	按时完成教学任务，教学目标达成度高	4
	教学创新 （5分）	教学过程富有创意；能创造性地使用教材；教学方法灵活多样，有突出的特色	5
板书 设计 （10分）	内容匹配 （4分）	反映教学设计意图，突显重点、难点，能调动学生主动性和积极性	4
	构图 （4分）	构思巧妙，富有创意，构图自然，形象直观，教学辅助作用显著	4
	书写 （2分）	书写快速流畅，字形大小适度，清楚整洁，美观大方，规范正确	2

4. 师范生教学技能竞赛全员参与

学校将师范生教学技能竞赛作为育人的重要平台，构建了"院赛—校赛—省赛—国赛"四级竞赛体系，注重技能训练与技能竞赛紧密衔接，以赛促学，以赛促练。师范生教学技能竞赛由学校统一规划，经亨颐学院组织实施，与技能达标工作无缝对接，实现全员参与，全体指导，全部受益。在竞赛组织中，除强调省赛、国赛成绩的取得，更加注重培训质量的提高，基本形成了院赛、校赛培训注重全面覆盖，实现整体发展；省赛、国赛培训注重精英训练，实现拔尖提高。

第六节　实施保障：平台·师资·条件

一、平台保障

学校是教育部、财政部"国培计划"示范性集中培训项目培训机构、远程培训项目培训机构、教育部教师队伍建设示范项目承担单位。我校拥有省、市、校三级平台，不仅在服务基础教育方面成效显著，而且为卓越中学教师培养模式的改革提供了坚实保障。

（一）省级平台

我校是浙江省"十一五"教师教育重点基地、"十二五"省级重点建设教师培养基地、浙江省教师继续教育与培训的重点基地。依托三大省级平台，学校积极推进教师培养的职前职后一体化，通过创新培训模式，创立"浙派名师"等知名教师培训品牌，实施"杭州市名师工程"、"浙江省特级教师网络工作室"等一系列优质培训项目，主动服务基础教育，在促进教师发展学校建设和发展的同时，注重将教师的职后培训资源有效融入卓越中学教师的培养过程，形成了"名师工程"反哺师范生、师范生努力成为名师的良性循环。此外,"基于'一制三化'的卓越中学教师培养"也列入"十二五"省级重点建设教师培养基地的建设项目,在经费和政策等方面得到了省教育厅的大力支持。

（二）市级平台

我校是杭州市中小学教师培训中心和干部培训中心,该中心与我校卓越中学教师培养计划项目的实施学院——经亨颐学院合署办公(两块牌子、一套班子),主要负责杭州市中小学教师和校长培训以及杭州教师教育网建设,中心不仅拥有丰富的名师、名校长资源,而且有助于促进协同培养方面的全面合作,为卓越中学教师培养模式的改革提供了平台。我校还拥有杭州市特级教师工作站(杭州市技能名师工作室),同样也设在经亨颐学院,其三大基本职能(即师范生教学技能实训指导中心、教学论教师实践能力发展阶梯、教育理论与实践融合研究平台),为卓越中学教师培养模式的改革提供了支撑。

（三）校级平台

为推进卓越中学教师培养模式的改革,学校成立了学科教育研究中心,挂靠在经亨颐学院,集聚全校学科教学论教师,主要职能是:组织开展学科教育学术研究、教师教育课程教学改革、指导学生教育实践、服务引领基础教育课程教学改革等。

二、师资保障

卓越教师的培养必须有高水平的师资队伍作为支撑。我校根据卓越教师的培养目标和培养要求,校内和校外相结合,着力打造一支以一线名师为引领、校内教师为主体,专兼结合的高素质师资队伍。

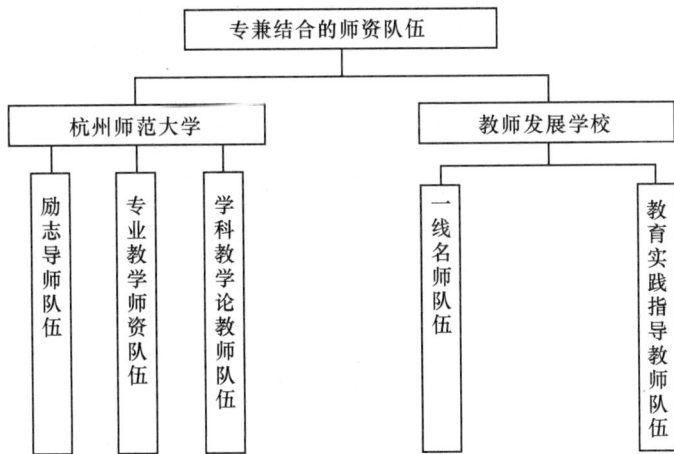

图 2-10 师资队伍建设结构图

（一）校内师资队伍建设

校内师资队伍建设方面,主要着力打造以下三支队伍:一是励志导师队伍。学校制定《经亨颐学院励志导师实施意见》,明确了励志导师的基本条件、职责要求和聘任办法等,以相关专业学院和教育学院为主,整合全校优秀师资,建立励志导师师资库,选聘职业道德高尚、责任心较强、学术造诣深厚、潜心教育教学工作、具有博士学位和副教授以上职称的教师担任学生的励志导师。二是学科专业师资队伍。主要以专业学院为主，相关学科的校内高水平研究机构为补充，选聘优秀师资承担学科专业教学。三是学科教学论教师队伍。依托学科教育研究中心，整合各专业学科教学法教师队伍，选聘优秀教师承担学科教学论课程教学，指导学生教育实践；出台《杭州师范大学学科教学论教师岗位职责》，建立学科教学法教师良好的管理制度和工作机制，加强教师教育师资队伍建设。

表 2-12　经亨颐学院励志导师（博士、教授）一览表

序号	姓名	性别	学位	职称	毕业院校	主讲课程
1	张伟平	男	博士	教授	杭州大学	教育学基础、教学智慧与教学艺术等
2	肖正德	男	博士	教授	西北师范大学	教育学基础、教育研究方法等
3	潘　毅	男	博士	教授	浙江大学	认知心理学
4	王雁琳	男	博士	教授	浙江大学	教育学、心理学等
5	温正胞	男	博士	教授	浙江大学	教育社会学、教育学基础、教育哲学
6	蒋永贵	男	博士	教授	上海师范大学	学科教学论、学科教学设计
7	虞旦盛	男	博士	教授	浙江大学	数学分析
8	叶立军	男	博士	教授	南京师范大学	数学学科教学论
9	侯红生	男	博士	教授	中国科技大学	大学物理 A
10	陈焕良	男	博士	教授	南京大学	代数学
11	巩子坤	男	博士	教授	西南大学	数学学科教学论
12	王文胜	男	博士	教授	浙江大学	概率论等
13	王　强	男	博士	教授	华东师范大学	教育学基础、教育研究方法等
14	申建华	男	博士	教授	湖南大学	微分方程
15	曹　超	男	博士	教授	佛罗里达大学	大学物理
16	叶全林	男	博士	教授	浙江大学	大学物理
17	杨垂平	男	博士	教授	中国科技大学	大学物理
18	张树国	男	博士	教授	北京大学	古代文学
19	沈松勤	男	博士	教授	浙江大学	古代文学
20	叶志衡	男	博士	教授	浙江大学	中国古代文学史
21	斯炎伟	男	博士	教授	浙江大学	中国现当代文学
22	刘克敌	男	博士	教授	华东师范大学	文学概论

序号	姓名	性别	学位	职称	毕业院校	主讲课程
23	孙宜志	男	博士	教授	山东大学	语言学概论
24	王侃	男	博士	教授	南京大学	中国现当代文学
25	黄爱华	女	博士	教授	南京大学	中国现代文学
26	洪治纲	男	博士	教授	浙江大学	中国当代文学
27	李莉	女	博士	教授	北京师范大学	比较文学与外国文学
28	李颖	女	博士	教授	英国诺丁汉大学	学术论文写作
29	颜钟祜	男	博士	教授	加拿大多伦多大学	论文指导
30	徐越	女	博士	教授	北京语言大学	语言学概论
31	陈茂林	男	博士	教授	南开大学	论文指导
32	管南异	男	博士	教授	浙江大学	综合英语

杭州师范大学学科教学论教师岗位职责

为进一步明确学科教学论教师岗位职责,整合学校教师教育资源,深化教师教育改革,强化师范生实践教学,彰显学科教育研究水平和特色,提升服务与引领基础教育的能力,结合学校实际,制定学科教学论教师岗位职责。具体如下:

1. 承担学科教学类教师教育课程教学;

2. 协助本学院联系教育见习与教育实习学校,并做好实习准备阶段的各项业务工作;

3. 全程参与本院师范生教育见习、实习(主要负责对全院实习生业务指导和各实习点的巡查与指导工作)与研习;

4. 协助学院设计教育实习后反思研习方案,并全程参与相关业务工作;

5. 指导本专业师范生教学技能训练与竞赛;

6. 协助学校设计师范生教学技能全员达标方案,并全程参与师范生教学技能达标工作;

7. 开展学科教育理论与实践研究,进行学科教育群教材建设;

8. 参与学科教育研究中心组织的项目申报、学术和教研活动等事项;

9. 参与教师发展学校建设,服务和引领基础教育。

学科教学论教师的考核由学校学科教育研究中心出具意见,学院参考该意见并结合教师履职情况进行考核。

(二)兼职教师队伍建设

兼职教师队伍建设方面,主要着力打造以下二支队伍:一是一线名师队伍。依托省、市级教师教育平台和教师发展学校,建立一线名师师资库,聘请基础教育名师参与师范生双导师制、双师课程、教育实践等工作;出台《杭州师范大学教师教育讲席教授管理办法》和《经亨颐学院学科导师管理办法》,明确教师教育讲席教授和学科导师的基本条件、职责要求、聘任程序、考核和待遇等,保证一线名师参与学科导师和双师课程等工作落到实处。二是教育实践指导教师队伍。依托教师发展学校,建立教育实践指导教师师资库,聘请教学经验丰富、学习指导能力较强、工作认真负责的中学一线教师作为学生教育实习的指导教师。

表 2-13 经亨颐学院学科导师(中学名师)一览表

序号	姓名	性别	职称	工作单位	学科教学	备注
1	尚 可	男	教授级高级教师	杭州第二中学	数学	讲席教授
2	孔慧敏	女	特级教师	杭州第十四中学	英语	讲席教授
3	郑永杰	女	特级教师	杭州市翠苑中学	数学	讲席教授
4	楼 红	女	特级教师	余杭区塘栖二中	中文	讲席教授
5	吕贞锋	男	中学高级	杭州高级中学	英语	讲席教授
6	周 伟	男	中学高级	杭州高级中学	中文	讲席教授
7	潘志平	男	中学高级	杭州市公益中学	英语	讲席教授
8	庞仿英	女	中学高级	杭师大附属仓前实验中学	中文	讲席教授
9	杨 曙	女	中学高级	杭州市保俶塔实验学校	中文	讲席教授
10	赵群筠	女	特级教师	杭州市拱墅区教育局	中文	讲席教授
11	吴丹青	女	特级教师	杭州市上城区教育学院	中文	讲席教授
12	蔡小雄	男	特级教师	杭州高级中学	数学	讲席教授
13	冯定应	男	特级教师	杭州学军中学	数学	讲席教授
14	王耀村	男	特级教师	浙江省教育厅教研室	物理	讲席教授
15	陈沪军	女	中学正高级	杭师大东城中学	科学教育	讲席教授
16	周 惠	女	中学高级	杭州市上城区教育学院	英语	讲席教授
17	葛炳芳	女	中学高级	浙江省教育厅教研室	英语	讲席教授
18	吴建锋	男	特级教师	浙江省柯桥中学	数学、计算机科学与技术	讲席教授
19	曾宣伟	男	中学高级	江干区教师进修学校	中文	
20	王 燕	女	教学名师	杭州市第十五中学	英语	
21	金 鹏	男	特级教师	杭州市教研室	科学	

续表

序号	姓名	性别	职称	工作单位	学科教学	备注
22	李胜建	男	教师名师	杭州市第十五中学	中文	
23	马锦绣	男	教学名师	杭州市第十三中学	中文	
24	沈国平	男	教学名师	仓前实验中学	数学	
25	程建新	男	教学名师	余杭中学	数学	

注：上述名单中包含教师教育讲席教授(中学)

三、条件保障

在教学条件方面,除专业实验室建设外,围绕师范生教学技能培养,学校拥有省级实验教学示范中心——教师专业技能实验教学中心。目前该中心拥有教学基本技能实训室、教学应用技能实训室、教学研究技能实训室三大类实训室。其中,教学基本技能实训室下设:微格教学实训室、艺术技能实训室、科学探究实验室,以及学前、特教专业基础实验室;教学应用技能实训室下设:教育技术实验室、通用技术与教育机器人实验室、信息化教学设计实验室等;教学研究技能实训室下设:教学行为观察与分析实验室、心理辅导实验室、学习认知测评实验室、数字资源设计开发实验室等(见图2-11)。中心主要服务对象包括全校师范类专业本科生与教育类研究生,每年实验(训)教学工作量17万余人时数,同时还承担学生的开放课题、毕业论文以及相关专业师生科研开发和社会服务、职后培训等项目。

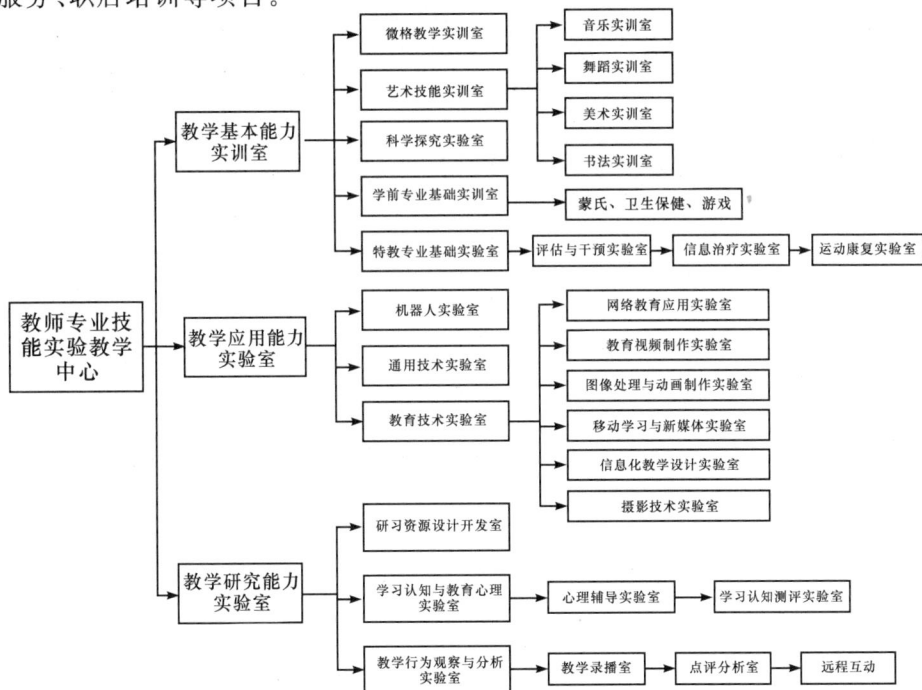

图 2-11 教师专业技能实验教学中心结构图

为进一步推进卓越中学教师培养模式改革,以点带面,促进学校教师教育质量的整体提升,学校利用仓前新校区建设的契机,规划了教师教育功能区块,启动"卓越教师培养计划"攀登工程二期项目,在教师专业技能省级实验教学示范中心的基础上,建设教师教育实训平台。该平台以促进学生"师德、师能、师艺全面发展"为基本理念,根据卓越教师的培养目标,拓展实验教学示范中心的功能,进一步将育人文化、师范生艺术素养、信息素养等要素融入平台建设中,打造以信息时代卓越教师培养为导向,以提升师范生教学能力(包括教学基本能力、教学应用能力、教学研究能力三级能力层次)为核心,集"卓越教师"教学能力实训中心、"卓越教师"实训与研习数字资源中心、"卓越教师"专业技能测评中心为一体的特色鲜明的教师教育实训平台,目前该平台建设进展顺利。同时,资助开展教师教育硬件建设,进一步加强图书资料和情报信息网络建设,拓展教师技能实训项目和实训资源,建立可有效支持师范生见习、研习和实习所需的教学设施和设备。

第三章　课程教学改革的发力

作为学校的"教改实验特区",经亨颐学院充分用好这一优势,遵循卓越中学教师人才培养规律,按照"德高·学高·技高"的人才培养目标要求,不断地对课程教学改革发力,从师德养成、课程创生、教学变革、实践强化等四个方面系统构建,每个方面各找准三个抓手,形成针对性较强的"43课改"体系,有力地提升了卓越师范生人才培养质量。

第一节　师德养成:三条路径

党的十八大以来,习近平总书记从确保党和国家兴旺发达、长治久安的战略高度,多次就落实立德树人根本任务作出重要指示。党的十八届五中全会通过的《中共中央关于制定国民经济和社会发展第十三个五年计划的建议》进一步强调:"全面贯彻党的教育方针,落实立德树人根本任务,加强社会主义核心价值观教育,培养德智体美全面发展的社会主义建设者和接班人。深化教育改革,把增强学生社会责任感、创新精神、实践能力作为重点任务贯彻到国民教育全过程。"落实立德树人根本任务,体现了新时期贯彻党的教育方针、实施素质教育的时代要求,是教育系统坚持和发展中国特色社会主义的核心所在,是"十三五"时期提高教育质量的关键。

经亨颐学院作为专注于卓越教师培养的荣誉学院,自始一直高度重视师德养成教育,因为教师职业承载着比其他社会角色更多的道德责任,加强师范生师德培养是贯彻党的教育方针的时代使命,关系着学生的健康成长、国家的前途和民族的未来。当前,师德教育模式必须完成从灌输向养成的转化。师德教育的过程不是由外向内的灌输过程,而是在外在价值引导下自主内化的养成过程。知、情、意、行的统一构成完整的师德。认知是师德的基础。师德养成教育,可以从认知开始,沿着知、情、意、行的顺序发展。但是,认知不是师德教育的唯一起点,更不能将认知教育视为师德教育的全部。师德养成教育的起点可以多元化。在师范生师德养成教育中,一方面,需要特别强调"言传身教",充分发挥高校教师和中小学优秀教师的榜样示范作用;另一方面,还有必要重视情感的动力作用,让师范生在感受感动中实现师德品质的提升。① 基于此,我们秉承经亨颐先生"人格为先、五育并举"的教育思想,构建了一个立体化、全过程、全方位的师

---

① 曹子建:《师德:从"灌输"到"养成"》,《光明日报》,2013年1月23日。

德养成教育体系——以艺润德·践行师德·以德熏德,努力把师德养成教育融入卓越师范生培养的各个环节。

一、以艺润德

受孔子"六艺"教育思想影响,结合当前培育和践行社会主义核心价值观的总体要求,我们培养卓越教师主要应从修德、提智、明辨、笃实这四个方面下功夫。因此,我们把卓越师范生师德养成教育与"艺术才能"达标(即"一人一艺")紧密结合在一起,在培养方案中作为限定性二类学分课程,要求每位学生在音乐、美术、文学等方面至少发展一样艺术特长,旨在以艺润德。

为促进此项改革真正落地,我们制订了《经亨颐学院"一人一艺"考核评定办法》,并从学院创收经费划拨专项经费予以保障。

经亨颐学院"一人一艺"考核评定办法

经亨颐学院人才培养方案中对学生提出了在校期间艺术才能达标的要求,即每位学生在音乐、美术、文学等方面至少有一样艺术特长。

"一人一艺"特长主要指技能类艺术特长。通过参与文化艺术活动及接受专业指导训练,根据具体评定办法,经个人申请、专家考核并达到一定标准学生认定为"一人一艺"考核合格,可获得二类学分1学分及"经亨颐学院一人一艺考核证书"。

一、"一人一艺"技能类艺术特长的类别

音乐舞蹈类:器乐、声乐、舞蹈。

美术类:绘画、书法、篆刻、雕刻等。

戏曲类:各类传统戏曲表演、民间说唱、戏剧表演等。

设计类:动漫设计、VI设计、环境设计、园艺、手工等。

其他:相声、主持、演讲、朗诵等。

二、"一人一艺"技能类艺术特长评定标准

"一人一艺"特长的评定将根据经亨颐学院学生的实际情况,结合各艺术门类的特点进行,以测评鼓励学生提高艺术修养的热情,促进经亨颐学院整体艺术素质的发展。

技能类艺术特长各项评定标准:

1. 器乐特长。掌握一种乐器(包括西洋乐器与中国民族乐器)的演奏方法与基本技巧,能完整演奏一些音乐作品;或在公开演出活动中参与器乐合奏或进行器乐独奏;或持有相关部门承认的乐器演奏等级证书。

2. 声乐特长。掌握一种声乐演唱形式(包括美声唱法、民族唱法与流行唱法)的演唱方法与基本发声技巧,能较好地演绎一些歌曲;或在公开演出活动中进行独唱、重唱或合唱表演并获一定奖项者。

3. 绘画特长。掌握一种绘画形式(包括中国画、西画、综合绘画等)的基本技术,较好地创作出完整的绘画作品;或有作品举办个展、参与公开联展并获一定奖项者。

4. 书法特长。掌握一种书体(包括楷书、行书、隶书、篆书、草书等)的风格特征及基本运笔方法,较好地创作出完整的软笔或硬笔书法作品;或有作品举办个展、参与公开联展并获一定奖项者。

5.篆刻(雕刻)特长。掌握篆刻(雕刻)的基本规律与操作手法,能创作出较好的篆刻(雕刻)作品。

6.舞蹈特长。掌握一种表演舞蹈形式(包括各类传统舞蹈与流行舞蹈),能进行完整的舞蹈展示;或在一定层次公开演出活动中进行独舞表演或参与集体舞蹈表演。

7.戏剧特长。掌握戏剧表演的基本方法,参与一定层次公开戏剧表演活动。

8.主持特长。掌握主持基本技巧,在一定层次公开活动中担任主持,并持有一级甲等或一级乙等普通话等级证书。

9.演讲与朗诵特长。掌握演讲或朗诵的基本规律及技巧,能流利地以较为标准的普通话进行表达,在一定层次的公开活动中进行完整流畅的演讲或朗诵。

10.其他技能、技巧类特长。由专家组根据学生报名情况讨论认定。

三、考核评定办法

(一)考核评定基本流程

1.考核评定每学年一次,定于第二学期末学业考试结束后(短学期)进行。每位学生在校期间可有三次机会。

2.考核评定由经亨颐学院组织学校相关专业专家进行。

3.经考核合格的学生将获得经亨颐学院二类学分1学分及经亨颐学院"一人一艺"证书。

(二)考核评定具体流程

1.有才艺基础者

在校内外重大比赛展演活动中获奖、在市级(含市级)以上公开演出或担任主要演员、持有各类才艺等级证书者,提供参演证明或等级证书并填写《经亨颐学院"一人一艺"考核申请表》,经学院团委审核通过,直接参加每年组织的考核。

2.无才艺基础者

无才艺基础者可选择参加由经亨颐学院主办的"才艺提高班"。提高班将在每年"一人一艺"认定考核后开班,分舞蹈、书法、绘画、演唱四个专业方向,学生完成规定课时并通过结业考试,即可视为"一人一艺"考试合格。

以上考核办法自2014年3月开始实施。

二、践行师德

正如习近平总书记所要求的,"做好老师,要有仁爱之心"。教育是一门"仁而爱人"的事业,爱是教育的灵魂,没有爱就没有教育。好老师应该是仁师,没有爱心的人不可能成为好老师。高尔基说:"谁爱孩子,孩子就爱谁。只有爱孩子的人,他才可以教育孩子。"爱心是学生打开知识之门、启迪心智的开始,爱心能够滋润、催发学生美丽的心灵之花。老师的爱,既包括爱岗位、爱学生,也包括爱一切美好的事物。有爱才有责任。好老师应该懂得,选择当老师就选择了责任,就要尽到教书育人、立德树人的责任,并把这种责任体现到平凡、普通、细微的教学管理之中。正是因为爱教育、爱学生,我们很多老师才有了用一辈子备一堂课、用一辈子在三尺讲台默默奉献的力量,才有了在学生遇到危难时挺身而出的勇气,才有了敢于攻克新知新学的锐气。老师责任心有多大,人生舞台就有多大。

为此,我们创造性地设置"社会公益"课程,让学生践行师德,并在培养方案中作为限定性二类学分课程,以增强学生的仁爱之心和社会责任感。为促进此项改革真正落地,我们制订了《经亨颐学院学生公益学分管理暂行办法》。

经亨颐学院学生公益学分管理暂行办法

为实现经亨颐学院"优秀教师和未来教育家"的人才培养目标,推进经亨颐学院学生综合素质教育,培养学生的荣誉意识、责任意识,建立健全学生学会感恩、服务他人、奉献社会的第二课堂教育机制,开辟"服务型学习"社会大课堂新领域,学院决定将学生公益活动纳入学分体制。

为了加强对学生公益学分的管理,经亨颐学院特制定公益学分计算和管理暂行办法。

一、公益活动分类

(一)公益活动包括各类不收取报酬的义务劳动,如义工、志愿者服务等等。学生公益活动服务的单位可以自由联系,或由学院统一组织,个人联系的服务单位需向学院备案。

(二)活动须为长期性、延续性活动,参加学院的办公室服务或学生会、社团工作不计入内。学生参加专业教学实习、暑期社会实践,不列入本办法范围内计算考核。

(三)活动时间以小时为单位计算。

二、学分记录与考核

(一)学院统一制作《公益活动记录卡》,学生参加公益活动后,由本人填写服务时间,服务单位签字盖章予以确认,并对学生的服务态度予以评价。

(二)服务单位评价学生服务态度不端正、未完成公益服务任务的,不计入公益活动时间,也不能获得相应的公益学分。

(三)《公益活动记录卡》的记载是计算学生公益学分的唯一依据。

(四)在校期间,未能完成公益学分的学生毕业时将不能获得经亨颐学院颁发的荣誉证书。

三、公益学分的计算与认定

(一)公益学分为 2 个学分,以学期为单位计算,在校期间学生每学期需完成至少10 个小时的公益活动,学生参加公益活动累计满 10 个小时且考核合格的,可以算 0.5 个学分,记入二类学分项。

(二)学生公益活动学分的认定。每学年 3 月 15 日和 9 月 15 日经学生本人确认,以班级为单位根据《学生公益活动记录卡》的记载汇总至学院团委,经审核后,录入学校学分成绩管理系统。

本办法自 2010 年 12 月 15 日起实施,本办法的解释权归属经亨颐学院。

此外,我们还特别重视诚信教育,将慎独考场作为学生践行师德的一个重要抓手,出台了《经亨颐学院"慎独考场"考试规程(试行)》。目前这项改革已辐射全校范围内实施,引起较好的社会反响。

图 3-1　经亨颐学院的"慎独考场"

三、以德熏德

法国作家卢梭说过:"榜样! 榜样! 没有榜样,你永远不能成功地教给儿童以任何东西。"榜样的力量是无穷的。有人曾说:"播撒一种思想收获一种行为,播撒一种行为收获一种习惯,播撒一种习惯收获一种性格,播撒一种性格收获一种命运"。播撒一种榜样,我们能够时时看到奋斗的目标和参照物。榜样是什么? 榜样是一种力量,彰显进步;榜样是一面旗帜,鼓舞斗志;榜样是一座灯塔,指引方向。为发挥好榜样的示范作用,允分用好名师资源,我们主要实施如下两项具体举措。

一是实施"双导师制":由校内优秀博士任励志导师;大三开始,由校内资深教授和中学一线名师任学科导师,以激发学生教师专业情意、涵养师德和教师气质、领航人生发展方向、指导学业发展等,从而实现对学生个性化培养。为促进此项改革真正落地,我们制定了《经亨颐学院励志导师实施意见》《经亨颐学院学科导师管理办法》,并在学校支持基础上从学院创收经费划拨一定经费再予以保障。

二是开设"教育家大讲堂",并作为教育素养模块必修课程,这是一门互动式讲座课程,它是为了弥补课堂教学和理论教学之不足,给学生专门开设的系列讲座,旨在让同学们与国内外大中学校长、名师名家、各界精英零距离接触、面对面交流,体悟他们对教育的独特认知和深厚的人文情怀,提升自己师德水平以及教育素养。

为促进此项改革真正落地,我们制订了《经亨颐学院"教育家大讲堂"管理办法》。

经亨颐学院"教育家大讲堂"管理办法

"教育家大讲堂"是经亨颐学院专业人才培养方案"教育素养模块"的必修课程,也是经亨颐学院为提升本科生教师职业素养、巩固教师职业理念开设的特色课程。为切实加强"教育家大讲堂"课程的建设和管理,结合我院实际,特制定本办法。

一、课程目标

"教育家大讲堂"课程是课堂教学和理论教学的延伸,旨在促进学生学习前沿的教育思想和教学理念,提高反思能力,提升教育素养,树立远大的教育理想。

二、课程内容

"教育家大讲堂"课程通过开设系列讲座,让学生与国内外大中学校长、名师名家、各界精英零距离接触、面对面交流。

三、课程实施

1. 由学院组织开设"教育家大讲堂"系列讲座,每学期安排2～3讲。

2. 在每期讲座结束后,学生需提交《"教育家大讲堂"随堂反思》1篇,记录主题讲座的聆听感悟,字数不少于100字;第1～6学期提交不少于10篇《"教育家大讲堂"随堂反思》。

3. 第六学期末,学生需提交1篇《"教育家大讲堂"课程论文》,论文应围绕相关讲座主题,遵守相关学术规范和要求,字数不少于1500字。

4. 学院聘请相关专业教师对《"教育家大讲堂"随堂反思》和《"教育家大讲堂"课程论文》进行即时考核评定,并及时公布相关成绩。

四、课程评价

1. "教育家大讲堂"课程考核在第六学期末进行,按百分制记录成绩,成绩不及格者必须在第七学期完成补修及考核。

2. 课程成绩=《"教育家大讲堂"随堂反思》成绩(最高30分)+《"教育家大讲堂"课程论文》成绩(最高70分)。

3. 成绩记分说明

①《"教育家大讲堂"随堂反思》每篇3分,选取10篇成绩记入课程成绩,合计30分,评价标准如下:

②《"教育家大讲堂"课程论文》1篇,计70分,评价标准如下:

评价标准	分值
反思主题明确、契合讲座内容; 语言表达通顺、逻辑清晰严谨; 评论内容翔实、分析论据充分; 行文书写规范、遵守格式要求。	3分

评价标准	分值
论点鲜明、主题突出、观点正确	20分
论据充分、论证严密、逻辑清晰	20分
教育思想性强、理论联系实际	15分
行文表达规范、遵守学术要求	15分

如出现抄袭等学术不端行为,该项作0分处理。

五、本办法自2015年4月开始实施,解释权归经亨颐学院所有。

自实施以来,共开设 36 讲,邀请专家包括有国内外著名高校的名师、中学一线名师名校长,讲座内容具有多元性,具体如表 3-1 所示。

表 3-1 经亨颐学院"教育家大讲堂"系列讲座统计表

序号	时间	主题	主讲人	备注
第 1 讲	2010 年 10 月 29 日	战略的国际化——将全球性机遇置于优先地位	Downing A. Thomas	美国爱荷华大学校长
第 2 讲	2010 年 11 月 5 日	英语学习,从正确的语言观开始	何莲珍	浙江大学教授,英语教学专家
第 3 讲	2010 年 11 月 12 日	漫谈科学素养与人文素养	沈松勤、邵剑	杭州师范大学教授、浙江大学教授
第 4 讲	2010 年 12 月 1 日	经亨颐学院的理想与挑战	王利琳	杭州师范大学副校长
第 5 讲	2010 年 12 月 15 日	承师大风范做优秀学子	林正范	杭州师范大学原校长
第 6 讲	2011 年 3 月 9 日	走向世界——国际会议的启示与收获	杨小洪	杭州师范大学外国语学院教授
第 7 讲	2011 年 3 月 23 日	未来的教师,未来的教育家	叶高翔	杭州师范大学原校长
第 8 讲	2011 年 4 月 13 日	带爱躬行	蒋春英	杭州聋人学校校长
第 9 讲	2011 年 5 月 11 日	谈谈大学生的人文艺术素养	丁东澜	杭州师范大学副校级巡视员
第 10 讲	2011 年 6 月 1 日	正确认识和把握宗教问题	陈振华	浙江省民族宗教事各委员会
第 11 讲	2011 年 9 月 22 日	高温超导材料和应用	许祝安	浙江大学物理系教授
第 12 讲	2011 年 10 月 16 日	好人的快乐,创新思维的睿智	邵 剑	浙江大学教授,最受学生喜爱教师
第 13 讲	2011 年 10 月 26 日	未来教师,路由今始	汪培新	杭州市学军小学校长
第 14 讲	2011 年 10 月 31 日	多元傅里叶分析中的问题、猜想及进展	陆善镇	北京师范大学原校长
第 15 讲	2012 年 3 月 28 日	物理激发的数学	刘克峰	浙江大学数学中心执行主任兼数学系主任
第 16 讲	2012 年 5 月 30 日	励志—规划—践行—成就教师人生	陈卫兵	湖南工大副教授
第 17 讲	2012 年 6 月 4 日	班主任的工作艺术	李春艳	东北师范大学商学院教授
第 18 讲	2012 年 6 月 12 日	Several topics on linear algebra	W. Keith Nicholson	
第 19 讲	2013 年 4 月 12 日	班主任管理的艺术	赵福江	《班主任》杂志社主编
第 20 讲	2013 年 4 月 17 日	五育并举,人格为先	张 彬	浙江大学教育学院教授

续表

序号	时间	主题	主讲人	备注
第 21 讲	2013 年 4 月 19 日	外国教育史座谈会	张斌贤	北京师范大学教授
第 22 讲	2013 年 11 月 29 日	演讲的艺术	程 亮	杭州师范大学国际教育学院院长
第 23 讲	2014 年 3 月 19 日	班主任专业成长;语文的力量	赵福江、郭初阳	赵福江是《班主任》杂志主编、社长;郭初阳是中学语文界新生代领军人物
第 24 讲	2014 年 5 月 14 日	教育的智慧与境界	陈立群	杭州学军中学校长
第 25 讲	2015 年 1 月 19 日	做教育界的大树	尚 可	杭州高级中学校长
第 26 讲	2015 年 4 月 22 日	做教师是幸福的	陆茂红	杭州市江干区教育发展研究院院长
第 27 讲	2015 年 6 月 3 日	教师沟通艺术	潘志平	杭州市公益中学校长
第 28 讲	2015 年 9 月 20 日	为教育立心—2015 级从教第一课	赵群筼	杭州市拱墅区教育局副局长
第 29 讲	2015 年 11 月 27 日	数学建模与人才培养	杨启帆	浙江大学教授,数学建模专家
第 30 讲	2016 年 4 月 13 日	College English & English at College	王之江	杭州师范大学教授
第 31 讲	2017 年 6 月 28 日	怀揣教育理想前行——我的教育梦	汪建红	十三中教育集团党总支书记、总校长
第 32 讲	2016 年 7 月 7 日	得天下英才而教育之——孟子的教育思想	何 俊	杭州师范大学副校长
第 33 讲	2016 年 11 月 9 日	做一个成功而又幸福的教师	赵志毅	杭州师范大学教授
第 34 讲	2016 年 11 月 23 日	从哈佛博士到美国科学教育学会理事长—我的专业成长故事	邱美虹	中国台湾师范大学教授,美国科学教育学会理事长
第 35 讲	2017 年 3 月 31 日	学习与成长	曹宝龙	杭州市教研室主任,博士、正高级中学教师、省特级教师
第 36 讲	2017 年 6 月 21 日	路在脚下——我的专业成长故事	莫豪庆	杭州师范大学东城实验学校,正高级中学教师

教育不是灌输,而是点燃火焰

——记经亨颐学院教育家大讲堂第三十四讲

11 月 23 日下午一点半,经亨颐学院"教育家大讲堂"第三十四讲在恕园三号楼一楼报告厅举行,讲座到场嘉宾有经亨颐学院副院长蒋永贵老师、院党总支副书记徐凌芸老师以及辅导员张伟闯老师。

图 3-2　邱美虹教授做客"教育家大讲堂"

本次教育家大讲堂的主讲人是中国台湾师范大学的教授、化学学士以及哈佛大学教育学硕士和博士邱美虹。在讲座中，邱教授为我院学子带来了主题为"从哈佛博士到美国科学教育学会理事长——我的专业成长故事"的精彩演讲。

讲座内容以邱教授的自身经历发展为主线，糅合了她自身对教育的独到见解。她提出，要想实现良好的教育，学生方面需要有科学的学习方法，而教师身为教育者，则应当采取得当的教学策略和专业发展手段。一名优秀的教师，不是向学生灌输式传授知识，而应当提高学生发现问题、解决问题的能力。

邱教授指出，国外教育以鼓励学生为主，我国教育则以要求学生为主，后者易导致学生失去学习的动机和兴趣。因此，要去创造更多亲身实践的机会来拓展学生的兴趣。讲座的最后，三位同学就邱美虹教授今天的演讲提出了自己的问题，教授予以了合理而又详细的解答。"此刻打盹，你将做梦；而此刻学习，你将圆梦。"这是邱教授在讲座中赠予我们的话，相信在这次讲座之后，同学们对教育也能够有更加深刻的理解，在梦想之路上砥砺前行。

第二节　课程创生：三类课程

课程改革涉及诸多环节，课程实施是其中非常关键的一个环节，它关系到课程改革新理念、新策略能否在教学中真正得以体现并取得实效，是课程变革是否成功的关键一环。寻求适当的课程实施取向正成为新课改中值得关注的一个问题。创生取向认为，课程实施过程本质上是教师和学生在具体教育情景中共同合作联合创造新的教育资源的过程，包括教材在内的教育计划只是师生进行经验创造的可供选择的媒介和可利用的资源，它仅为师生创造新的教育经验提供了一种参考框架。[①] 以此理论为指导，我们着力三类课程创生：一是针对核心课程（主要包括基础课程和通识教育课程），进行荣誉

---

① 彭亚：《课程创生理论及其意义初探》，[EB/OL]. http://www.pep.com.cn/kcs/kcyj/kcll/kcss/201008/t20100824_707643.htm. 2009-05-06.

化建设;二是针对教育课程,进行双师化建设;三是针对社团活动,进行课程化建设。

一、荣誉课程

正如习近平总书记所讲:"做好老师,要有扎实学识。扎实的知识功底、过硬的教学能力、勤勉的教学态度、科学的教学方法是老师的基本素质,其中知识是根本基础。学生往往可以原谅老师严厉刻板,但不能原谅老师学识浅薄。'水之积也不厚,则其负大舟也无力。'知识储备不足、视野不够,教学中必然捉襟见肘,更谈不上游刃有余。"经亨颐学院人才培养目标之一"学高"定位与其不谋而合,就是期望所培养的卓越教师具有精深的学科底蕴、宽厚的文化涵养。相应地,与"学高"目标相匹配的人才培养方案,具有如下三大特色。

(一)模块针对性强。设置针对性较强的学科底蕴模块和文化涵养模块(见表 3-2,理科专业与此相同),共 114.5 学分,占 67.4%。

表 3-2　课程结构比例表

类型	模块	课程类别	修习类型	课程门数	学分数		学分比例	实践学分	实践学分比例	备注
I类	文化涵养	通识教育课程	公共必修	15	24	36		8		
			公共选修	6	12					
	学科底蕴	文科基础课程	专业必修	7	15.5	78.5(文科基础+中文专业或英语专业)			1	
		专业课程 中文	专业必修	19	47				8	
			专业选修	8	16					同人文学院
		专业课程 英语	专业必修		40					
			专业必修	3	8					二外模块(三选一)
			专业选修		15				3	同外国语学院
	教育素养	教育理论	专业必修	4	7	27.5				
			公共限选	4~5	5					
		教育技能	专业必修	5	5.5				2	
			专业必修	3	10				10	
	国际视野	教育实践	专业必修	8	22	22				
II类		思政实践类				6			6	
		社会实践类								
		创新创业类								

(二)设置荣誉课程。针对专业最为基础的学位课程和部分文化涵养课程,我们将其作为荣誉课程建设,由荣誉教师进行授课,重在启发思维,培养学习思考能力。学院

已聘有 23 位荣誉教师,他们均是校内外德高望重、学术造诣深厚、教学经验丰富的名师和名家。如聘请邵剑教授(浙江大学"最受学生欢迎的教师")为学生开设《数学分析》,聘请计翔翔教授(浙江大学"四大名嘴"之一)为学生开设通识课程《世界文明史》等。

图 3-3　浙江大学计翔翔教授为学生开设通识课程《世界文明史》

表 3-3　兼职荣誉教师概况

姓名	性别	职称	工作单位	荣誉称号
计翔翔	男	教授	浙江大学	曾获"宝钢优秀教师奖"、浙江省高校"三育人"先进个人等多项荣誉,被评为浙江大学"良师益友"和"我最喜爱的老师"、浙江大学首届"教学名师"等。
吴秀明	男	教授	浙江大学	曾获国家级优秀教学成果二等奖,省优秀图书一等奖等。1999 年被省作协评为浙江当代作家 50 杰,2003 年被教育部评为首届高校 100 名国家级教学名师。
任学宝	男	教授级高级	杭州师范大学附中	全国"优秀教师",浙江省"特级教师"、"功勋教师",杭州市"十佳青年教师"等。
尚　可	男	教授级高级	杭州第二中学	浙江省特级教师,杭州市第十一届人大代表,国务院特殊津贴专家。第一届和第二、三届浙江省政府基础教育教学成果第一、二等奖共五项。
邱　峰	女	教授级高级	杭州第十四中学	浙江省特级教师,中国外语教研会会浙江省分会副会长,杭州市外语教学研究会会长。2007 年被浙江省人民政府授予"浙江省功勋教师"。
张慧慧	女	高级	浙江大学附属中学	浙江省特级教师,省政协委员,杭州市学科带头人,市优秀教师,市中小学外语学会副会长,市知识分子联谊会副会长等。
汪建红	女	高级	杭州市第十三中学	浙江省特级教师,浙江省优秀教育工作者,杭州市跨世纪学科带头人、优秀园丁、杭州市劳动模范等。

(三)注重文理渗透。理科班开设"国学概论、物理学与人类文明、生命科学导论、艺术基础与欣赏",文科班开设"HPS(科学哲学、科学史和科学社会学)概论、物理学与人类文明、生命科学导论、艺术基础与欣赏",强调文理渗透,体现学校艺术特色,培养文化通感和科学精神。

表 3-4　文科实验班特色限选课程设置与开课计划表

课程编码	课程名称	总学时			学分数	选课说明	开课学期和周学时							
		计划学时	理论讲授	实验实践			一 16 周	二 17 周	三 16 周	四 17 周	五 16 周	六 13 周	七 9 周	八 9 周
J24200201	HPS（科学史、科学哲学与科学社会学）概论	34	34		2	限选	前四个学期滚动开设							
J24200301	物理学与人类文明	34	34		2									
J24200401	生命科学导论	34	34		2									
J24200501	艺术（音乐、美术、戏剧、影视）基础与欣赏	34	34		2									

表 3-5　理科实验班特色限选课程设置与开课计划表

课程编码	课程名称	总学时			学分数	选课说明	开课学期和周学时							
		计划学时	理论讲授	实验实践			一 16 周	二 17 周	三 16 周	四 17 周	五 16 周	六 13 周	七 9 周	八 9 周
J24200101	国学概论	34	34		2	限选	前四个学期滚动开设							
J24200301	物理学与人类文明	34	34		2									
J24200401	生命科学导论	34	34		2									
J24200501	艺术（音乐、美术、戏剧、影视）基础与欣赏	34	34		2									

二、双师课程

21 世纪以来，我国高师院校改革课程设置，以教师教育"课程群"建构起既开放又综合的课程体系，逐步建立了相应的课程保障体制，职前职后教师教育一体化方兴未艾，教师教育课程与教学在迎接变革的挑战中充满活力。螺旋交织的课程体系、以实践知识和实践智慧为价值取向的课程内容重构，是我国教师教育课程与教学的发展趋势。[①] 近年来，从北京师范大学等六所部属高师院校的教师教育课程体系来看，各校在此方面开展了卓有成效的实践探索。

---

① 汤振纲：《我国教师教育课程与教学研究的现状与趋势》，《课程・教材・教法》，2013 年第 11 期。

表3-6　六所部属高师院校教师教育类课程开设情况

学校名称	课程设置	设置比重
北京师范大学 （2011）	教师教育基础：教育心理学、教育学、现代教育技术基础、学科教学论、学科教学技能、学科教材分析、多媒体教学课件设计、基础教育课程改革理论与实践、教育见习、教育实习等 职业训练与创新活动 科研训练与创新活动	32学分 19.2%
华东师范大学 （2011）	教育与心理基础理论类课程：教育学、心理学 教育研究与拓展类课程：教育研究与拓展 教育实践与技能类课程：教师口语、信息化教学设计与实践、微格教学、教育见习、教育实习 学科教育类课程：学科教学论、学科教材设计与教材研究等	25学分 16%
东北师范大学 （2013）	公共教育理论课程：教师学与教学论、学校教育心理学、青少年心理学、教育哲学、学校管理学、中外教育史、课程设计与开发 学科教育理论课程：学科课程与教学论、学科课程标准与教材研究 公共教育技能课程：教育研究方法、现代教育技术、教师职业技能训练、课堂管理、班主任工作、学校心理咨询 教育实践课程：教育见习、教育实习、教育调查	25学分 16.2%
西南大学 （2012）	教育教学理论课程：教育学、心理发展与教育、学科教育、学科教学设计 教学能力训练课程：口语能力训练、书写能力训练、心理教育能力训练、教育技术应用能力训练、教学能力综合训练、音乐基础能力训练、美术基础能力训练 教育实践课程：教育教学实习、社会实践、课堂教学技能测试	29学分 17.1%
华中师范大学 （2013）	基础课程：儿童发展、中学生心理辅导、教育哲学、课程设计与评价、有效教学、班级管理、教育科研方法（以上选四门）、心理学基础、教育学基础 技能课程：现代教育技术应用、教学技能训练（分专业开设）、教师语言*、书写技能* 学科教育类课程：各学科教学设计、课程与教材研究、各学科教育类课程 实践课程：教育见习*、教育实习*	14学分 （ * 不计课内学分） 12.5%
陕西师范大学 （2013）	教育学、心理学、教育心理学、现代教育技术（网络教学）、基础教育课程改革专题、教育研究方法、教育政策法规、学科教学论、学科教材分析与教学设计、教育见习、教育实习、专业实践与社会调查等	25学分 17.8%

　　对于上述课程，学者王嘉毅认为在教学上必须改变传统的以教师为中心、满堂灌的教学方法和教学模式，代之以参与式、研究性、理论与实践相结合的教学方法和教学模式。学者余文森等提出并开展了基于自主、合作、探究学习的师范大学教学改革。改革的目标和理念：从"要我学"向"我要学"的转变；从"依赖学"向"独立学"的转变；从"孤立性学习"向"交往性学习"的转变；从"知识性学习"向"问题性学习"的转变。改革的主要举措有：指导学生自主学习，培养学生自学能力；尝试小组合作学习，构建学习共同体；实施探究性教学；让学生评课、评教；让学生（小组）讲课。

　　综合以上国内外教师教育课程改革，主要围绕实践取向以及课程模块群进行课程设置与教学探索，取得了一定成效，为后续教师教育课程改革打下很好的基础。但联系到当前时代背景，发现教师教育课程改革还有亟待完善和改进的地方如如何立德树人、如何对接国考、如何保障实施等。因此，时代需要多维融合取向的教师教育课程改革。

根据以上研究,针对卓越师范生教育素养提升,我们从立德树人、理实融合、强化实践、对接国考、助推教改等维度,构建出多维融合取向的教师教育课程方案,具有如下两大特色。

一是,新设"双师课程",强化教育理论与教学实践融合。根据课程性质,我们选定三门课程进行双师授课,分别是:《×××学科教学论》、《×××课堂教学技能训练》和《班主任工作技能训练》。教学要求:一是明确校内任课教师为课程责任人;二是要求校内教师与校外中学一线名师共同研制课程纲要、教学计划、备课、授课与课程评价等,其中后者单独或双师共同授课应不少于总课时的 25%(作为刚性要求);三是课程目标旨在促进有效教师技能实训、教育理论与教学实践有机融合,发展学生课堂教学与班主任工作技能以及理论联系实际解决问题能力。

二是,推进"达标拿分",强化师范生教师基本技能。根据课程性质,我们选定两门课程进行教考分离,推进"达标拿分",分别是:《书写技能训练》和《×××课堂教学技能训练》。考核要求:采用教考分离,实施全员达标,学生只有达标方可取得相应课程学分即"达标拿分",并以此获得进入教育实习的资格。否则,不能进入教育实习环节。

为保障这一改革顺利实施,我们主要从三个方面进行保障:一是学校下拨教学经费时提高双师课程系数,是其他普通课程的两倍;二是学校设立书写技能全员达标和教学技能全员达标年度专项经费;三是运用学校的"马云基金",选聘中小学名师为杭州师范大学"教师教育讲席教授",限定其职责之一为参与双师课程授课,目前已选聘 35 位讲席教授。

杭州师范大学文件

杭师大发〔2016〕15 号

杭州师范大学关于印发教师教育讲席教授
管理办法的通知

各学院、部门:

现将《杭州师范大学教师教育讲席教授管理办法》印发给你们,请认真遵照执行。

杭州师范大学

2016 年 5 月 9 日

表 3-7　杭州师范大学第一批教师教育讲习教授

序号	姓名	工作单位	职称	职务	荣誉称号	工作计划
1	尚　可	杭州第二中学	正教授级高级教师	校长书记	全国教育系统先进工作者,享受国务院特殊津贴,浙江省特级教师	开设《教师沟通艺术》《专业教师成长》等系列讲座(每学期 12 学时左右);参与师范生教学技能达标考核与指导;师徒结对协同培养。
2	孔慧敏	杭州第十四中学	特级教师	名师工作室负责人	浙江省特级教师,杭州市优秀教师,杭州市教坛新秀,杭州市高师教育实习工作优秀指导教师	开设《教师沟通艺术》《专业教师成长》等系列讲座(每学期 12 学时左右);参与师范生教学技能达标考核与指导;师徒结对协同培养。
3	郑永杰	杭州市翠苑中学	中学高级	教师	浙江省特级教师,全国优秀教师,浙江省 5522 名师班学员,省级教学能手,浙江外国语学院理学院客座教授	带队指导教育实习;参与学科教学论、课堂教学技能训练等课程授课(每学期 12 学时左右);参与师范生教学技能达标考核与指导;师徒结对协同培养。
4	楼　红	余杭区塘栖二中	中学高级	校长书记	浙江省特级老师,浙江省教坛新秀,浙江省岗位能手,浙江省春蚕奖,余杭区首届十大名师	带队指导教育实习;参与学科教学论、课堂教学技能训练等课程授课(每学期 12 学时左右);参与师范生教学技能达标考核与指导;师徒结对协同培养。
5	吕贞锋	杭州高级中学	中学高级	外语组长	杭州市优秀教师	带队指导教育实习;参与学科教学论、课堂教学技能训练等课程授课(每学期 12 学时左右);参与师范生教学技能达标考核与指导;师徒结对协同培养。
6	周　伟	杭州高级中学	中学高级	语文组长	杭州市优秀教师,杭州市第二届"名师工程"高中语文名师	带队指导教育实习;参与学科教学论、课堂教学技能训练等课程授课(每学期 12 学时左右);参与师范生教学技能达标考核与指导;师徒结对协同培养。
7	潘志平	杭州市公益中学	中学高级	校长	全国师德先进个人,浙江省优秀教师,杭州市首届十佳校长	落实师范生教育见习和实习;开设《教师沟通艺术》《学生非智力因素的开发与培养》系列讲座(每学期 12 学时左右);参与双师课程建设、师范生教学技能达标考核与指导;参与教育硕士培养工作,师徒结对协同培养等。

续表

序号	姓名	工作单位	职称	职务	荣誉称号	工作计划
8	庞仿英	杭师大附属仓前实验中学	中学高级	校长、书记	杭州市优秀教育优秀教育工作者，浙江省"春蚕奖"	开设《语文教师文本解读例谈》《文言文教学设计与有效课堂》《班主任班级艺术管理》、《青年教师专业成长》等系列讲座（每学期12学时左右）；参与师范生教学技能达标考核与指导；落实师范生教育见习和实习；师徒结对协同培养等。
9	杨曙	杭州市保俶塔实验学校	中学高级	教导主任	省教坛新秀	参与教育实习和教育见习的指导；参与学科教学论、课堂教学技能训练等课程授课（每学期12学时左右）；参与师范生教学技能达标考核与指导；师徒结对协同培养。
10	赵群筠	杭州市拱墅区教育局	中学高级	副局长	浙江省特级教师	承担《学科教学论》《课堂教学技能训练》等课程的双师教学（每学期12学时左右）；进行师徒结对（2～5人），指导实训；联系落实教育见习和实习；参与师范生技能实训与达标等。
11	吴丹青	杭州市上城区教育学院	中学高级	教研员	浙江省特级教师	承担《学科教学论》《课堂教学技能训练》等课程的双师教学（每学期12学时左右）；进行师徒结对（2～5人），指导实训；联系落实教育见习和实习；参与师范生技能实训与达标等。
12	唐少华	杭州市上城区教育学院	中学高级	院长	浙江省特级教师，浙江省优秀教师，浙江省历史与社会教学研究会副会长，省课改指导委员	承担《学科教学论》《课堂教学技能训练》等课程的双师教学（每学期12学时左右）；进行师徒结对（2～5人），指导实训；联系落实教育见习和实习；参与师范生技能实训与达标等。
13	谢余泉	浙江省严州中学新校区	中学高级	教研组长	建德市优秀教师、建德市优秀教研组长	承担《学科教学论》《课堂教学技能训练》等课程的双师教学（每学期12学时左右）；进行师徒结对（2～5人），指导实训；联系落实教育见习和实习；参与师范生技能实训与达标等。

续表

序号	姓名	工作单位	职称	职务	荣誉称号	工作计划
14	蔡小雄	杭州高级中学	正教授级高级教师	校长	苏步青数学教育奖,浙江省特级教师,中国奥林匹克高级教练,享受市政府特殊津贴	承担《学科教学论》《课堂教学技能训练》等课程的双师教学(每学期12学时左右);进行师徒结对(2~5人),指导实训;联系落实教育见习和实习;参与师范生技能实训与达标等。
15	冯定应	杭州学军中学	中学高级	副校长	浙江省特级教师	承担《学科教学论》《课堂教学技能训练》等课程的双师教学(每学期12学时左右);进行师徒结对(2~5人),指导实训;联系落实教育见习和实习;参与师范生技能实训与达标等。
16	王耀村	浙江省教育厅教研室	中学高级		浙江省特级教师	承担《学科教学论》《课堂教学技能训练》等课程的双师教学(每学期12学时左右);进行师徒结对(2~5人),指导实训;联系落实教育见习和实习;参与师范生技能实训与达标等。
17	陈沪军	杭师大东城中学	中学高级	校长书记	浙江省春蚕奖	承担《学科教学论》《课堂教学技能训练》等课程的双师教学(每学期12学时左右);进行师徒结对(2~5人),指导实训;联系落实教育见习和实习;参与师范生技能实训与达标等。
18	陶志伟	杭州市春蕾中学	中学高级	校长	浙江省践行陶行知思想先进个人、杭州市第九届教坛新秀、杭州市德育先进工作者	承担《学科教学论》《课堂教学技能训练》等课程的双师教学(每学期12学时左右);协助落实实习基地,参与实习实习;开设班主任工作、后进生思想转化讲座等;参与师范生技能实训与达标等。
19	周惠	杭州市上城区教育学院	中学高级	党总支委员	浙江省初中英语特级教师	协助落实教育实习见习学校,指导本科生及教育硕士教育实习实践;参与教育类双师课程建设,开设"英语教师资格证考试面试指南"、"英语教师课堂用语面面观"等系列讲座(每学期12学时左右);参与课题合作,协同培养等。

续表

序号	姓名	工作单位	职称	职务	荣誉称号	工作计划
20	葛炳芳	浙江省教育厅教研室	中学高级	英语教研员	浙江省特级教师,浙江省优秀教师	协助落实教育实习见习学校,指导本科生及教育硕士教育实习实践;参与教育类双师课程建设,开设"英语教师职业核心素养及其培养"、"英语教师求职指南培训"等系列讲座(每学期12学时左右);参与课题合作,协同培养等。
21	王理	杭州市保俶塔实验学校	中学高级	副校长	浙江省教坛新秀,浙江省深化课程改革研究"综合实践活动课程整合实施"项目组成员,浙江省义务教育信息技术教材编写组成员,中国机器人运动工委浙江省竞赛委专家,杭州市第二层次学科带头人	负责实习点"定向深度追踪式实践指导";参与《机器人》《Scratch》课程单元教学(每学期16学时左右);参与师范生协同培养等工作。
22	俞林亚	杭州市杨绫子学校	中学高级	校长		参与特殊教育专业学生实习见习指导工作;参与双师课程《整合教育导论》的实践教学(约12课时);开展《培智学校智力障碍儿童康复教育》系列讲座(每学期1～2讲);参与课题《自闭症儿童心理与教育相关研究》、《融合教育相关研究》等。
23	朱乐平	杭州市上城区教育学院	中学高级		浙江省特级教师,浙江省优秀教师,浙江省春蚕奖	师徒结对(教育硕士1～2名,本科生5人),每月交流半天;参与课程教学《小学数学思维过程的分析》(15课时)、《小学数学一课研究》(15课时)。
24	徐惠琴	杭州下城区教师教育学院	中学高级	教研员	浙江省特级教师	落实教育实习与见习学校,参与指导;开设《新教师音乐课堂教学存在问题解析》系列讲座;参与双师课程教学(教学设计、说课与模拟上课等,每学期12学时左右);师徒结对协同培养音乐教师专业人才等。

续表

序号	姓名	工作单位	职称	职务	荣誉称号	工作计划
25	胡优君	杭州市江干区教育发展研究院	中学高级	心理室主任	浙江省学校心理健康教育先进工作者,获中国宋庆龄基金会生命彩虹奖章,杭州市家庭教育先进工作者,杭州市学生心理热线公益之星	协助师范生教育教学实践并参与指导;参与心理学师范生技能达标与竞赛指导;开设《学校心理健康教育》系列讲座;承担双师课程《家庭心理健康教育》《学校个别心理辅导的理论与操作技术》的实践教学工作(每学期给12学时)。
26	姜向阳	杭州市上城区教育学院	中学高级	教师	浙江省特级教师	开设《指向学生科学素养发展的教学案例解析》系列讲座(5次左右);开展师范生教学实践的指导(约3个主题);参与教育实习的指导。
27	沈颖洁	杭州市西湖区学科教育指导中心	小中高	教研员	浙江省特级教师	协助落实教育见习和实习学校,参与指导;参与《领域教学》《课程实施能力》的双师课程建设,承担一定量的教学(每学期约12学时);开设学前教育课改前沿专题讲座等;协同培养优秀师范生。
28	杨群	杭州市文三教育集团	小学高级	校区支部书记	杭州市西湖区优秀教师,优秀班主任,师德示范教师	参与师范生教育实习和见习的指导;辅导师范生教学技能竞赛;开设针对教学实践的案例性专题讲座;参与学科教学论课程的双师教学等。
29	汪培新	杭州市学军小学	中学高级	校长书记	浙江省特级教师,省优秀教师,省教坛新秀,长三角最具影响力校长,杭州市劳动模范,杭州市十大杰出青年	协助落实教育见习和实习学校,参与指导;参与《领域教学》《课程实施能力》的双师课程建设,承担一定量的教学(每学期约12学时);开设基础教育课改前沿专题讲座等;协同培养优秀师范生。
30	方淳	杭州市第十四中学	中学高级	教科处副主任	浙江省特级教师,全国五一劳动奖章,全国优秀教师,浙江省有突出贡献中青年专家,杭州市杰出人才	承担《学科教学论》《课堂教学技能训练》等课程的双师教学(每学期12学时左右);进行师徒结对,指导实训;联系落实教育见习和实习;参与师范生技能实训与达标等。

续表

序号	姓名	工作单位	职称	职务	荣誉称号	工作计划
31	杭伟华	浙江省长兴中学	中学高级	教研处主任	浙江省基础教育课程改革专业指导委员会委员、浙江省教坛新秀、浙江省教科研先进个人、浙江省化学竞赛园丁奖	承担《学科教学论》《课堂教学技能训练》等课程的双师教学，开设4次专题讲座（每学期12学时左右）；进行师徒结对，指导实训；联系落实教育见习和实习；参与师范生技能实训与达标等。
32	李勤	杭州市学军小学	中学高级	副校长	浙江省特级教师，浙江省教坛新秀、浙江省教育科研先进个人	与教育实习见习课程教学相结合，开设专题讲座、课堂诊断等（每学期12学时左右）；参与互动沙龙式教育选修课程教学，参与课堂教学案例实践等课程的双师教学。
33	周晓明	杭州市基础教育研究室	教授级中学高级	体育教研员	全国学校体育工作先进个人，浙江省特级教师	开展教育实习实践专题报告；担任《体育课堂教学技能训练》课程教学（16学时）；担任教育硕士的研究指导等。
34	刘万荣	杭州下城区教师教育学院	中学高级	教研员		开展教育实习实践专题报告；担任《体育课堂教学技能训练》课程教学（16学时）；担任教育硕士的研究指导等。
35	吴建锋	浙江省柯桥中学	中学高级	浙江省特级教师	全国信息学奥赛金牌教练奖、全国优质课特等奖、全国杰出社会服务奖、浙江省春蚕奖	开设《中小学教师专业发展的内涵及外延》专题讲座；参与师范生实习实践指导；参与教学设计、课堂实施、反思案例、信息学奥赛等主题的双师课程教学（约12学时）；指导优秀学生开展课题研究等。

三、活动课程

活动课程的思想可以溯源到法国自然主义教育思想家卢梭。19世纪末20世纪初，美国的杜威和克伯屈发扬了这一思想，杜威的课程为"经验课程"或"儿童中心课程"。因此，活动课程亦称经验课程、儿童中心课程。

相对于传统的学科课程而言，活动课程具有以下优点：第一，重视学生的需要与兴趣，尊重学生的主体性，有利于学生学习的主动性、积极性的发挥；第二，强调实践活动，重视学生通过亲身体验获得直接经验，有利于培养学生解决实际问题的能力；第三，重视课程的社会性，主张以社会生活现实问题来统合各种知识，有利于学生获得对世界的完整认识。鉴于活动课程的优越性，我们亦重视活动课程建设，主要从如下两个方面。

（一）团学活动课程化。团学活动是大学生非常重要的实践学习,对大学生成长发挥重要积极作用,学生在生动活泼的自主、合作、探究学习活动中,获得积极的情感体验,增强社会责任感,切实提高实践能力和创新能力。因此,许多学院都很重视开展多样化的团学活动。但从实施情况看,存在的两大问题亟待有效解决:一是团学活动随意性较大,主要体现为很多团学活动都是"为活动而活动",没有很好地对照人才培养目标来开展;二是团学活动缺少课程意识,也就是说活动的核心要素如目标、评价等缺失,致使活动效果不甚理想。

针对以上问题,经亨颐学院坚持"学工围绕教学、围绕人才培养转"这一育人原则,转变传统团学活动观念,将特色活动"教育家大讲堂""我看大世界""艺术才能达标"等进行课程化管理,具体体现在纳入人才培养方案并赋有一定量的学分,取得较为理想的实施效果。

经亨颐学院"我看大世界"课程考核管理暂行办法

经亨颐学院专业人才培养方案国际视野模块课程"我看大世界",旨在拓展学生国际视野,弥补课堂教学和理论教学之不足,展示学生综合素质的个性化课程。"我看大世界"是以学生为主讲人,邀请导师、教师、外教、院内外学生(含留学生)参与开展的系列主题报告活动。经亨颐学院要求每一个学生在校期间至少完成一次"我看大世界"主题报告,通过审核,才能获得该课程的学分。为规范"我看大世界"课程考核,特制定本办法。

一、主题报告内容

主题报告内容不限专业,可以是个人的兴趣爱好、见闻交流、科学研究、竞赛体验、发明创造、热点问题讨论等,必须体现报告人的思想观点、研究方法、创新反思。

二、主题报告要求

报告人需要进行15~20分钟的讲演,报告应突出主题,并体现研究的深度与广度。为展示学生经亨颐学院学生的国际视野和跨文化理解、国际交流能力,鼓励报告人使用英语进行报告。

报告人应注重形象与礼仪,借助有效的现代信息技术手段(如制作高质量的PPT),使用规范的专业语言进行报告,传递正能量。

报告人讲演结束,现场听众与评委可进行提问与评价,报告人应现场解答提问。

三、主题报告组织流程

1.申报:每学期第10~12周,报告人填写《经亨颐学院"我看大世界"报告会申报表》,交经亨颐学院教务科。原则上报告期为大学三年级,第一次申报应在二年级下学期。

2.统计:每学期第13—14周,经亨颐学院教务科对申报表进行统计。

3.编排:经亨颐学院教务科根据统计情况,集中在下一学期内分类编排报告会时间,并于学期第15、16周公布相关安排。

4.组织:由经亨颐学院教务科教学实践部具体按编排好的时间组织相关报告会。

5.考核:由专家点评与大众点评一起进行综合考核。每场报告会邀请2—3位专家进行点评与打分,总分60分,专家评分取平均值计入综合评分;每场报告会邀请至少40位听众作为大众评审进行投票打分,总分40分。

综合考核成绩(100分)=专家点评分(总分60)+大众评审投票分(总分40)。

6.成绩:综合考核成绩由学院教务科统计保存,于四年级下学期录入学校教务管理系统。该课程按百分制综合考核成绩录入教务管理系统,折算成五级计分显示于成绩单,折算标准按学校教务处成绩管理的相关规定执行。

四、其他说明

1.主题报告,一学期仅可申报一个主题,在校期间可多次申报,按获取的最高成绩录入学校教务管理系统。

2.主题报告会将进行现场录制,每学期评选产生5个最佳报告,在学院网的专栏中进行视频展示。

3.本办法由经亨颐学院负责解释,自2011级起试行。

(二)思政课程实践化。我们注重课程资源整合,把"第一课堂"和"第二课堂"、"学科课程"和"活动课程"整合起来,构建"大课堂"和"大课程",丰富课程形态,以提高学生的综合素养和能力。基于此,我们针对授课效果一直不很理想但又特别重要的思政课,进行了卓有成效的改革:根据教育部的指导精神,结合思政课的特点和内在规律,以及学生学习现状,加大教学改革力度,大幅度削减理论课时,强化实践教学,实践课和理论课课时比为1比1以上,注重学生的自主学习、研究性学习和红色基地实践体验等,实施多元评价。

《毛泽东思想和中国特色社会主义理论体系概论》

教学实践活动小结

一、课程主讲教师:罗一华(马克思主义学院,副教授)

二、课程教学班级:文科实验班141、理科实验班141

三、教学实践时间:2015年11月7日

四、教学实践地点:桐庐县江南镇深澳村、环溪村、荻浦村

五、教学目的与要求

《中共中央国务院关于进一步加强和改进大学生思想政治教育的意见》(中发〔2004〕16号文)指出,社会实践是大学生思想政治教育的重要环节,对于促进大学生了解社会、了解国情,增长才干、奉献社会,锻炼毅力、培养品格,增强社会责任感具有不可替代的作用。要建立大学生社会实践保障体系,探索实践育人的长效机制,引导大学生走出校门,到基层去,到工农群众中去。积极组织大学生参加社会调查、生产劳动、志愿服务、公益活动、科技发明和勤工助学等社会实践活动。重视社会实践基地建设,不断丰富社会实践的内容和形式,提高社会实践的质量和效果,使大学生在社会实践活动中受教育、长才干、作贡献,增强社会责任感。

根据经亨颐学院的培养方案,《毛泽东思想和中国特色社会主义理论体系概论》课程对

本次社会实践活动进行策划,由经亨颐学院进行统一部署、安排,联系落实。

本次社会实践活动参加人员为 2014 级经亨颐学院文综(中文)141 班、文综(英语)141 班、理综(数学)141 班全体学生,以班级为具体落实单位,考察桐庐江南镇所辖的三个国家级历史文化名村——深澳村、环溪村、荻浦村的美丽乡村建设。

本次社会实践活动目的是让同学们亲身感受浙江省社会主义新农村建设的典型,了解党和国家推动城乡发展一体化的发展战略,了解党和国家大力推进生态文明建设的举措,了解党和国家关于社会主义新农村文化建设的成就,了解浙江省农村文化礼堂建设现状。帮助大学生扩大视野、增长才干,做到理论联系实际,突破以"知识为中心"的封闭型教学,构建回归现实生活的开放型课堂教学,把课堂教学置于社会大环境之中,形成教学世界与现实生活的良性融通,进一步增强大学生的社会责任感,为将来走上工作岗位打下良好基础。

六、教学内容

参观考察桐庐江南镇所辖三个国家级历史文化名村——深澳村、环溪村、荻浦村的社会主义新农村建设典型,让同学们亲身感受当代浙江省美丽乡村建设的风貌。

1. 深澳村

深澳村位于浙江省桐庐县富春江南岸天子岗北麓,西距桐庐县城 16.5 公里。地处丘陵,南高北低,村落前迎璇山,后拥狮岩,应家溪和洋婆溪东西分流,七常公路从村中通过,为深澳乡人民政府驻地。深澳古村是申屠家族的血缘村落,凭借其古老的文化,深厚的历史文化积淀、独特的地理环境,源远留存的文物古迹,成为桐庐著名的江南古村。1985 年和 1987 年杭州市和桐庐县人民政府先后表彰深澳村为"发展农村经济先进单位"。1992 年桐庐县人民政府确定深澳村为全县 4 个"奔小康示范村"之一。2006 年 6 月深澳村因其保存完整的罕见的古建筑群落,被列为省级历史文化保护村,随后又被列入全国历史文化保护村。

深澳古村因其水系而名,古村濒应家溪而建,申屠氏先人在规划村落建设时,首先规划了村落水系。深澳村落的水系是一个独立的供排水系统,它由溪流、暗渠、明沟、坎井和水塘五个层面立体交叉构成,各自独立,相互联系,充分调控地面和地下水资源,将饮用水、生活水和污水分开处理,并使水始终处于流动状态。这反映出一种对水资源利用的环保意识,而且在实践中解决了溪流洪水和地下水泛滥对村庄造成的危害。

深澳文物古迹众多,有省级文物保护单位申屠氏宗祠(含跌界厅),另有文物保护点怀素堂、恭思堂、景松堂、尚志堂等 26 处。深澳古建筑集中,保存有百余幢传统建筑,面积近四万平方米,其中有四十余幢清代建筑。内部雕饰华丽,建筑基本为清代中、晚期建造,多为民居,部分为祠堂、庙庵、戏台和桥梁。建筑形式类同,多为四合式院落,民居之间可相互以角门、后门相通,外观简朴,但梁架、门窗木雕十分讲究。重要的建筑有攸叙堂、神农堂、怀素堂、恭思堂、怀荆堂等,这些建筑与村内的水系构成了自己独特的风貌和特色。

2. 环溪村

环溪村,地处桐庐县江南镇的最东面,坐落于三国文化的发祥地,著名的天山岗山麓。清澈的天子源和青源两条溪流汇合于村口,环溪村三面环水一面靠山,村由此而得名。"门对天子一秀峰,窗含双溪两清流"是对环溪村地理风貌的真实写照。环溪村不仅是名副其实的小康村,还是国家级深澳历史文化保护区的古村落之一,为北宋大哲学家、理学鼻祖周敦颐后裔族居地,环溪建村始自周氏第14代孙迁居于此,至今已有620余年历史。环溪村拥有著名的爱莲堂、尚志堂、安澜桥、保安桥等众多古建筑。村口的千年古银杏,被誉为"夫妻树",成为该村的一大景观。近年来,环溪村相继获得桐庐县先进基层党组织、浙江省种文化百村赛"群芳奖"、浙江省"千镇万村种文化"活动先进村、浙江省文化示范村、杭州市文化示范村、杭州市体育小康村、远程教育省市级双示范点、打造"国内最清洁城市"示范点等荣誉。2013年11月11日中华人民共和国住房和城乡建设部将其列入《第一批建设美丽宜居小镇、美丽宜居村庄示范名单》。

3.荻浦村

荻浦村位于桐庐县江南镇东部,与富阳交界,全村共有16个村民小组,总人口2378人,农户645户,以申屠姓氏为主。村域历史悠久,距今已有900多年,文化底蕴丰厚,有省级文保单位2处(申屠氏宗祠和保庆堂),咸和堂(明代)正在申报。2006年被评为省级历史文化村镇,2007年与深澳、环溪、徐畈四村一并被列入第三批国家级历史文化名村。孝义文化、古戏曲文化、古造纸文化、古树文化为村四大特色文化。古建筑至今保存良好,多以明清时期的徽派建筑为主。荻浦村有宋代的范井,明代的水系,清代的石坊,庙庵,祠堂,民居等四十余处。更为难得的是,还保存有三座较完整的明代房屋建筑。

七、教学日程安排

1.上报本次社会实践教学计划书。2015年9月,《毛泽东思想和中国特色社会主义理论体系概论》课程上报实践教学计划书,确定实践地点、时间。

2.课程教师在班级进行组织发动,明确本次社会实践活动的目的、要求、注意事项。2015年10月,任课教师依据教学班实际人数,按8人一个实践小组进行分组,并指定实践小组组长。由文综(中文)141、文综(英语)141、理综(数学)141班长担任社会实践活动正副组长;明确本次社会实践活动的目的、要求、注意事项。

3.学院做好具体联系落实事宜。2015年10月26日—11月6日,由经亨颐学院做好本次社会实践活动的具体安排,主要包括:

(1)带队老师、工作人员的选派、通知。

(2)本次社会实践活动的用车联系。

(3)联系本次社会实践活动考察单位——桐庐江南镇所辖深澳村、环溪村、荻浦村参观接待事宜,主要涉及三村参观先后顺序、车辆停放地点、当地导游讲解员、文化礼堂参观等等。

4.11月7日本次社会实践活动参观考察基本流程如下:

8:20—9:30 从杭师大仓前校区出发,全体师生乘大巴车前往桐庐江南镇所辖三村。

9:30—11:30 参观考察深澳村。

11:30—12:30 师生自行用中餐。

12:30—13:30 参观考察环溪村。

13:30—14:30 参观考察荻浦村。

14:30 全体师生在荻浦村集中,乘大巴车回杭师大仓前校区。

16:00左右 回到杭师大仓前校区。

（三村参观考察顺序视具体情况而定，可能会有所调整。）

考核方式

出发前对全体学生布置本次社会实践活动的作业，要求学生结合党的十八大提出"富强、民主、文明、和谐，自由、平等、公正、法治，爱国、敬业、诚信、友善"的社会主义核心价值观，以参观考察小组为单位拍摄能够传达真善美的正能量的、画面清晰并富有艺术美感的美丽乡村建设的一组照片，并在课堂上进行展示说明。

要求有两个小组以 PPT 的形式在课堂上进行本次活动汇报，重点涉及美丽乡村建设的成就与存在的问题。

八、教学实践小结

1. 本次社会实践活动让同学们亲身感受到了中国特色社会主义在浙江的实践、浙江省社会主义新农村建设的典型；了解了党和国家推动城乡发展一体化的发展战略、党和国家大力推进生态文明建设的举措、党和国家关于社会主义新农村文化建设的成就、浙江省农村文化礼堂建设现状；帮助同学们扩大了视野、突破以"知识为中心"的封闭型教学，构建回归现实生活的开放型课堂教学，进一步增强大学生的社会责任感。

通过这次考察活动，使同学们接触现实，真实地了解了改革开放以来浙江农村的历史文化保护与建设成就。

深澳村因其保存完整的罕见的古建筑群落，被列为省级历史文化保护村，随后又被列入全国历史文化保护村。深澳文物古迹众多，有省级文物保护单位申屠氏宗祠（含跌界厅），另有文物保护点怀素堂、恭思堂、景松堂、尚志堂等 26 处。

环溪村不仅是名副其实的小康村，还是国家级深澳历史文化保护区的古村落之一，为北宋大哲学家，理学鼻祖周敦颐后裔族居地，环溪建村始自周氏第 14 代孙迁居于此，至今已有 620 余年历史。环溪村拥有著名的爱莲堂、尚志堂、安澜桥、保安桥等众多古建筑。

荻浦村的孝义文化、古戏曲文化、古造纸文化、古树文化为村四大特色文化。古建筑至今保存良好，多以明清时期的徽派建筑为主。在数千年的历史演变中，积淀了丰富的文化内涵并呈现独特的地方风采。

2. 2015 年 11 月 12 日由文综（英语）141 班田燕等同学在课堂上进行了 10 分钟左右的题为《美丽乡村 梦想中国》的社会实践汇报，同学、听课领导、老师对学生的主题发言评价高。以参观考察小组为单位，结合党的十八大提出"富强、民主、文明、和谐，自由、平等、公正、法治，爱国、敬业、诚信、友善"的社会主义核心价值观，拍摄能够传达真善美的正能量的、画面清晰并富有艺术美感的美丽乡村建设的照片，有利于学生加深对党的创新理论在实践中的理解与领悟。

本次实践教学反映出课外教学实践对课堂教学有很大的促进作用，使得课堂教学更加丰富、饱满、生动，实践教学更能为学生认同。通过社会实践也增进了师生间的交流，创设了新的师生沟通平台，密切了相互关系，有利于构建和谐的师生关系与校园。

九、意见和建议

1. 社会实践活动能够有效促进教学，希望能够一以贯之，常态化，把它坚持下去。

2. 结合学院实际情况，在经费、时间、师资有保障的前提下可适当增加实践次数。

第三节　教学变革：三个抓手

"学为中心"的课堂教学改革是当前学校变革的重要内容。探寻其背后的理论根源可发现，"学为中心"的课堂改革深受四种理论影响，即：人的全面发展——课堂教学的教育底色；人本主义——课堂教学的生命主张；建构主义——课堂教学的实践旨向；多元智能——课堂教学的评量尺度。此项研究的开展，不仅有利于正本清源，明确课堂教学变革的理论渊源，也有利于形成共识，更好地推动教学实践开展和质量提升。[①] 据此，我们着力推进"学为中心"的教学变革，选准"三个抓手"促落地，即"让课堂活起来、让学生忙起来、让内外动起来"，主动出击并大力协助在经亨颐学院授课的教师，积极探索"研究性学习""'双师三环'教学技能实训""戏剧教学法"等教改，取得了较好的效果。对此，《浙江教育报》2014年11月24日头版头条进行了专题报道。

一、让课堂活起来

要让课堂生动起来，关键是要优化教与学的方式。在教与学的关系上，要坚持教为主导、学为主体的统一，运用灵活多样的教学方式，注重师生的双边活动，克服以教师为中心的倾向，改变压传统教学方法的呆板、僵滞局面，创造出良好的课堂教学气氛，从而实现活教乐学，激活学生的思维，发展学生创新精神和实践能力。

具体而言，怎样让课堂活起来、充满活力呢？我们实施这一教学改革理念和举措主要有：一是把课堂的主动权还给学生，教师要变"讲"为"导"，突出三类探究，即学生自主探究、教师引导探究、讲授式探究；二是营造"民主、宽松"的学习环境，它可以让每个学生拥有一份自信心，一种自主精神；三是培养学生的问题意识和质疑品质，正如陶行知

先生所说:"发明千千万,起点一个问。"

(1)案例扫描

11 月初,一场别开生面的中国现代经典小说片断展演在经亨颐学院举行。文科 131 班的学生把王鲁彦、许地山以及鲁迅等人的名作纷纷搬上舞台,他们稚气而又个性化的演绎,引得全场笑声不断。教师黄爱华是"戏剧教学法"的幕后推手,她告诉记者:"这是一种全新的教学方式和理念。学生不再只是知识的被动接受者,而是主观能动性和学习积极性被充分调动起来的课堂教学的主动参与者、学习的主人,在课堂中得到充分发展的主体。"

在浙江一师期间,经亨颐就主张对学生因材施教,"辅导其自动、自由、自治与自律,不加硬性拘束"。于是,把学生从秧田式的课桌椅里解放出来,让课堂活起来,也成了经亨颐学院的追求。"好的教学能将许多课堂以外的东西也吸纳进去,有时是一句话,有时是一个眼神。"杭师大副校长兼经亨颐学院院长王利琳说,教学改革的核心是促进师生互动,这在经亨颐学院的课堂上体现得尤为明显。

虽然只在《拜堂》里客串几个小角色,但事先黄虞琳还是做了不少功课。"我必须看很多资料,去揣摩人物在剧中的心理以及语言、形体表达。"她告诉记者,用表演的方式上课、学习知识,非常有趣且印象深刻。而黄爱华的目的远非如此,她不满那种传统的"满堂灌"教学,"我设计了很多环节让学生参与进来,也希望他们毕业后,能把这样的教学理念与实践传播出去,成为一个让学生难忘的教师。"

(2)学后总结

图 3-4　中国现代经典小说片断展演活动

给我一片舞台,话剧因我闪亮

——记文综131班的"中国现代小说经典片断展演"

2014年11月4日上午10多,在杭州师范大学仓前校区怒园35—205教室里,传出阵阵笑声。原来,这是经亨颐学院文科131班汉语言文学专业的学生在黄爱华老师的指导下,在举行一场别开生面的"中国现代经典小说片断展演"。

这次课堂表演,是黄爱华老师为配合《中国现代文学史》课程中的鲁迅、"五四"至20年代小说等章节而特意设计的课堂实践环节,是"戏剧教学法"在现代文学史课程中的运用。把阅读经典变成体验经典、感悟经典,让同学们感到既新鲜又兴奋。为了这次课堂表演的成功,131班的同学们早早就开始了筹备,大家自愿组合成立剧组,积极阅读作品,从中选择感兴趣的小说进行改编。大家分工合作,自编自导自演,通过一次一次的排练,直到把人物的台词完全记熟变成自己的语言。每个剧组还兴致勃勃地精心制作演职员表和场景PPT,甚至背景音乐、音响一些小道具,也都一一齐备。

首先上演的是据王鲁彦同名小说改编的《黄金》,同学们创新的改编和大方放松的表演获得了一致好评,特别是陈栋同学对于乞丐阿水的个性化演绎,引得全场阵阵笑声。在据许地山的同名小说改编的《春桃》中,同学们勇于挑战角色,融入个人理解塑造人物性格,很好地传达出了社会底层人民的善良秉性和生活的艰难无奈。据台静农的同名小说改编的《拜堂》,讲述了一个旧中国闭塞的农村叔嫂拜堂成亲的悲剧故事,人物微妙的心理变化被同学们演绎得让人赞叹。鲁迅的经典名作演出最多,先后有《阿Q正传》《药》《采薇》3部。对于中篇小说《阿Q正传》,同学们巧妙地截取阿Q调戏小尼姑和向吴妈求婚等几个很有戏剧性的片断,陈冰冰同学反串阿Q,她演得轻松自然传神,将阿Q的精神胜利法和骨子里的软弱展现得淋漓尽致,赢得阵阵掌声。经典名篇《药》经过学生们的再建构被寓以新的内涵,郑名茗同学反串的康大叔,把一个刽子手形象演得活灵活现。更有独角戏《采薇》,杨鹏程同学完全进入了角色,演得酣畅淋漓,把鲁迅笔下的古代忠臣形象鲜活地呈现出来。

最后黄爱华老师作了点评,充分肯定大家的表演,赞扬我们经亨颐学院的学生不仅学习认真努力,而且专业能力强、综合素质高。并说:"在我们课堂上的每一个同学都是能够在舞台上发光发热的,重要的是我们需要这样一个舞台,而我在课堂上努力提供的就是这样一种契机。这种契机不仅能够让我们的学生更好地体悟理解经典作品,也能够让我们在戏剧表演中释放自我,展现出一个不一样的自己。"我院蒋永贵副院长恰好来听课,他在欣赏完表演后也连连称赞。

课后同学们纷纷写"演后感",谈这次课堂实践的心得体会和收获。表示对剧本的亲身演绎,让自己更充分地领略了原作的风采。认为"将戏剧带进课堂,让学生们通过戏剧的表现更加明白作品的深刻内涵,或者说,逼迫我们去阅读更多的书,了解更全面的知识,更好地把握这一种情感,这才是一种新的视觉艺术的上课方式,有利于打破传统课堂纯理论空洞的形式,让文学真正与学生结合,真正让课堂出彩和发光"。很多同学都是第一次演话剧,显得很激动。李佳婷同学说:"走进书本,带出人物,我想就是这次活动的意义所在吧!"郭文嘉同学说:"谢谢黄老师,您给我们创造了一次如此难得的机会,我相这这份回忆会给我们每个同学的大学生活填上一抹绚丽的色彩!"

二、让学生忙起来

好大学的标准是让学生"忙"起来。怎样确认在校大学生忙或不忙?看两个维度,一是学生学习的时间长度,二是学生学习的强度。好的大学,学生废寝忘食,学习时间的长度和学习的强度都要大大超过高中阶段。[①]据此,我院学生作为未来卓越教师培养对象,理应更忙。当然,不同专业学生忙的侧重点应有所不同,如研究性专业学生侧重忙"学术",实用型专业学生忙"实用",更多的时间用于实践训练。鉴于我院均是师范专业学生,对学术和实践要求都很高,因此需要两边都要忙,并且要求尽可能融合着忙。

如何让学生忙起来?我们结合卓越师范生人才的培养规律和特色,制订了一系列教学计划,并在培养方案中加以落实,如"我看大世界""一人一赛""一人一艺"以及系列学科竞赛、学生科研等,让学生为自己的目标忙碌起来,为自己的未来努力奋斗。

(1)案例扫描

案例1:让每一个学生忙起来

进入经亨颐学院后,物理专业学生郭颖旦感觉忙多了,"大二的时候,我一下子就申请了5个课题,每天忙着调研"。郭颖旦所指的课题源于经亨颐学院的一项实验课程改革,它借鉴哈佛大学等名校的做法,采用项目制的方法,鼓励学生深入研究自己感兴趣的问题。为完成项目,学生们需要查阅大量的参考文献,提交一份研究性实验报告。"过去3年里,这一性质的实验比例逐步增加到六成,也越来越受学生们的欢迎。"杭师大教授杨建宋如是说。

"让学生忙起来,主要是为了拓宽他们的知识面,夯实他们的学科素养。"经亨颐学院相关负责人告诉记者,经先生强调"五育并举",所以对文学、艺术、科学、体育等课程都非常重视,而浙江一师的毕业生也是千姿百态。与其他学院同专业的学生相比,经亨颐学院特别注重"厚基础",像文科专业的学生必须修习数学,同时实施"学年英语进阶计划",使学生具有开阔的国际化视野以及卓越的跨文化交际能力。

郭颖旦很忙,还因为她选修了一门钢琴课。经亨颐学院要求毕业生必须"两项达标":一项是普通话、板书、说课、上课、课件制作等教师基本功达标,另一项则是"一人一艺",即每名学生都要有一项艺术特长。因此,艺术特长课程实际上也成为必修,而且规定不少于4个学分。有教师直言,艺术教育是杭师大的特色,它不仅让学生多了一项教育本领,也铸造着他们的师德。

---

① 贾少华:《好大学的标准是让学生"忙"起来》,《教育与职业(综合版)》,2012年第4期。

案例 2：一个活动让每个学生忙起来

"我看大世界"为经亨颐学院的特色活动，被纳入了人才培养方案，旨在促进学生综合素质提升中的个性化发展，以学生个人的主题报告为主要考核内容。

（2）学后总结

经亨颐学院
我看大世界
学生主题报告会

"我看大世界"为经亨颐学院的特色课程，旨在促进学生综合素质提升中的个性化发展。课堂形式为报告人10-15分钟的主题报告，报告内容可选取自己的课题研究成果、学习反思等，课程考核则由聆听报告并参与讨论的师生共同评价。

自2015年3月11日 共举办：**23**场

报告人数：**171**人，邀请校内外名师、评委**45**人。

在经历中汲取，在体悟中共享

——2016年"我看大世界"优秀汇展

世界那么大，我想出去走走？我想，是的。我们生活的圈子很小，当我们将自己圈在这小天地之中时，世界在我们眼里会变得更小，如此我们则更需要多看看这大世界，汲取而后丰富自己的人生。经亨颐学院的特色活动"我看大世界"则给了我们一个平台去谈谈自己所看到的世界。

从 2015 年 3 月开启"我看大世界"主题报告会的活动，已开办了 23 场 171 人的报告。4 月 6 日，2016 年"我看大世界"优秀汇展在仓前恕园 7 号楼 200 座正式举行，经亨颐学院从以往的报告人中推选出 6 位优秀报告人——潘玥婷、傅佳慧、陈旻意、王佳唯、李婷、薛佳佳，向全校汇报，分享她们眼中的大世界。参与本次活动的嘉宾有校团委主席沈威老师、国际教育学院副院长唐世明老师、外国语学院副院长李颖老师和经亨颐学院的院领导。

图 3-5　参加活动的嘉宾和观众

本次活动以一个精彩的回顾视频开场,展现了一学年"我看大世界"中报告人的精彩瞬间,更有评委老师的点评金句"演讲是在讲自己,是以自己的方式自信地表达自己的观点",发人深省。回顾之后,迎来了校团委老师的讲话,他给予了"我看大世界"这一学生主题报告会高度的评价,并期待以经亨颐学院为带头先锋,逐渐将"我看大世界"推向全校,最终发展成全校性活动。

点评寄语之后,进入今天的重点环节——学生报告人的演讲。报告人从自己二十多年的人生经历中提炼自己的感悟,用每一个 10 分钟给大家展示了六个不同的世界。从如何将对文字的刚性需要转化为培养自己的阅读素质谈到如何真正去体悟人生的快慢调节,这是潘玥婷斯文而不失态的价值观;有因辩论、支教、高雄师范大学交流获得种种经验而可以侃侃而谈的从容,这是傅佳慧、薛佳佳、陈旻意的丰富人生;王佳唯用流利的英语探讨时下最火热的话题"社交网络"带来的影响,一句"it's time to talk"的号召让人深思;更有学生从"农村同样也是大世界"引出的种种思考——"太阳上也会有黑点,那人间的事就更不会没有缺陷!"当我们铆足了劲向前冲时,我们是不是也该多看看这身边的世界,提炼点独属于自己的感悟,而后更为谦虚但自信地向前迈去……

最后李颖老师和徐凌芸老师的点评更指引了我们如何更好向前走。

"我看大世界"不是一个终点,相反它是一个起点,从这里开始我们学会去思考、学会拥有自己对世界的看法、学会将它提炼成我们自己的价值观,从这里我们的脚底会拥有更结实的奠基去跃向我们心中的象牙塔!

三、让内外动起来

为深入实施"卓越教师培养计划",我院充分开发、整合、利用好校内外资源,努力开展大学、政府、学校以及国际合作,吸引社会资源尤其中学一线名师资源投入卓越师范生人才培养和社会实践,积极推进校内校外协同育人、协同创新,探索内外联动育人运行机制。

我们实践的重要抓手,就是推进双师课程建设,针对实践性或理实融合性较强的教师教育类课程如《学科教学论》《学科课堂教学技能训练》《班主任工作技能》《教师语言艺术》等,在人才培养方案中予以刚性规定,要求一线中学名师独立或参与的教学时数不能少于总学时的四分之一,取得非常好的效果。

(1)案例扫描

虽然浙江一师的毕业生后来走上各不相同的道路,但他们都带有鲜明的学校印记。有人说,这是经亨颐带进学校的,因为他所聘请的教师都是一些正直、坚强、学识兼备之人。"所以,我们也邀请一大批教学名师或名家来引领、影响学生的成长。"经亨颐学院分管教学的副院长蒋永贵说,遵循经先生"人格为先"的教育思想,他们集聚优质资源,校内外联动,建设了一批"荣誉课程"和"双师课程"。

今秋开学,浙江省功勋教师、省教研室主任任学宝受邀站上了经亨颐学院的"从教第一课"。如何从一名师范生成长为功勋教师、特级教师、重点中学校长,他面对困难时的执着、面对诱惑时的坚忍让很多人深有感触。有学生还在笔记上写下了"想成为一名像他那样的优秀教师"的话。

图 3-6 浙江省功勋教师、省教研室主任任学宝讲授"从教第一课"

此外,经亨颐学院还聘请了 23 位名师名家为学生开课。像浙江大学教授计翔翔的"世界文明史"、杭州市公益中学潘志平校长的"教师语言艺术"等,因为深入浅出、灵动幽默、切合实际,拥有了许多粉丝。

图 3-7 杭州市公益中学潘志平校长讲授"教师语言艺术"

为促进教育理论与教育实践的有效融合,从今年起经亨颐学院还将"学科教学论"、"课堂教学技能训练"、"班主任工作技能训练"等 3 门课程确定为"双师课程",由校内学科教学论教师与校外中学一线名师共同授课,后者单独或现场参与授课原则上不少于总课时的 20%。杭州经济技术开发区科学教研员姚雪飞就是外聘名师之一,她经常带着经亨颐学院的学生出入开发区各初中学校,有时还和他们一起磨课。这位已有 21 年教龄的名师感慨:"有师傅带着,比我们当年不知道少走了多少弯路!"

图 3-8 蒋永贵教授与杭州经济技术开发区教研员姚雪飞老师进行双师授课

(2)学后总结

打通课堂内外,开展双师课程

——记文综(中文)121 班《学科教学论》双师教学活动

经亨颐学院作为培养卓越教师的荣誉学院,一直把提高学生的教师教学技能作为一项重要工作来抓。本学期起,我院将《学科教学论》、《课堂教学技能训练》和《班主任工作技能训练》这三门课程确定为双师课程,即由校内教师与校外中小学一线名师共同授课,其中后者单独或现场参与授课应不少于总课时的 25%。

经亨颐学院文综(中文)121 班全体学生,在叶黎明老师的带领下前往杭州市建兰中学、杭州市大关中学开展《学科教学论》的双师课堂教学。

12 月 3 日的双师课程在杭州市建兰中学进行,省语文特级教师吴丹青给经亨颐的学子们上了一堂精彩绝伦的展示课,主题是:散文与小说的教学目标确立及教学内容取舍。通过这堂课,同学们不仅领略到了名师在讲台上的风采,也对课堂设计、问题设置、语言表达等教学的具体环节有了更深刻的理解和感悟。

12 月 10 日的双师课程是在与省语文特级教师赵群筠的合作下在杭州市大关中学

顺利进行的,赵老师安排了四名中学一线优秀教师对于《端午的鸭蛋》这篇课文进行同课异构教学。同学们领略到了不同教师不同的上课风格,也体会到了对于同一问题的不同教学方法,得到了很深的启发。同学们听课结束后不仅主动发表自己对本次教学的认识和感悟,积极和上课教师沟通交流。

第四节　实践强化:三维推进

教育实践是教师教育课程的重要组成部分,是教师培养的必要环节。近年来,我国教师教育改革持续推进,师范生教育实践不断加强,但是还存在着目标不够清晰,内容不够丰富,形式相对单一,指导力量不强,管理评价和组织保障相对薄弱等问题。教育实践依然是教师培养的薄弱环节,很多毕业生的教育教学能力尚不能完全适应中小学的需要。

为增强卓越师范生的社会责任感、创新精神和实践能力,全面提升卓越教师培养质量,我们始终坚持实践取向的教师专业成长,全程实践浸润。随着《教育部关于加强师范生教育实践的意见》(教师[2016]2号)的出台,我们进一步完善全程实践浸润体系,主要从三方面强化实践:一是拉高实践标准,主要是实施教学技能全员达标、制定高规格质量标准引领教育实践等;二是创新协同育人,主要是通过建设教师发展学校加强名师深度指导;三是丰富实践形式,主要有实习前的"三培训"、实习中的多形式、实习后的"三优展"等,还有"以点带面"的促进教学技能卓越发展的"双师三环"实训模式。

一、拉高实践标准

(一)实施教学技能全员达标

通过对卓越教师成长规律的研究,我们发现"匠师"是成长为优秀教师和教育家的前提,凸显了卓越教师培养发展学生教学技能的重要性。国内外已有研究成果也表明,课堂教学技能在教师能力结构中处于核心地位。教学能力是后天获得的,是在实践中提高的。

因此,为强化学生教育教学实践能力,保障教育实践质量,我院从三方面强化师范生教学技能:一是实施全员达标,要求全体师范生教学技能个个达标,人人过关;做到先达标,后实习。二是实施全面达标,主要包括教学设计、多媒体课件制作、说课、模拟上课、解题能力测试等单项。三是提高达标要求,如达标成绩要求各项70分以上。具体实施,详见《经亨颐学院教学技能达标规程》。

经亨颐学院教学技能达标规程

(试行稿)

为提高师范生培养质量,进一步增强师范生教学技能,学院将在全院范围内实施师范生教学技能全员达标,根据上级相关文件,结合学院实际,制定本规程。

一、全员达标总体要求

要求全体师范生教学技能考核人人达标,人人过关,达标后方可参加教育实习。

二、全员达标对象与考核时间

全员达标对象为全体师范专业学生,考核时间定在第六学期(具体见学院通知)。

三、全员达标组织领导

学院成立师范生教学技能全员达标领导小组,教学院长担任组长,教务科科长担任副组长,负责学院师范生教学技能全员达标工作的政策制订、组织协调、方案设计与组织实施。

学院成立师范生教学技能全员达标专家委员会,教学院长任主任,成员包括校内学科教学法教师、现代教育技术教师以及中小学名师,负责全校师范生教学技能达标的考核与成绩评定。

四、全员达标内容及要求

根据我院人才培养实际,我院师范生教学技能全员达标内容为五项:解题;教学设计;多媒体课件制作;说课;模拟上课·板书。

各内容要求详见下表。

内　容	要　　　求	
解　题	在规定时间内完成一份中学学科能力测试试卷(初中和高中各约占50%)	在150分钟内完成。
教学设计	预先公布20个课题(初中15个、高中5个),达标考核时随机抽取一个选题,设计1课时(45分钟)的教案	在150分钟内完成。
多媒体课件制作	根据教学设计的内容,现场制作课件1例	
说　课	根据教学设计内容进行说课	在13分钟内完成(建议说课时间在5分钟内,模拟上课和板书时间在8分钟内)
模拟上课·板书	根据教学设计内容(可用多媒体课件),任选其中一个片段进行模拟上课·板书	

五、全员达标成绩评定及学分

1.达标考核各单项成绩采用百分制评分,总成绩分通过与不通过两个等级。要求考生各单项成绩均通过(≥70分),总成绩才能定为通过,该生达标过关;否则成绩定为不通过,达标不过关。

2.达标考核结束后,教务科将考核结果报教务处,并对考核成绩认定相应学分,准予参加教育实习。对于考核不通过者,在第七学期开学初进行相应单项补考,成绩通过者方可认定相应学分并准予参加教育实习。

六、全员达标与教学技能竞赛

我院师范生全员技能达标要与各级师范生教学技能竞赛有机结合起来,以达标推竞赛,以竞赛促达标。

七、全员达标经费保障

为保证我院师范生全员达标工作的顺利推行,参照省内其他高校标准,学院从其他经费中补贴部分经费开支。

八、其他

1.经亨颐学院师范生教学技能全员达标评价参考标准详见附件。

2.本规程经经亨颐学院党政联席会议审议通过,自 2012 级起开始实施,由学院教务科负责解释与修订。

(二)高规格质量标准引领教育实践

一般而言,质量标准是产品生产、检验和评定质量的技术依据。所谓标准,指的是衡量某一事物或某项工作应该达到的水平、尺度和必须遵守的规定。对企业来说,为了使生产经营能够有条不紊地进行,则从原材料进厂,一直到产品销售等各个环节,都必须有相应标准作保证。它不但包括各种技术标准,而且还包括管理标准以确保各项活动的协调进行。

借用上述质量标准的要义,根据《教育部关于加强师范生教育实践的意见》(教师〔2016〕2 号)和浙江省关于教师教育改革相关文件的精神,我们研制出高规格的教育实践质量标准,即教育见习规程、教育实习(研习)规程,以此引领教育实践实施。

1.构建出明确的教育实践目标任务。为"促进师范生深入体验教育教学工作,逐步形成良好的师德素养和职业认同,更好地理解教育教学专业知识,掌握必要的教育教学设计与实施、班级管理与学生指导等能力,为从事中小学教育教学工作和持续的专业发展奠定扎实的基础。"我们结合国家教师教育课程标准和卓越师范生实际,建立了标准化的教育实践规范,对每一阶段"实践前—实践中—实践后"全过程提出明确要求,并且显著高于学校对普通师范生的规定。

例如,针对第一阶段的教育见习,我们将目标定位为"深入班级,了解中学班级管理的内容和要求,获得与学生直接交往的体验",并提出"五个一"的具体任务:"1.聆听一个班级管理观摩指导报告;2.梳理一份见习学校不同教师进行班级管理的内容和要求(要求比较其优、缺点以及改进建议);3.参与一次主题班会(要求进一步改进或重新设计一个主题班会);4.撰写一份与学生直接交往的体验报告;5.交流一次见习小结。"再如,针对教育实习(研习),我们分别就教学工作、班主任工作、教育调查研究提出相应的目标、内容和要求。

2.构建出全方位的教育实践内容体系。我们将教育实践贯穿卓越师范生培养全过程,整体设计、分阶段安排教育实践的内容,精心组织体验与反思,促进理论与实践的深度融合。具体体现为:(1)时间上,教育实践四年一贯,大一"从教第一课"、大二"第一阶段教育见习"、大三"第二阶段教育见习"、大四"教育实习(研习)",切实落实教育实践累计不少于 1 个学期制度;(2)内容上,推进全方位的教育实践,坚持把社会主义核心价值观融入教育实践全过程,包括师德体验、教学实践、班级管理实践、教研实践等;(3)管理上,各方目标一致、权责清晰,围绕教育实践目标,从教育实践各环节的工作内容及要求、责任部门(人)、工作时限等方面,理清学生、双指导教师、学院、实践学校等各方权利和职责,大家各司其职、齐心协力做好这一工作。

3.构建出促发展的教育实践多元评价体系。教育实习成绩考核是一项严肃而重要的工作,应以促进优秀师范生教师专业成长为导向,实施多元化评价。为此,教育实习成绩必须严格按照评定标准,根据每位实习生教学工作实习、班主任工作实习、教育调查研究、教育实习案例撰写、综合表现等方面的情况进行综合评定,由经亨颐学院带队指导教师和实习学校指导教师等人员集体评定,总成绩按百分制评定。

相比传统教育实习评价:(1)新增"教师实习案例撰写",要求学生针对教育实习中的典型事件,按照一定规范至少完成教学案例和班级管理案例各一个,并择优进行交流和接受专家点评,效果非常好;(2)多方多技术介入评价,以指导教师评价为主,兼顾同伴评价、自我评价、学生评价和实践基地评价,综合运用课堂观察、学生访谈及教育实践档案分析等多样化的方式,全面客观评价师范生教育实践。

二、创新协同育人

为贯彻落实教育部关于实施卓越教师培养计划、关于加强教育实践等文件精神,我们积极探索"三位一体"协同培养新机制,创新师范生教育实践基地,创造性地建设教师发展学校。

初期,经亨颐学院(甲方)针对卓越中学教师培养,高标准地选择与杭州市名校、名师云集的西湖区教育局(乙方)及其所辖名校(杭州市第十三中学教育集团、杭州市第十五中学教育集团、杭州市公益中学、杭州市保俶塔实验学校、杭州市翠苑中学等)建立了"三位一体"协同培养卓越中学教师的共同体,双方签订"'三位一体'协同培养卓越中学教师协议书",并高效开展相关工作。

在与西湖区教育局协同培养基础上,我们进一步拉高标杆、全方位深化"三位一体"协同培养,创新协同育人,着力建设教师发展学校,并重点建设杭州高级中学、杭州市第十五中学两所示范性学校,实施两年来成效非常显著。

1. 明确全方位协同内容

(1)协同创新人才培养模式。协同探索基于"一制三化"的卓越中学教师本科培养模式以及本硕一体化"3+3"卓越中学教师培养模式:本科和教育硕士研究生阶段整体设计、分段考核、连续培养的一体化模式。

(2)协同优化人才培养方案。协同制订更加规范、科学的卓越中学教师培养方案,明晰培养目标,设计合理的课程体系,优化教学内容及教学方法,确保人才培养目标与教学过程的有机结合。

(3)协同建设教师教育类课程。协同建设教师教育类课程,主要从三个方面:一是协同开设"双师课程";二是协同建设教育实践课程;三是协同开发校本教师教育课程。

(4)协同开展资源库建设和教学研究。根据人才培养的要求,一方面协同开展教师教育类课程资源建设,尤其是课堂教学和班级管理案例库建设;另一方面协同开展课堂教学研究,尤其是对教育理论和教学实践的裂痕地带进行研究。

(5)构建协同育人的质量评价体系。根据"三位一体"人才培养实际情况,进一步健全人才培养质量评价体系,包括培养条件、实践基地建设、训练方法、师资队伍建设、课程资源建设、成绩考核等,调动各方面积极性,为人才培养质量提供保证。

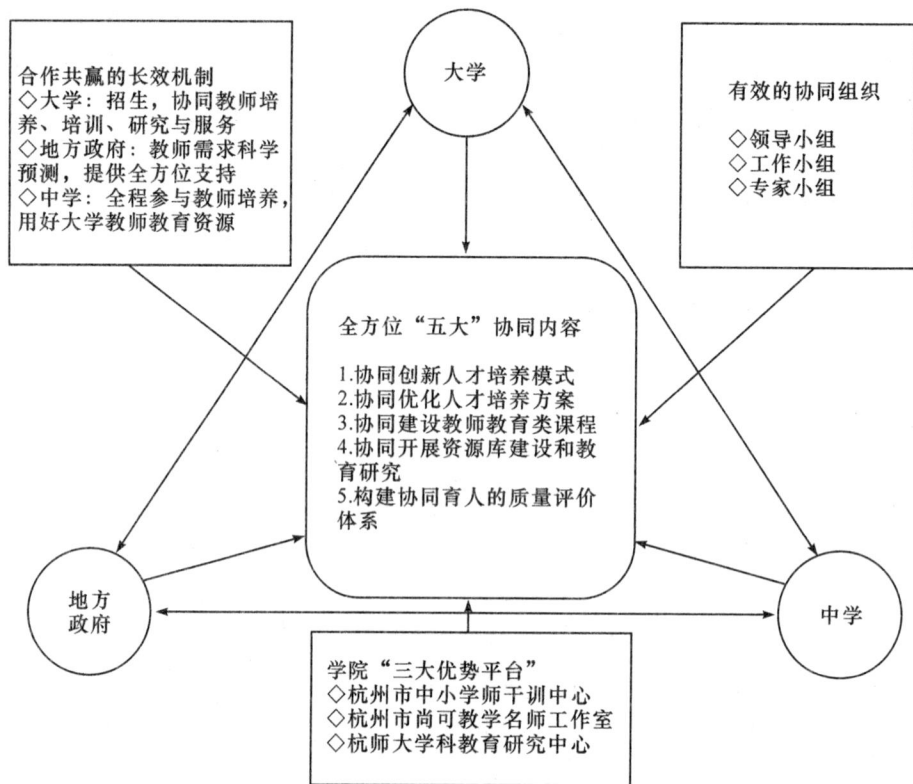

图 3-9　大学、地方政府、中学协同育人的结构图

2. 架构有效的协同组织

为有效落实"三位一体"协同培养,加强对其组织领导和业务指导,成立以下三个小组。

(1)领导小组。本着"大学主导、政府支持、中学参与"的思路,成立"三位一体"协同领导小组,成员主要甲乙双方的领导组成,主要负责协调相关事宜。

(2)工作小组。根据协同培养工作的实际需要,成立若干工作小组如教育实践工作小组、课程资源建设工作小组、教学改革工作小组等,成员由甲方和乙方所辖中学的业务领导和教师组成,主要负责各项协同培养工作的具体开展。

(3)专家小组。为确保协同培养工作的有效开展,成立专家工作小组,成员由甲乙双方遴选高校专家和中学一线名师组成,主要负责人才培养方案优化、各项业务指导、人才培养质量监测以及指导教育实践等。

3. 建立合作共赢的长效机制

(1)地方政府统筹规划本地区中学教师队伍建设,科学预测教师需求的数量和结构,做好招生培养与教师需求之间的有效对接。

(2)经享颐学院做特职前和职后一体化教师教育。将社会需求信息及时反馈到教师培养环节,优化整合内部教师教育资源(包括杭州市师干训中心资源),促进教师培养、培训、研究和服务一体化。

（3）中学全程参与教师培养，积极利用我校的智力资源，发挥学术引领作用，促进教师专业发展。

除此之外，经亨颐学院充分发挥好现有"三大优势平台"资源的作用，为协同培养卓越中学教师服务。

（1）杭州市中小学师干训中心。该中心与我校实施本项目的经亨颐学院合署办公（两块牌子，一套班子），主要负责杭州市中小学教师和校长培训以及杭州教师教育网建设，它不仅拥有丰富的名师、名校长资源，而且有助于促进协同培养方面的全面合作。

（2）杭州市特级教师工作站。该工作站为杭州市技能名师工作室，设在我校实施本项目的经亨颐学院，主要有三大工作职能定位：师范生教学技能实训指导中心；教学论教师实践能力发展阶梯；教育理论与实践融合研究平台。

（3）学校学科教育研究中心。该中心挂靠在经亨颐学院，集中了我校全体学科教学论教师，主要职能是组织开展学科建设与学术研究、教师教育课程教学改革、服务引领基础教育课程教学改革等。

三、丰富实践形式

教育实践形式直接决定着优秀师范生教学技能发展的实效性，为丰富创新教育实践的形式，我们首先对师范生教学技能存在的问题、较具代表性的师范生教学技能实训模式做一分析，然后针对优秀师范生教学技能发展做一探索。

（一）师范生教学技能存在的问题

根据我们多年从事师范生教学技能实训的理论研究和经验总结，综合他人的相关研究成果，当前师范生教学技能主要存在如下几个方面的问题。

（1）缺少基于学情施教的意识。根据奥苏贝尔的有意义学习、维果茨基的最近发展区等理论，学情在教学设计、教学实施、教学评价等环节具有极其重要的地位，所有施教都应从学生出发，以学定教。从学生表现看，很多师范生缺少基于学情施教的意识，更别提学情把握是否精准的问题。

（2）教材不熟悉，分析能力弱。分析教材、驾驭教材的能力是教学设计的基本教学技能，熟悉所教学科的教材是教学的前提。然而，很多师范生对所学专业方向的教材不熟悉甚至接触的很少，更谈不上对教材知识的准确把握，也无从谈起正确把握教材的重点、难点的技能，因此直接影响到对教材的分析能力。

（3）教学目标编制不够规范。教学目标是施教的出发点和归宿点。一个好的教学目标要求：行为主体是学生；行为动作要具体、可检测；行为条件要彰显学科核心素养；行为内容应兼顾三维发展；行为标准应精准。现实状况是，师范生编制的教学目标却与此背道而驰，如行为主体多是教师或混乱不清、行为动作较为笼统或大而空以至于无法检测、缺少行为标准等。

（4）教学过程较少体现学为中心。新课程倡导学为中心，要求灵活运用自主、合作、探究三大学习方式。但师范生新课程意识薄弱，不论教学设计还是实际教学过程，多是只管自己怎么教，很少考虑让学生怎么学，缺乏师生、生生间互动过程的设计，缺乏学法指导,更缺少评价促学理念的运用。

(5)教学基本功不够扎实。主要表现为:一是教学语言技能方面。大多师范生的表达较为平淡、缺乏节奏感和吸引力,还有部分同学用语不够准确。二是板书设计和书写能力欠佳。板书设计暴露出来的主要问题是:粉笔字不够美观,有的还出现笔顺错误或错别字;板书布局不合理;板书内容和整体规划不够清晰,很少有结构性呈现;板书类型单一,出文字外很少用图表或简笔画。三是态势语使用技能不足。部分学生在课堂上的站姿、手势语的利用、表情语的运用、眼神等存在一定问题,如有的过于僵硬、有的缺少眼神交流、有的过于夸张等。

(6)很多教学技能运用缺乏技巧。有效课堂教学,需要灵活运用导入、提问、讲授、多媒体辅助、演示等教学技能。而用好这些技能,不仅需要师范生具备扎实的学科功底,而且需要掌握其基本运用要领,同时还需要掌握其一些运用技巧。现实状况是,师范生对很多教学技能运用具有一定意识,但缺乏技巧,从而影响到教学质量的提高。

针对以上问题,究其原因是多方面的,主要有:一是师范生对教学技能训练缺乏正确的认识;二是学科课程缺乏对教学技能训练的支撑;三是指导师范生教学技能的师资欠缺;四是针对教学技能训练还缺乏有效的管理措施。

(二)较具代表性的师范生教学技能实训模式

为有效解决师范生技能存在的问题,很多师范院校都在积极探索实训模式改革,很多也取得一些积极成果。综合相关文献,主要有如下实训模式。

(1)"三阶段"互动模型。有学者(李振国,2003)坚持理论联系实际,通过微格教学与课堂教学、小组训练与班级培养、教师指导与学生发现等多种途径,将教学的动作技能与心智技能有机统一起来,使之相互渗透、相互推动,从而建构起"动作定向——原型定向"、"动作练习——原型操作"、"动作协调——原型内化"的三个阶段互动训练模型。

(2)"三级联动"实训。师范生教学技能的获得并不是自发、自为的,也不是一蹴而就的,而是长期、严格的培养与训练的结果。有学者认为(唐世刚,2016)通过个体层面、院系层面、学校层面三级联动培养与训练师范生教学技能,是一种比较可行且具有一定实效的方式。

(3)"校外导师"指导。高校聘用校外导师指导师范生"学教"成为一种趋势,但在实际操作过程中存在一些问题,如校外导师的角色和工作任务不够明晰、监督和考评指标模糊等。为此,有学者(李静等,2016)基于专业发展理论和已有的经验,建构出"双导师制"下师范生教学技能形成机制,对"校外导师"指导师范生教学技能训练的作用与角色、内容与方式方法等方面进行研究,得出:校外导师作用是辅助的,也是独特的;校外导师应激发师范生职业兴趣,传递其教学经验;校外导师应是组织者和指导者。在见习、教学训练、微格教学和教育实习中,校外导师指导师范生教学技能训练的工作内容和方式方法有其特点。

综上,以上各师范生教学技能实训模式各有特色,如有的充分发挥校外导师的作用、有的充分运用现代教育技术、有的充分调动各方积极性等,都能一定程度地提升师范生教学技能。

但存在问题也较为明显,主要有:一是训练内容单一,缺乏体系化;二是训练手段工具化,缺乏理念和情感的渗透;三是技能训练组织形式普遍大班化,缺乏个性化指导;四是缺乏对师范生教学技能尤其是卓越技能发展规律的研究;五是训练者缺乏相应培训,各自为政,难以形成合力;六是缺少对师范生教学技能卓越发展培训模式探索。

(三)我院富有成效的实践探索

进一步归纳总结师范生教学技能实训存在的问题,针对教学技能卓越发展而言,主要有两大问题亟待解决:(1)对师范生教学技能卓越发展规律的研究。对此,我们团队近年一直关注这一问题并进行研究,初步理出三环节螺旋式逐步上升的发展规律,即"规范化——精细化——个性化"。(2)对师范生教学技能卓越发展实训的师资。教学技能卓越发展,涉及理论与实践的高度融合,这对训练师资提出较高要求。限于各种原因,师范生教学技能实训一般由大学学科教学论教师负责,而这批队伍往往学科教学理论较好,但缺少一线实践经验。也有部分高校索性直接聘任中小学名师负责,但由于其理论素养欠缺,实训效果不甚理想。究其原因,还是理论与实践两张皮脱节所致。因此,为促进师范生教学技能发展尤其是卓越发展,需要双师型教师实质合作指导。为此,我们尝试全职引进和兼职选聘中小学名师与大学学科教学论教师深度合作指导实训。

针对以上问题,我们探索出多种富有成效的教育实践形式,主要有:

(1)实习前的"三培训"。主要包括三个模块:一是教师专业情意激发;二是课堂教学技能强化,包括如何观课、备课、上课、评课等;三是班级管理规范指导,包括班级管理、家校沟通等。

(2)实践中的多形式。主要采取观摩见习、模拟教学、专项技能训练、集中实习等多种形式,丰富师范生的教育实践体验,提升教育实践效果。另外,充分利用信息技术手段,开发优质教育实践资源,组织师范生参加远程教育实践观摩与交流研讨。

(3)实习后的"三优展"。针对教育实习中的关键事件或优秀典型案例,我们对此进行系统设计,着力进行"三优展",包括优秀教育实习教学展、优秀教育实习案例展、优秀教育实习丰采展。

(4)"双师三环"教学技能实训。遵循优秀师范生教学技能发展规律,我校教师和中学名师共同按照规范化、精细化、个性化三个环节进行指导。

(5)"名师深度指导"教育实践。为用好名师资源,我们抓住马云教育基金对我们卓越教师培养大力资助的机会,选聘省特级教师或名师如郑永杰、楼红、王燕、曾宣伟等,履行我校教师职责,带队指导教育实习。这一举措深受学生欢迎,取得非常好的实践效果。

第四章 "颐"文化育人的入微

　　一个人的成长成才受到先天基因和环境因素的双重影响,其中尤以后天环境的影响更为重要和深刻,因为人的某些价值观、信念、性格和行为习惯都是在后天生活环境中习得的。所谓"一方水土养一方人",这一方水土就是关键的环境。自经亨颐学院肩负起卓越教师培养之使命的第一天起,便一直积极创设文化育人的环境,构建文化育人的体系,凝练文化育人的核心,发挥文化育人的功效,培育文化育人的一方沃土,滋养卓越教师的成长。

第一节　追寻:文化育人的意义价值

一、文化、学校文化与文化育人

　　文化一词来源于拉丁文 Cultura,意为耕作、培养、教育、发展、尊重,最初是指人对自然界有目的的影响以及人自身的培养和训练。康德认为,文化是在公民社会形成过程中产生和形成的,文化标志着人类从自然状态向社会状态的转变。黑格尔指出:文化始终与人类劳动相联系,在人类劳动的基础上产生了实践文化与理论文化。英国人类学家泰勒对文化下了如下的定义:文化是一个复合的整体,其中包括知识、信仰、艺术、道德、法律、风俗以及人作为社会成员而获得的任何其他能力和习惯。[①]

　　学校活动是整个社会活动中最具有效力的一种文化活动,学校的文化功能是其他任何社会组织所不能比拟的。现代学校的一个重要功能就是将上一代的文化内容经过价值批判和取舍,去粗取精,去伪存真,传播给下一代。为了达成学校教育的以上功能,学校必须充分利用各种因素,形成具有自身独特的价值观、信念、手段、语言、环境和制度的文化特质。学校文化具有导向功能、凝聚功能、规范功能。学校文化的核心是学校各群体所具有的思想观念和行为方式,其中最具决定作用的是思想观念,特别是价值观念。从广义上定义,学校文化是一种亚文化,是在学校中形成的特殊文化,是在社会背景下以学校为地理环境圈,由全体师生在学校长期的教育实践过程中积淀和创造出来的,并为其成员所认同和遵循的价值观、精神、行为准则及其规章制度、行为方式、物质

---

　　① 袁振国:《当代教育学》,教育科学出版社,2010年,第328—329页。

设施等的一种整合和结晶,其本质意义在于影响和制约学校内个体的发展,其最高价值在于促进学校内个体的发展。从狭义上说,有"校园文化"说,用"校园文化"来指代"学校文化",认为学校文化就是学校校园环境中存在的一切文化现象;有"校风"说,认为学校文化是学校的各种规范、行为和风尚;有"文化艺术活动"说,认为学校文化指在学校中开展的各种如歌咏、舞蹈、体育比赛等文艺活动;有"教风"说,认为学校文化反映的是学校教师的教学水平;有"学风"说,认为学校文化反映的是一个学校的学习风气和氛围等等。学校文化实质上是一种德育隐性课程。通过学校文化,对学生进行道德熏陶,帮助学生在潜移默化中接受道德规范,实现道德成长。学校文化既包括了校园建筑、环境布置等显性的要素,也包括了人际环境、心理环境等隐性的要素。总之,学校文化是一种以学生为主体,以校园为主要空间,以课外文化活动为主要内容,以校园精神为主要特征的群体文化。它在本质上是一种人文环境和文化氛围。

众所周知,学校文化在文化育人的过程中扮演着重要的角色。中共中央、国务院下发的《关于进一步加强和改进大学生思想政治教育的意见》指出,大学文化具有十分重要的育人功能,要构建展示我国社会主义特色、时代特点和高校形象的校园文化,从而形成良好的教风、校风、学风。文化育人,指的是把社会理想和人类伟大精神沁入到大学生的内心的进程,是向大学生的思想理念注入人性中的尚德、进取、责任、包容、感恩、良知、谦虚等美德的过程。① 我们认为,文化育人即是通过文化的熏陶,学生在潜移默化中了解、认同并形成独有的价值观念,健全个人人格,使自身的发展更加全面。

二、着眼于培养人格健全的完人

当代大学生在大学的主要任务是学习知识、增长才干、磨炼品格、塑造人生。大学阶段,是学生世界观、人生观、价值观形成和修正的重要时期,通过大学生活,养成良好的、健全的人格、品行和情操。雅斯贝尔斯在《什么是教育》中指出,"教育是人的灵魂的教育",要对学生进行全面的教育,也就是精神的培养,要改善学生的人性。学生仅仅获得知识是不够的,教育的使命在于使其成为"全人"。高等学校在本质上是功能独特的文化机构,高等学校履行职能、发挥功能,最根本、最经常性的任务是培养高素质高质量的人才,特别是全面发展的人才。文化育人的根本目的和意义,就是服务于学生的全面成长与发展,通过文化的力量丰富人的情感、提振人的精神、激发人的创造。而文化在育"全人"的过程中,无疑扮演着重要的角色。重要的是,文化育人应该以人为出发点,以育"全人"为目标。

文化育人应该先回答:"育人对象是谁?"德国古典哲学家康德认为,文化就是指那些属于使人愈来愈远地摆脱动物界的人类内在的规定性。文化育人的主体是"人",归根结底是为了培养学生成人、成才、成功。经亨颐学院是国内首家教师教育类的荣誉学院,招收的是有志于从事教育事业,立志成为未来优秀教师和教育家的学生。从经亨颐学院的人才培养目标来看,学院要培养的是具有"宽厚的文化涵养、精深的学科底蕴、卓

---

① 任世强:《大学文化的育人功能及实现路径》,《光明日报》,2013 年 12 月 1 日。

越的教育素养、开阔的国际视野的优秀教师和未来教育家"。这四个目标的达成离不开全程浸润式的文化育人过程。我们认为,经亨颐学院培养的"全人"应是遵循经亨颐先生"人格为先、五育并举"教育思想培养出的"全人",应该是身心健康、人格健全、在德智体美等方面协调发展的人。

《易经·贲卦》阐述:"刚柔交错,天文也;文明以止,人文也。观乎天文,以察时变;观乎人文以化成天下。""人文化成"即是文化的真正意义与目的:文化者,用人文去化成天下也;文化者,人化也。文化育人的目的就是培养人才,培养人格健全的完人。大学文化育人的过程,就是大学生人格的不断完善,对人类真善美的不断向往与追求,促进学生全面、自由、充分、和谐发展的过程。[①]

三、聚焦于文化内核的精神价值

文化育人是以文化的价值体系体现的意义和作用来育人的。习近平总书记在中共中央政治局第十三次集体学习时强调:"博大精深的中华优秀传统文化是我们在世界文化激荡中站稳脚跟的根基。中华文化源远流长,积淀着中华民族最深层的精神追求,代表着中华民族独特的精神标识,为中华民族生生不息、发展壮大提供了丰厚滋养。中华传统美德是中华文化精髓,蕴含着丰富的思想道德资源。不忘本来才能开辟未来,善于继承才能更好创新。对历史文化特别是先人传承下来的价值理念和道德规范,要坚持古为今用、推陈出新,有鉴别地加以对待,有扬弃地予以继承,努力用中华民族创造的一切精神财富来以文化人、以文育人。"

以文化人、以文育人,首先育的是中华优秀传统文化的精神财富。所谓中华文化,就是能够体现中华民族优秀品质和价值追求,激励中华民族生生不息、团结奋进的文化理念和文化形态。[②] 中华优秀传统文化博大精深,"仁、义、礼、智、信","己所不欲勿施于人"等等,这些根植于中华文化的传统美德和中国人普遍认同的价值观,是当代年轻人应该继承、传承的。

其次,以文化人、以文育人育的社会主义核心价值观。习近平总书记在全国高校思想政治工作会议上也说,高校要"坚持不懈培育和弘扬社会主义核心价值观,引导广大师生做社会主义核心价值观的坚定信仰者、积极传播者、模范践行者"。"富强、民主、文明、和谐、自由、平等、公正、法治、爱国、敬业、诚信、友善",社会主义核心价值观从国家、社会、个人三个层面提出了今天中国人应该拥有的价值观念。当代大学生走出校园、走向社会后,将成为社会发展的重要生力军,在大学期间,学校理应承担起用文化的力量来宣传、培育、根植社会主义核心价值观的责任。

再次,以文化人、以文育人育的是学校精神和学院精神。特别是学校的精神、学院的院训、理念等隐性文化看不见、摸不着,可是它有着巨大的凝聚力,有着巨大的推动力,有着巨大的生命力,是学生内生动力的重要源泉。

---

① 韩延明:《强化大学文化育人功能》,《教育研究》,2009 年第 4 期,第 90 页。

② 包心鉴:《大学精神与当代大学生的价值追求》,《济南大学学报(社会科学版)》,2013 年第 1 期。

最后,以文化人、以文育人育的是健全的人格和健康的身心。健全人格的理想标准就是生理、心理、道德、社会各要素完美地统一、平衡、协调,使人的才能得到充分发挥。健全人格,就是对自身的认识是否正确,对自己奋斗的目标是否明确。其基本特征主要包括积极客观的自我认识,正视现实,对他人对社会具有理性认知,有健康的体魄、愉快乐观的情绪体验和积极向上的人生目标,有良好、稳定、协调的人际关系,有责任感和创造力,努力为自己的未来而奋斗。以文育人,就是要对培养学生健全人格的外倾性、宜人性、责任感、情绪性和开放性这五个维度都能起到正向积极的促进作用。

第二节 凝练:"颐"文化的核心要素

文化是一个学院的灵魂。"颐"文化育人的"颐"字取自经亨颐先生的名字,体现了学院文化与经亨颐先生的联系。"颐",也是《周易》六十四卦中的第二十七卦,颐养之道,在于自食其力。雷出山中,万物萌发。颐者,养也。文化育人,靠涵育、涵养。《小尔雅》中释"颐",深也。

"颐"文化体系中所设计的"颐学""颐享""颐居""颐行""颐渊""颐心"六大主题,蕴含着在学风建设、朋辈教育、文明寝室、实践成长、党团建设、心理健康等诸方面养成教育的理念。好习惯靠培养,好氛围靠培育,好环境靠创造,于润物无声处,养育全人素质。"颐"文化具有以下三个核心要素,即:百年师大的优秀文化传承、经亨颐先生的人格教育思想以及经亨颐学院作为教师教育荣誉学院所倡导的核心价值观。

一、百年师大的优秀文化传统

杭州师范大学有着源远流长的百年办学历史,其前身是 1908 年(光绪三十二)创建的浙江官立两级师范学堂,此后经历了浙江省立两级师范学校(1912 年)、浙江省立第一师范学校(1913 年)、中学和师范合校(1923 年)、浙江省立杭州师范学校(1931 年)、浙江省立临时联合中学师范部(1938 年)、浙江省立联合师范学校(1939 年抗战时期)、浙江省杭州师范学校(1956 年)、杭州师范学院(1978 年)、杭州师范大学(2007 年)等多个重要时期。著名教育家经亨颐等先后担任过校长,李叔同、夏丏尊、马叙伦、鲁迅等都在这里任过教,潘天寿、丰子恺、钱学森、徐匡迪、黄晓棠、周兰荪等一大批名人都曾在杭师大就读。

百年师大,文脉悠长,人文兴盛。百余年办学,弘文励教,青蓝相继,积淀成"人文学堂、艺术校园"的办学特色。师大的一草一木、一砖一瓦、晨曦日落、红日繁星,都充满了人文气息和文化底蕴。

"颐"文化的孕育根植于师大深厚的人文气息、艺术氛围和文化底蕴中,根植于"勤慎诚恕博雅精进"的校训精神之中。"勤慎诚恕"是老校长经亨颐先生提出的,他解释道:家有懿训则昌,国有懿训则强,惟校亦然。准乎时地,对乎社会国家,不失之远,不失之迩,播之嘉种,以期有秋,标兹德目,发为校风,有厚望焉。周书曰:业广惟勤。韩子曰:业精于勤。勤者事之宝也,则取之。一言不审,人其我尤;一行不谨,终身之羞。言行,君子之枢机,慎其尚矣。诈伪虚妄,以之修己则无成,以之处世则病,故有取乎诚。称物平施,善与人同,待人如己,孔耶合德者其惟恕乎。①

此后,2008年杭州师范大学百年校庆之际,在原有"勤慎诚恕"的校训基础上,广征新意,加上了"博雅精进"四字,不失为对新时代师大精神的凝练,也是对经亨颐先生所提倡的"与时俱进"之教育精神的最好诠释。

因此,"颐"文化育人有着深厚的师大土壤,"颐"文化并非横空出世,毫无缘故,既然经亨颐学院是杭州师范大学的荣誉学院,担当荣誉之责,那么在文化育人上继承与发扬师大百年人文底蕴、校训精神,责无旁贷。

二、经亨颐先生的人格教育思想

经亨颐(1877—1938),杭州师范大学前身——浙江官立两级师范学堂、浙江省立第一师范学校的校长,也是中国近代教育家,书画家,浙江上虞人。1902年经亨颐留学日本,回国后参加筹建浙江官立两级师范学堂,后任校长。

"五四"运动时期,经亨颐鼓励支持爱国民主斗争,倡导新文化运动,大胆尝试教育改革。他认为学校不是"贩卖知识之商店",应以陶冶学生的人格为主,强调德智体美全面发展。在教法上,提倡"自动、自由、自治、自律",提出将"教师本位"转变为"学生本位",倡导成立学生自治机构。要求教师必须有"高尚之品性",反对那些"以教育为生计之方便,以学校为栖身之传舍"的庸碌之辈。活跃的学术空气,丰富的课余生活,先进的民主主义教育思想和"与时共进"的改革活动,使浙江省立一师以师资雄厚、设备完善、教育民主和管理有方著称省内外,并成为南方"五四"新文化运动的中心,培养出了大批有理想、有追求的学生,如丰子恺、潘天寿、刘质平、曹聚仁、魏金枝、施存统等。

根据民国元年(1912)公布、1916年修改的《师范学校规程》所规定的教养师范生"谨于摄生,勤于体育,富于美感,勇于德行,明建国之本原,践国民之职分,尊品格而重自治,爱人道而尚大公;为生利之人,勿为分利之人;究心哲理而具高尚志趣"的要求,经亨颐提出了"人格为先、五育并举"的教育思想。经亨颐先生认为"人格不仅在一己,生活不仅言日用。多数之人格,即所以构成社会生活,广义之生活,即所以陶冶国民人格。是故,人格存在于社会生活中,生活包含于国民人格之内。此人格、生活之不可蹈于狭义,亦人格教育、生活教育之所以不可偏倚也"②。经亨颐先生又从国民自私自利,人格堕落的分析中,提出了二要领。

(甲)以人格教育维持生活,其主要之点:

一、公共心　　二、责任心

(乙)以生活维持人格,其主要之点:

一、勤劳　　二、简朴③

---

① 经亨颐:《校训解释》,《浙江省第一师范学校校友会志》,1914年,第3期。

② 张彬:《经亨颐教育论著选》,人民教育出版社,1993年,第32页。

③ 孙昌建:《浙江一师别传——书生意气》,浙江人民出版社,2011年,第14页。

在《入学式训辞》中,经亨颐以栋梁门榫作喻,对学生作人格训诫:"本校为师范学校,即人格专修学校。此所谓人格,与普通所谓人格别有一义。教育者对于社会一般不可无牺牲性质,能适应世俗之好恶,方为教育者特异之人格。以大厦喻国家,以人才喻栋梁柱石常闻之,然构成大桥最要之关节,则为此凸彼凹相结合之门。榫若无门榫,虽栋梁之材不足用也,且既有栋梁之凸,榫若无柱头之凹,榫虽栋梁之材亦不足用也。今中国栋梁之材不患不多,所缺者凹榫之柱石耳。倘柱头亦是凸榫,大厦其何构成耶?政治家也,元勋为人也,皆为凸榫之栋梁。教育立于社会基础上之事业,教育者相当于柱石之材,彼凸我凹,与世无争始无不合,否则即失其柱石之资格。凸榫者何?权利而已。今日诸生既入学于此,已取定为国家柱石之材。校长第一次训话,即是釜成凹榫之准线,其各勉旃。"[①]

"颐"文化育人的核心是遵循经亨颐先生的人格教育思想,搭建经亨颐学院人格教育的平台,在全院学生中推行人格教育,提倡用人格教育感染学生,用爱的教育熏陶学生,引导学生"化知识为美德、化理性为人格",通过知与识、识与智、智与德、德与行的和谐统一,从而达到心灵净化、人格提升的目的。

三、荣誉学院的核心价值观

价值观是一个多层次、多维度的系统,可以分为终极(最高)价值观、核心(主导)价值观、一般(非主导、边沿、从属)价值观。一般价值观散居于核心价值观的外围,仅为特定群体所持有,而且不稳定、缺少规则,由外及内其规则性越来越明显、引导力越来越强,统摄面越来越大、稳定度越来越高,到达核心层就是所谓的核心价值观。核心价值观是一个组织中居统治地位、起支配作用的核心理念,也是一个组织必须长期普遍遵循的基本价值准则。

从人类社会的发展历史来看,核心价值观总是由统治阶级所倡导并由统治阶级的统治力保证其优势地位的。它往往担负着指导和评价人们行为的作用,通过引导、影响、左右更多个体的价值取向和价值选择,来达到该群体中个体思想观念的高度一致,使个体的活动能从分散趋向集中,从而保证社会价值目标较顺利地实现,更好地促进社会发展,保持社会稳定。

对于处在高校中的一所荣誉学院来讲,凝练符合人才培养目标指向、引导价值取向和价值选择的价值观,对于凝聚人心、实现共同愿景十分重要。

罗家伦[②]校长曾这样说过,荣誉不是名誉,又不是虚荣,更不是野心或荣宠。真正的荣誉必须能维持生命的庄严,必须能有所不为,必须是自足的,必须自尊而能尊人。荣誉就是人格,是人格最光荣的完成!经亨颐学院是荣誉学院,必然要求它的学生尊荣誉、爱荣誉、维护荣誉,有正确的荣誉观。

经亨颐学院是有着鲜明特点的荣誉学院。首先,经亨颐学院培养的对象并非像北

---

① 经亨颐:《入学式训辞》,《浙江省立第一师范学校校友会志》,1916 年,第 10 期。
② 罗家伦(1897—1969),1928—1930 年任清华大学校长,1932—1941 年任中央大学校长。

大元培学院、浙大竺可桢学院那样是拔尖人才,而是指向高师生,指向未来的优秀教师和教育家。它具有高度的职前职后一体化的特点,开发了独特的融专业教育和教师教育为一体、通识教育和专业教育为一体的人才培养方案。它要求进入经亨颐学院学习的荣誉生,立下成为优秀教师和教育家的志向,通过一切努力使自己具备优秀教师的素养。

其次,学院培养对象的职业定位是教师,而教师有其特定的职业价值要求。习近平总书记提出,成为一名好老师,就是要做"有理想信念,有道德情操,有扎实学识,有仁爱之心的好老师",要做"学生锤炼品格的引路人,学生学习知识的引路人,学生创新思维的引路人,学生奉献祖国的引路人",要坚持"教书和育人相统一,言传和身教相统一,潜心问道和关注社会相统一,学术自由和学术规范相统一"。因此在凝练经亨颐学院的价值观的时候,既要与社会主义核心价值观相统一,又要与教师职业价值观相统一。经过反复的讨论与凝练,经亨颐学院对全体教职工提出了"和谐、敬业、专业、卓越"的师训,其中和谐是基础,敬业是态度,专业是能力,卓越是追求;对全体学生提出了"诚信、立志、笃学、卓越"的院训,其中诚信是根本,立志是动力,笃学是过程,卓越是追求;全体师生的终极价值追求是"卓越",即教职工要成为卓越教师的表率,学生要努力为成为卓越教师而勤奋学习、不懈努力。

第三节 聚焦:"颐"文化育人的六大主题

"颐"文化育人从"颐学"(学风建设)、"颐享"(朋辈教育)、"颐居"(文明寝室)、"颐行"(公益实践)、"颐渊"(党的建设)、"颐心"(心理健康)这六大主题入手(图 4-1),涵盖了学生的学习生活、思想心理、交往实践诸多方面,渗透学院文化元素,通过一系列活动载体的设计,传递育人理念,影响感染学生,助力学生精神成人。

图 4-1 "颐"文化育人的体系

一、颐学主题

"颐学"围绕学生的学习来设计活动载体,旨在育敏学、勤学之心,育探究与钻研之精神,扬诚信之风。敏学即勤勉好学,《论语·公冶长》第五篇中,子曰"敏而好学,不耻下问,是以谓之'文'也"。人们常说"黑发不知勤学早,白首方悔读书迟",就学习而言,勤勉是首要的态度。围绕"学",经亨颐学院主要设计了三个平台,即"一人一师"、"一人一赛"、"一人一艺",并大力倡导优良学风班级的创建,"三无三有课堂"的建设。

同时,"颐学"也围绕诚信来教育学生,引导学生。经亨颐在解释校训中的"诚"字时,称"诚者真实无妄之谓"。《中庸》述孔子之言曰:诚者自成也,诚者非自成己而已,所以成物也,不诚无物。孟子曰:诚身有道,不明乎善,不诚其身矣,是故诚者天之道也,思诚者人之道也,至诚而不动者未之有也,不诚未有能动者也。其言与《中庸》甚合。又曰:万物皆备于我矣,反身而诚,乐莫大焉。①

在经亨颐学院,我们倡导诚信乃立身之本,立人之要,成事之基。孔子曰:言必信,信必果。弘一大师说"内不欺己,外不欺人"。经亨颐学院连续六年坚持"君子慎独"、"以诚为贵"的价值观,每一场考试都是无人监考的"慎独考场",就是通过实践来对学生进行亲身经历的诚信教育,使诚信文化在学院生根生长。

(一)理念

为有追求的学子铸就成长舞台。

(二)目标

围绕学生的学风建设和学习能力提升来设计活动载体,旨在育敏学、勤学之心,育探究与钻研之精神,扬诚信之风。

(三)框架

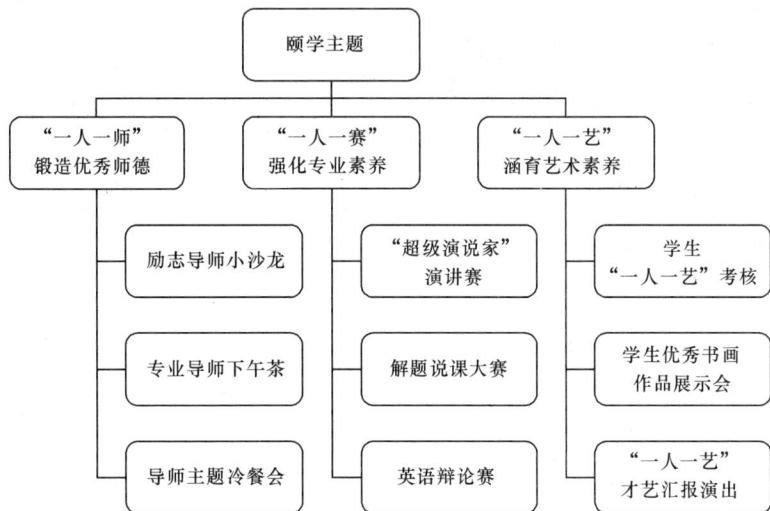

---

① 经亨颐:《校训解释》,《浙江省第一师范学校校友会志》,1914年,第3期。

(四)实践

学风是育人之本,反映着学校、学院的教育效果和精神面貌。学院的学风是学院师生在长时间内逐步形成的治学精神,是师生价值观、学习动机、学习目标的综合体现。优良学风本质上是学生的道德素质、治学精神和综合素养的具体表现。学院为培养学生勤勉的学习态度、慎思的学习精神进行了如下的尝试:

1.“一人一师”锻造优秀师德

师德是学生未来走上教师岗位必须遵循的职业道德,也是成为一名教师最重要的素质。学院认为,学生师德的养成、培育应以教师职业理想和教师职业荣誉感教育为重点。基于以上两个方面,学院打造“一人一师”师德培育平台,采用“双导师”制培养,通过言传身教的方式,激发学生职业认同,树立教师职业理想。

(1)以德育德。教师职业理想、职业荣誉感不是天然产生的,需要培养和引导。建立学院“一人一师”师德培育平台的目标就是为学生提供近距离的职业偶像,通过言传身教的方式,激发学生对教师岗位的职业认同,体会教师岗位辛苦、不易背后的崇高价值,培养学生为教育事业献身的职业理想和教师职业荣誉感。

(2)双导师制。学院采取“双导师”制的培养模式,选聘校内外优秀教师作为学生的励志导师和学科导师,结合学生的具体情况,为学生制订个性化的培养方案,为学生的潜能发掘和个性张扬提供最大的发展空间。同时,导师们的言传身教,帮助学生树立职业理想,引导学生正确认识教师岗位,激发学生从教的内在动力。

图 4-2　励志导师叶立军教授指导学生

2013 年起,为创新“双导师”制培养模式,积极发挥青年博士教师在指导学生健康成长中的作用,学院在原有“励志导师”制的基础上,实施“博士＋学士”励志导师制。学院每年选择 20 位具有较高道德素养和专业素养、关心关爱学生且责任心强的青年博士教师为励志导师。

为使导师和学生保持经常性的接触,除建立电话、短信、电子邮件等常规联系方式之外,学院还建立师生"定时活动制度",内容包括励志导师学术小沙龙、专业导师下午茶、导师实践教学、课题讨论、春秋郊游、主题冷餐会、课后谈心等,充分创造师生交流、交往的环境。这些面对面、心贴心的交流活动,加强了师生间的情感联系,确保了聘任期间导师和学生间亦师亦友的关系。

2."一人一赛"强化专业素养

学科竞赛是推进教学改革的重要手段,是培养学生专业素养和创新能力的重要途径,同时也是检验学风的重要标准。学院通过搭建人人参与的"一人一赛"学科竞赛平台,培育浓厚的学术氛围,培养学生自我发展意识,提高师范生的专业素养。学科竞赛是在紧密结合课堂教学的基础上,以竞赛的方法,激发学生理论联系实际和独立科研的能力,通过实践来发现问题、解决问题,增强学生学习和工作自信心的系列化活动。

(1)全院覆盖,鼓励人人参与。为培养学生自主学习意识,在学院中培育浓厚的学术氛围,提高各专业学生的专业素养,为校级及以上学科竞赛培育更多的优秀人才,经亨颐学院自2011年就开始举办"一人一赛"学术竞赛节,鼓励学生人人参与。每年的3—5月、9—11月为学院的竞赛季,组织开展中文、英语、数学各专业相关的竞赛活动,同学们参加竞赛的成绩可以记入学生综合素质评价之发展素质评价体系。

(2)阶梯构建,明晰年级重点。根据经亨颐学院师范类学生人才培养方案中各年级课程的不同,"一人一赛"学生科研竞赛制明确了各年级的侧重点(表4-1),例如,大学一年级文、理科综合培养,文科生的重点在扩展知识面,大量阅读经典文献;理科生的重点在理性思维、创新思维的构建。大学三年级的侧重点在师范生技能的培养和实践教学能力的提高。

图 4-3　第四届"一人一赛"学术竞赛节粉笔字书写大赛现场

表 4-1 "一人一赛"体系

年级	汉语言文学	英 语	数学与应用数学	师范生技能
大一	超级演说家(演讲) 昕越杯新生辩论赛	英语单词竞赛 英语阅读竞赛	趣味数学竞赛	朗诵比赛 (北极星选拔预赛)
大二	诗词大赏 古汉语知识竞赛	英文电影配音大赛 英语演讲竞赛	解题说课大赛	三笔一画大赛 班会课设计比赛
大三	书评大赛 中文写作大赛	英语辩论赛 英语写作大赛	数学建模	模拟上课比赛 课件制作大赛

(3)课程结合,不增加额外负担。"一人一赛"学生科研竞赛制覆盖面较广,为保证竞赛的学术性、不增加学生过重的额外负担,学院将竞赛管理与课程建设相结合。学期末,学院联系各专业的专业负责人,由专业负责人向任课教师征询竞赛需求,帮助规划下学期的竞赛项目。一些竞赛项目就由任课老师组织在课堂上进行,课程的作业就是竞赛作品。这样操作既保证了竞赛安排的学术性、合理性,又没有增加学生的额外负担,可以帮助学生以竞赛为主线,达到学业规划的目的。

图 4-4 学生获第四届全国师范院校师范生教学技能竞赛一等奖

3."一人一艺"涵育艺术素养

经亨颐学院致力于培养"德高·学高·技高"的优秀教师,对于教育工作者而言,"师技"不仅仅是指组织协调、班级管理、备课说课、课件制作、板书设计等基本功,还包括艺术素养。只有当师范生们拥有了丰富的专业知识和较高的艺术修养,才有能力去开发所教学科的美育内涵,实现从"教书匠"到"教育家"的跨越。基于此,学院搭建了"一人一艺"艺术教育平台,对学生进行基本的艺术训练,提高学生的审美能力和审美情趣。

(1)拓宽文化视野。经亨颐学院搭建"一人一艺"艺术素质教育平台的本质是通过基础的艺术训练,让学生对自己喜爱的艺术形式有入门级的了解,各种形式的艺术作品是人类智慧的结晶,其中包含着人类文化的共性,通过对艺术作品中情感表达的理解、感知,对艺术作品内涵的挖掘与对社会现状的认识有机结合,更好地拓宽学生的文化视野,使其综合素质得到发展和提高。

（2）提升综合素养。初级的教学技能比拼仅局限在教学手段层面,而高级别的教学技能,比拼的是对课堂知识的理解和延伸,这也是教书匠和教育家的区别。教学手段的训练相对容易,但对所教科目内涵的挖掘和解构却很难训练,因为这是以个人丰富的专业知识为基础,辅之以艺术的创造力、想象力和感受力。学院"一人一艺"学生艺术素养培育平台,旨在通过基础艺术训练,培养学生的形象思维和创新思维,引导学生全方位、多层次地思考问题,并且应用于其他领域。

（3）注重制度设计。经过多方论证,经亨颐学院将学生"一人一艺"培育、考核要求列入培养方案,并在培养方案中占 2 个学分。学院出台《经亨颐学院"一人一艺"考核评定办法》,办法指出:"经亨颐学院人才培养方案中对学生提出了在校期间艺术才能达标的要求,即每位学生在音乐、美术、文学等方面至少有一样艺术特长"。

（4）结合个人兴趣。在具体的实施过程中,学院"一人一艺"才艺考核分直接认证和培训后再考核两种方式。艺术训练都是基于学生个人兴趣的基础上,学院联系我校相关专业、公共艺术部的老师为同学们开授课程。同学选择的艺术形式多样,如硬笔书法、软笔书法、绘画（国画、油画、水粉画、素描）、舞蹈、器乐演奏（钢琴、古筝、琵琶、二胡、小提琴）、演唱、朗诵、篆刻等。

图 4-5　经亨颐学院学生"一人一艺"考核之琴、声、书、画

目前学院"一人一艺"艺术素养培育平台还在不断建设和完善中,艺术教育的育人功能正在不断得到强化,相信将来会在提高学生综合素质方面起到更加重要的作用。

4."慎独考场"筑牢诚信底线

"慎独",是指学生在独自活动无人监督的情况下,凭着高度自觉,按照道德规范行动,不做任何有违道德信念、做人原则的事。经亨颐学院倡导设立无人监考、诚信考试的"慎独考场",旨在希望经过训练,学院学子可以进行自律、自由、自发、自动的自我管理,从而实现人格教育的目的。慎独考场自 2010 年学院建立之初开始实施,目前已开展 7 年。7 年中所有学期末测试全部没有监考老师,学生自觉恪守诚信准则,遵守考试纪律,自觉抵制作弊行为,真正做到了"君子慎独"。杭州日报、青年时报等媒体均对学院的"慎独考场"做了报道。

(五)成效

经过"一人一师"、"一人一赛"、"一人一艺"三大平台的建设,学院大力弘扬了"诚信、立志、笃学、卓越"的院训精神,引导学生明确学习目的,端正学习态度,保证学习效果,促进全院上下优良学风的形成。

1.树立"崇教爱教"的教师职业理想。陶行知先生说过:"我们做教师的,只有天天学习,天天进行再教育,才能有教学之乐而无教学之苦。"[①]学院"一人一师"平台正是为学生提供了一批享受教学之乐而无教学之苦的优秀教师,他们正处在职业生涯的上升期,是各自研究领域的领头羊,并且对教育事业、对指导的学生充满热情。这样的职业认同感被学生感受、吸收、内化后,激发学生从教、爱教之心,将教师职业理想和个人的人生价值结合起来。经亨颐学院自 2010 年开始招生,目前共有 3 届毕业生,选择就业的毕业生中 85% 走上了教师岗位。

2.构建"三无三有"的学风优良课堂。通过学风建设,学院"三无三有"课堂范式初步构建。"三无课堂"即通过规范学生课堂行为,做到"无缺勤",不迟到、不早退,建设端学课堂,让教学纪律严肃起来;做到"无饮食",不将饮料、食品带进教室,建设书香课堂,让教学环境清朗起来;做到"无触屏",学生不低头玩手机等电子产品,建设专注课堂,让课堂行为规范起来。"三有课堂",即课堂有互动,让课堂活跃起来,让师生、生生互动成为课堂学习的常态;课堂有思辨,在互动的基础上,培养学生的批判性思维和兼容并包的精神;实现课堂有收获,不光课堂热闹,还使学生在专业上有所收获、思想上有所成长。

3.营造"敏学善思"的学科竞赛氛围。通过学风建设,学院的学习氛围浓厚,学生参与学科竞赛、科研立项的热情高涨。2011—2016 年间,学生获得校级科研立项 90 余项,获得国家级创新创业项目及省级立项 3 项,参与学术科研申报的学生数占学生总数的 60% 以上。学院学生在学科竞赛上也取得不俗成绩,仅 2015、2016 年就有 220 余人次在省级以上学科竞赛中获奖,包括国际大学生数学建模竞赛一等奖、全国大学生数学建模竞赛二等奖、浙江省"挑战杯"大学生课外科技学术作品一等奖、中国大学生(文科)计算机设计大赛一等奖、浙江省大学生数学竞赛一等奖等。

(六)心声

张颖,女,经亨颐学院 2013 级汉语言文学(师范)专业学生。省优秀毕业生,校十佳大学生,十佳志愿者,曾获经亨颐奖学金、国家奖学金、浙江省政府奖学金、马云卓越师范生奖学金、亚思奖学金、福慧达利奖学金。两次获全国大学生名作欣赏论文竞赛一等

---

① 陶行知:《陶行知全集》,四川教育出版社,2005 年。

奖。获全国师范生教学技能大赛一等奖、省二等奖。毕业后赴美国中田纳西州立大学孔子学院任汉语教师。

个人感言：

能在经亨颐学院度过四年大学时光，我是幸运的。翻开经院的培养方案，我们可以看到：让我们在学业和生活上都有所规划的双导师制，鼓励我们跳一跳摘到桃子的学年英语进阶计划，拓宽我们视野的荣誉课程，丰富我们经历的第二校园，促进我们全面发展的一人一艺……选择了经亨颐学院，就是选择了不同寻常的压力，选择了任重道远的师范之路。

回顾四年，在经亨颐学院遇到了如此多的恩师，他们教会我坚持与执着。在这个学院里，你遇见的所有的东西，不管是人还是回忆，知识还是品质，都深深地将我雕刻成了一个截然不同的人。回顾四年，我是如此幸运，见证了优秀的同侪们的成长，在四年后收获甜美的果实。我依然记得自行改写剧本、排练话剧的深夜，一次次小组合作与讨论的精心准备，考研时彼此的鼓励和祝福……我们尝试了许许多多师范专业之外的实习，终于获得了梦寐以求的研究生录取通知书，获得了心仪中小学的教师录用。匆匆复匆匆，清风乱翻书，我们共同奋斗的青葱岁月就这样翻过。

二、颐渊主题

"颐渊"围绕党建工作来开展，旨在树信仰之帜，弘正念之力。习近平总书记在全国高校思想政治工作会议上指出，高校立身之本在于立德树人，高校应始终成为培养社会主义事业建设者和接班人的坚强阵地。他强调，我们的高校是党领导下的高校，是中国特色社会主义高校。办好我们的高校，必须坚持以马克思主义为指导，全面贯彻党的教育方针。要坚持不懈传播马克思主义科学理论，抓好马克思主义理论教育，为学生一生成长奠定科学的思想基础。他还强调，要教育引导学生不断树立为共产主义远大理想和中国特色社会主义共同理想而奋斗的信念和信心。学院希望搭建"颐渊工程"的红色党建平台，通过颐渊微党课、颐渊红书目和颐渊放映厅，使学生坚定共产主义理想信念，使他们成为"渊于理论、渊于技能、渊于实践"的党和国家事业的接班人。

此外，"颐渊"注重党建教育与专业教育相结合、深融合和双强化的理念，比如颐渊微党课的设计，让学生党员和积极分子以时事政治为主体，准备微课，既引导学生"两耳要闻窗外事、心中要有家国情"，同时备课、说课、讲课的师范生技能也得到了锻炼和提高，达到了"一个载体、双重效果"的目的。

（一）理念

为有信仰的学子编织红色摇篮。

（二）目标

通过实施学生党建"颐渊工程"，构建发展型学生党建新体系。以理论素质、专业技能和实践服务为三大培养模块，旨在培养"渊于理论、渊于技能、渊于实践"的综合型、复合型学生党员。

（三）框架

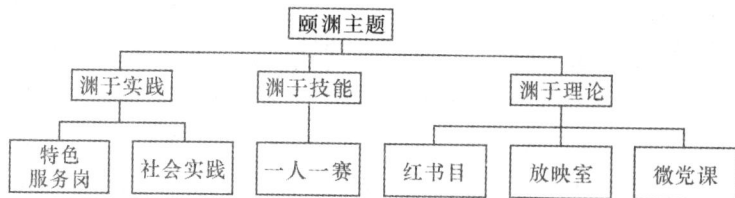

（四）实践

1. 队伍建设

学院组建专门队伍，即学生党建工作中心，形成了以党总支领导，本科生第一党支部、第二党支部共同参与，学生党建工作中心具体落实的建设现状。学生党建工作中心下辖理论部、实践部两个部门，干部由学生党员和入党积极分子组成。

2. 渊于理论

通过搭建颐渊微党课、书目单和放映室等平台，创新党员和入党积极分子理论学习平台，提高了他们理论学习的兴趣和热情。

（1）颐渊微党课，搭建教育新平台。自 2013 年 6 月起，经亨颐学院学生党支部即施行党员主讲的"微党课"制度，目前已经形成了固定的授课模式，即党员（含预备党员）主讲，入党积极分子积极参与，以党史教育、理论学习、时政热点为讲授主题，实施规范的课程教学。截至 2017 年 5 月，共开展颐渊微党课 45 讲（表 4-2），学生党员参与率达100%，参与微党课学习的入党积极分子达 600 余人次。

颐渊微党课的有效实施，锻炼了主讲党员的师范生技能素质，与学院培养优秀教师的人才培养目标异曲同工；与此同时，微党课与入党积极分子培养考察结合统一，实现了党员自我教育、入党积极分子培养考察方式的创新。

表 4-2　颐渊微党课一览表

时间	主讲人	主题	主讲人	主题
2014.4.18	徐王熠	如何树立正确的择业观	谢振宇	解读台湾反服贸事件
2014.4.20	倪侃侃	两会中的教育改革	陈墨娴	舌尖上的安全
2014.5.28	郑凯耀	交警拦车引发的思考	郭欣嘉	习近平谈党风廉政、防治腐败
2014.6.7	毛妍	高考改革政策对现代教育的启示	许炜涓	九峰环境能源项目解读
2014.7.1	金淑岚	毒品不绝，禁毒不止	郭颖旦	中共党史之党的成立
2014.10.18	支丽涓	解读香港占中	王瑶佳	毕业生实习之班主任工作纪实
2014.10.19	薛佳佳	插队背后的故事	韩文澜	为他们带去阳光——暑期社会实践分享会
2014.12.18	尉莹莹	微信与你我	郭欣嘉	健康心态、快乐生活

续表

时间	主讲人	主题	主讲人	主题
2014.12.20	余 佳	解读新高考	叶丹青	志愿者:失之所乐,乐之所失
2015.1.20	许佳慧	理性看剧,拒绝低俗	韩文澜	记2014年习大大语录
2015.1.20	薛佳佳	回望2014年大事件		
2015.3.30	李芳芳	穹顶之下,雾霾深度调查	钱 宽	从两会谈起——做不一样的好观众
2015.3.30	宋益豪	延迟退休	李 婷	优质睡眠
2015.5.10	第一届微党课竞赛(12位预备党员参与)			
2015.10.18	何佳雯	解释是自由的,历史是神圣的	周 颖	从香港反水客时间看民主的"饥渴症"与"厌食症"
2015.11.15	陈 颖	思维认知和你开过玩笑吗	许佳慧	理性网购
2015.12.13	第二届微党课竞赛(8位预备党员和入党积极分子参与)			
2016.4.17	付晓琛	二宝婚礼闹伴娘事件解析	庄博城	失去吸引力的众筹
	高程申	中国综艺节目中的拿来主义		
2016.5.04	承办校第二届微党课竞赛(26名党员参与)			
2016.10	田 燕	从明星之死看网络霸陵	池笑影	个人隐私会随互联网发展而逐渐消失不见吗?
	张佳琪	网络暴力与道德绑架		
2016.12.18	院第三届微党课竞赛(8位预备党员参与)			
	柯一婷	谁在制造暴童——校园欺凌背后	孙卓佳	疯狂的,不只"学而思"
	赵婷婷	从家出发——习近平的"家国情怀"	金嘉祺	十七刀的思考——医患关系谁之过?
	郝倩楠	法律路漫漫——从聂树斌案看我国的司法	郑梦雅	从二十四节气谈申遗意义
	高金华	别做低头族	徐 意	拟态环境下的环境与现实世界

(2)颐渊红书目,打造学习新园地。为促进良好学习氛围的形成,提升党员和入党积极分子的理论水平,学生党建工作中心每两月推出一辑颐渊工程书目单,作为党员和入党积极分子必读书目,学生通过书写读后感,提高学习理解能力。

颐渊书目单紧跟时代潮流,契合时政热点,结合学生专业成长和政治理论学习要求,分名人传记类、文学类、社科类、政治理论类、英文原著、专业辅导书等多种类别,截至2017年5月,共推出颐渊书目15辑,购置相关书籍100余册供学生借阅。

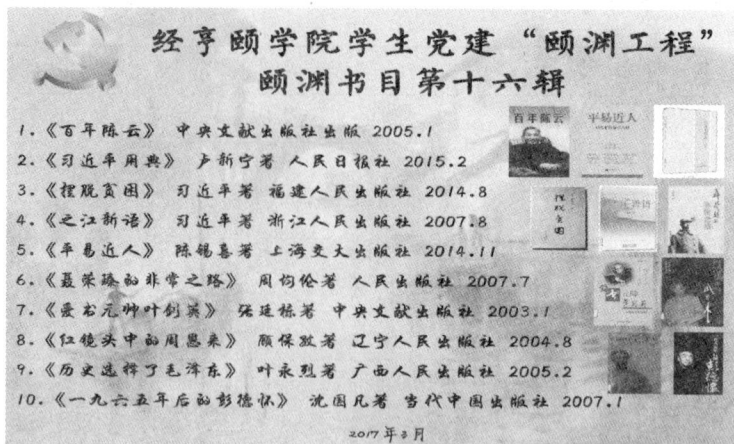

图 4-6 "颐渊"红书目海报

与此同时,要求党员和入党积极分子每学期自选一本相关图书进行阅读并撰写读后感。通过"必读＋选读"的形式,将政治理论学习与兴趣阅读相结合,促使学生党员和入党积极分子群体养成"读好书、好读书"的良好阅读习惯,同时颐渊书目上的图书供全院同学借阅,书单以学院网站为发布渠道,有利于养成良好的学风。

(3)颐渊放映室,创新教育新形式。颐渊微电影每两个月推出一辑,旨在通过放映电影、纪录片等影视资料,加强对党员和入党积极分子的理想信念教育。截至 2017 年 5 月,共放映革命精神系列、战争系列、社会热点等系列主题影视作品 18 部,累计观众达 300 余人次。以视听媒介为教育平台,创新了思政教育形式,让学生直观地了解历史和知识,有效激发了他们学习思考的热情。

(4)革命纪念馆,实践走访新结合。颐渊工程重视实践教育,实地走访调研成为党员理论教育的有效补充。参访革命纪念馆是实现党员实践教育的重要环节。近年来,学院先后组织学生党员和入党积极分子千余人次分赴浙江革命烈士纪念馆、浙江辛亥革命纪念馆、抗日战争胜利浙江受降纪念馆、南湖革命纪念馆、浙江省博物馆、南宋官窑博物馆等地参观学习考察,强化理论学习成果;赴龙井村、九溪烟树等地参加毅力行走,锻炼艰苦奋斗的品质。实践教育与理论学习相结合将逐步成为学生党员党性素养提升的重要路径。

3.实践服务

通过公益 20 小时、校内外社会实践各 1 次、自主服务同学 1 次的量化要求,将颐渊工程实践服务项目落于实处,经亨颐学院学生党员和入党积极分子参与实践服务的活动多式多样。学院学生党员担任校院学生干部比例达 100%。

(1)山区支教服务。2014 年暑期,由学生党建工作中心发起,由学生党员和入党积极分子组成的 15 人暑期支教分队"一米阳光"赴淳安威坪镇初级中学,进行为期一周的社会实践活动。该项目被列为校社会实践重点立项团队。2015 年暑期,学生党员方芳、何佳雯分别带队赴四川青川、杭州桐庐等地区开展暑期支教与夏令营活动,参与团体实践项目的学生达 100 余人次。支教社会实践不仅拉近了支教团成员与当地中学生的感情,也锻炼了其师范生技能,练就了吃苦耐劳的珍贵品质。

(2)设立党员服务岗。根据颐渊工程自主服务同学、加强实践能力的要求,学生党建工作中心先后通过开设党员服务站,安排学生党员和入党积极分子进行岗位值班,通过设立志愿服务岗、理论宣传岗、科研引领岗、学风建设岗、文明寝室建设岗、勤工助学岗等岗位,将党员和入党积极分子依不同主题进行小组分配,在学生发展的各个方面创先争优,充分践行全心全意为人民服务的根本宗旨。

(3)分享成长经验。颐渊工程重视发挥优秀学生党员的模范带头作用。每逢毕业季,经亨颐学院优秀毕业生党员代表就会开展不同主题的经验分享会。他们从优质就业、国内考研、出国深造等方面向学弟学妹传授经验,通过回顾自身的成长经验,分享他们在大学的所想所思所感,勉励学弟学妹珍惜大学时光,寻找机会充实自己。每逢开学季,以党员和入党积极分子为主要力量的学生代表主动加入到迎新队伍,作为新生学长,通过结对帮扶、主题沙龙、成长小组等形式向新生传递大学学习生活的有益经验。优秀党员和入党积极分子将自己的成长经历进行梳理、分享,既彰显了他们的服务和奉献能力,也在一定程度上解决了其他同学的实际问题。

(4)感恩后勤员工。经亨颐学院党总支特地举办系列感恩活动,号召党员和入党积极分子用实际行动走近一直默默服务的后勤工作人员,感恩平时在校园生活里的"母亲们",为她们送去最真挚的祝福。活动以小组为单位开展。他们或以书法作品、或以手工制作的工艺品,或以深情朗诵的方式,表达感谢之情。

图 4-7　毕业生党员成长经验座谈会

4. 技能提升

与学院"一人一赛"制度要求相结合,明确要求党员和入党积极分子参与学科竞赛、文体竞赛、党建知识竞赛等活动,学院学子参与竞赛的热情逐步提升,获得的成绩日益显现。

(1)知识竞赛促发展。举办党建知识竞赛就是以赛提升大学生的党性修养,以赛激励学生的爱国热情,促成学习氛围的养成。截至2017年,学院已连续举办3届党建知识竞赛活动。

初赛以笔试的形式开展,重点考察选手的党史知识、百科知识以及对时政热点的把握和理解能力;复赛重点考察选手的知识储备和现场应变能力;决赛以"微辩论"的形式开展,以"大学生爱国理性更重要还是激情更重要"等热点主题为辩题,极大地锻炼了选手的言语表达和逻辑思维能力,引发了选手及现场观众对于爱国内涵等主题的思考。

同时,学院积极鼓励学生党员和入党积极分子参与校大学生思政论文竞赛,先后收集相关调研报告和学术论文200余篇。该活动充分激发了同学们对实证调研、理论学习的热情。

图 4-8　学生党员手书党章,彰显书写技能

(2)学科竞赛当先锋。经亨颐学院致力于培养具有独立思考、善于批判性思考、具有扎实的专业功底和教育教学能力的人才。为促使科研励志氛围的形成,颐渊工程将"一人一赛"纳入技能提升考核体系,丰富了"一人一赛"的内涵。

党员和入党积极分子充分发挥了先锋模范带头作用,他们在省师范生技能比赛、全国大学生数学建模竞赛(浙江省赛区)、省职业规划大赛、全国大学生"创青春"创业挑战杯、希望之星英语演讲赛(杭州赛区)、浙江省大学生数学竞赛等各类学科竞赛中成绩显著,体现了极大的集体自豪感,为学院争取了荣誉;他们积极参与学院组织的各类竞赛,如演讲赛、辩论赛、学术竞赛节等活动,以身作则,带动了广大学子参赛的热情。

(五)心声

陈颖,中共党员,文综(英语)131班学生。曾任学院团委副书记,获院微党课竞赛一等奖、校微党课竞赛二等奖,国家师范生技能竞赛一等奖、省师范生技能竞赛二等奖。

个人感言:

2014年,我成为了学院"颐渊工程"参与者的一员。学院学生党建工作中心每个月都会制作精致的书目清单,并在办公室购置相应书籍供我们借阅,这很好地督促我们每个月都静下心来去阅读,去汲取书本为我们带来的正能量。同时,每个月定期开放的颐渊放映室更像是小型电影院,以一种寓教于乐的形式督促我们去深思电影背后的精神。素质拓展则极大地帮助我形成团队意识并在实践中对党的基本知识有更多的了解,每次在参观各个纪念馆或是参与毅行活动后,我都深深感受到党对我们的凝聚力,我对的党历史的认识也有了很大的提升。而在这么多活动中,最让我印象深刻的就是微党课了。这种自由而又有趣的活动让我们能在轻松自在的氛围中一起去关注某一个社会现象与党的建设,一起参与自由讨论,正是在这样一次次的思维碰撞与各抒己见中,我们也潜移默化地接受了党的熏陶,能从多角度去深层次理解相关政策。

在参与"颐渊工程"的过程中,我收获到的不仅仅是理论思想层面知识和党性修养的提高,更多的是与其他党员共同成长,共同提升综合素质的机会。

三、颐行主题

"颐行"注重学生在实践中历练,在实践中成长。教育部等部门《关于进一步加强高校实践育人工作的若干意见》指出:"坚持理论学习、创新思维与社会实践相统一,坚持向实践学习、向人民群众学习,是大学生成长成才的必由之路。进一步加强高校实践育人工作,对于不断增强学生服务国家服务人民的社会责任感、勇于探索的创新精神、善于解决问题的实践能力,具有不可替代的重要作用;对于鉴定学生在中国共产党的领导下,走中国特色社会主义道路,为实现中华民族伟大复兴而奋斗,自觉成为中国特色社会主义合格建设者和可靠接班人,具有极其重要的意义;对于深化教育教学改革、提高人才培养质量,服务于加快转变经济发展方式、建设创新型国家和人力资源强国,具有重要而深远的意义。"美国著名实用主义教育家杜威认为,"最好的教育就是从生活中学习、从经验中学习"。中国近代教育家、思想家陶行知先生提倡知行合一,他提出了"生活即教育"、"社会即学校"、"教学做合一"的三大主张。他倡导从做中学,"做"便指的是生活社会实践,强调在社会实践中学习。

读万卷书,行万里路,阅无数人,悟一生理。让学生投身社会大课堂,加入社会实践小分队和青年志愿者队伍的行列,向社会大课堂学习,从实践中悟得真知,从生活中体察民情,用行动来反哺社会。"颐行"倡导"从做中学"的理念,也倡导"责任与奉献"的价值追求。经亨颐学院甚至在人才培养方案中设立了"公益学分",通过"颐行"平台来组织实践活动,加大对学生开展公益活动和志愿服务的引导,以学分来作为要求,这在全校也是首创。

(一)理念

为有爱心的学子搭建服务平台。

(二)目标

通过引导学生积极投身各类志愿服务,培养他们的爱心和社会责任感,践行社会主义核心价值观,在服务社会中发展和完善自我。

（三）框架

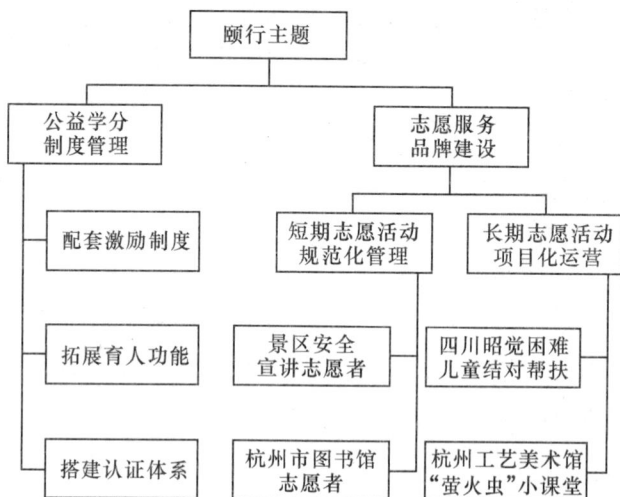

（四）实践

高等教育的主要任务之一是"培养具有创新精神和实践能力的高级专门人才"。中共中央、国务院《关于进一步加强和改进大学生思想政治教育的意见》指出，要"坚持政治理论教育与社会实践相结合。既重视课堂教育，又注重引导大学生深入社会、了解社会、服务社会"。大学生志愿者服务是高校学生思想政治工作的有力抓手，学院的公益学分实践课程，将志愿服务精神与课程实践相结合，让学生在奉献与服务中升华自我。

1.构建体系

学院有学生300余人，每人每年需要完成15小时以上的志愿者服务，所以对志愿者服务项目的需求较大，为了达到通过开展志愿服务育人的目的，学院十分重视对志愿者服务体系的规范管理。

学院的青年志愿者协会建构了一个从上到下的信息传递网络，除了微信平台外，学院每个年级、每个班级都有专门负责志愿服务项目的工作人员，班级工作人员建有全班飞信，形成了覆盖全院的志愿服务短信平台，确保青年志愿者协会的每一条通知、每一条招募启事能以最快的速度送到同学手中。

目前学院同学参加的志愿者服务项目，从来源分为三种：校级志愿服务项目、院级志愿服务项目和个人志愿者服务项目。校级志愿服务项目主要做好组织、统筹、协调和记录工作，积极配合学校青年志愿者协会开展工作；院级志愿服务项目是由院青年志愿者协会发起组织的服务项目，经过长时间的努力，与共建单位建立了长期的合作关系，具有传承性。院级项目的管理更加严格和规范，包括培训、招募、组织、总结、宣传、表彰等在内的各个环节均有严格的章程。除校院两级的志愿服务项目外，学院鼓励学生结合个人专业、兴趣参加大型赛会活动志愿服务、文化场馆讲解志愿服务、与专业结合紧密的志愿服务项目等。例如，刚刚结束的G20峰会中，学院有三十余名志愿者成功入选，参与到峰会的文艺汇演、礼仪、接待等各个岗位。

图 4-9　心系灾区支教情怀

图 4-10　服务 G20,扬青春风采

2.注重激励

根据《经亨颐学院学生公益学分管理办法》的规定和实践课程的要求,学院制定了公益时间的认证办法,并结合学院人才培养特色,建立了相应的激励体系,在学生综合素质评价和各类奖学金申请中,突出志愿服务的重要性。

学院统一制作了《经亨颐学院学生公益手册》,学生完善个人基本信息后即可持手册到志愿服务岗位开展服务,由服务单位对每次志愿服务的时间、成效等进行记录、盖章。每学期末,学院青协会依据手册的记录,更新同学们的服务时间。由校院两级组织的志愿服务项目,则是由组织方提供每次服务同学的名单和时间,由院青协统一记录。公益时间更新完毕后,会在学院进行公示。每学期服务时间不足 8 小时的志愿者会收到学院青协的温馨提醒。

为了激励同学们投身公益服务,在实践中锻炼成长,学院构建了多方位的激励体系。《经亨颐学院学生综合素质评价办法》中,将公益服务列到"实践活动"子项目中,每学期志愿服务时间达到 30 小时及以上,该子项目即定为"优秀"。除了综合素质评价外,学院各种外设奖学金、各类荣誉的评比均将公益服务时间列为考察项之一。

为了营造良好的志愿服务氛围,学院对有突出表现的志愿者个人和集体进行鼓励表彰,在每年组织的"经彩绽放"学院年度优秀学生表彰颁奖典礼中,设有"最美经院人"奖项。评比表彰以服务质量和服务时间为主要参考依据,参评方式为个人申报和青协推荐相结合。

3.促进成长

经亨颐学院目前长期开展的志愿服务项目有杭州工艺美术馆"萤火虫"小课堂、杭州市博物馆志愿者项目、杭师大附属仓前中学实践课堂志愿者项目、太子湾公园志愿者项目、四川昭觉困难儿童结对帮扶项目、浙江省博物馆志愿者项目等。

这些志愿服务项目大都与学院学生的专业相关,将同学们回馈社会的热情与专业学习相结合,很好地发挥了志愿服务项目"第二课堂"的育人作用。

在具体的项目运作中,学院青协下设项目运营部,对所有院级组织牵头的志愿服务项目集中管理。为确保活动质量,也便于组织相关培训,学院长期开展的志愿服务项目成员相对固定,每学年初进行公开的招募和选拔,服务队成员入选后,集中开展培训。培训结束后,方可申请上岗参加活动。以杭州工艺美术馆"萤火虫"小课堂和杭师大附属仓前中学实践课堂为例,每次活动通知下发后,团队成员自行设计教案,运营部负责同学对教案进行评比,选择主题新颖、切合需要的进行操作。被选中的同学在原有教案的基础上,继续进行打磨和提炼,由经验丰富的学长学姐试听,试听通过后方可上岗。目前"萤火虫"小课堂项目志愿者有 40 余名、仓前中学实践课堂项目志愿者有 30 余名,这些志愿者来自学院各个专业,全部接受过培训,考核合格后取得上岗资格,是一支成员稳定、训练有素、质量过硬的志愿者队伍。而且,项目实施的过程也是学院志愿者文化传承的过程,是志愿者的师范生技能提高的过程。严格的管理和规范化运营确保了学院志愿者服务项目的质量。

(五)成效

截至 2017 年 6 月,学院 2010、2011、2012 级毕业生完成累计超过 15000 小时的志愿服务。学院同学以参加志愿工作为荣,以服务奉献为乐。学院志愿者服务基地也在不断地拓展,杭州市图书馆、浙江省博物馆、杭州工艺美术馆、敬老院、西湖风景名胜区、海创园等都有学院志愿者辛勤奉献的身影。自 2014 年起,每一年学院均有同学荣获杭州师范大学"最美志愿者"、"十佳志愿者"等荣誉称号。

(六)心声

陈栋,女,经亨颐学院 2013 级汉语言文学(师范)专业学生。在校期间,她品学兼优,多次获得优秀学生奖学金、优秀师范生奖学金等,当选杭州师范大学 2016 年度"最美志愿者"。她积极参加科研竞赛和学生科研立项,持有两项国家实用新型专利,发表学术论文两篇。曾参加澳大利亚昆士兰大学的 TESOL 项目,赴俄罗斯国立社会大学交换学习一年。

个人感言:

选择经亨颐学院,是我上大学后做的最重要、也最幸运的一个决定。在我眼中,经亨颐学院不仅仅是一个以培养未来卓越教师为旨归的优秀学府,更是一个温暖有爱、积极向上的大家庭!在这里,有着学识丰富、德高望重但又关爱学生、与生为友的老师们,有着朝气蓬勃、富有理想、勇往直前的同学们。处在这样的集体里,我也在自己身上看到了许多潜移默化的改变。

在大学期间,除了认真完成学业任务和学生工作外,我利用课余时间投入到各项实践活动中去,也收获了不少快乐和成长!一个多月前,我刚刚获评为"杭州师范大学 2016 年度最美志愿者"。这项荣誉既是对我的志愿服务的一个肯定,更是一种莫大的鼓励!在大学期间,我积极响应学院"颐行"志愿服务平台的号召,从学院招新现场、梦想加油站夏令营到师大图书馆,从杭州工艺美术博物馆到城西少年宫康乐部,再到太子湾花展,都留下过我的身影。与此同时,怀着一个想看更大世界的理想,我也积极参与国际志愿服务:我曾在上海耶鲁国际世界青年经济论坛担任会场志愿者工作,也曾在俄罗斯首都莫斯科举办的梅赛德斯奔驰俄罗斯时装周秀场中贡献过自己的一分力量。志愿者工作让我看到了更大的世界,也由衷感受到了参与服务、成就他人的快乐!而在这背后,离不开学院在青年志愿服务工作方面做出的各方面努力!在这里,我也想由衷地向学院青年志愿者协会的同学们说一声"谢谢"!因为你们,我们的大学生活更精彩!

四、颐享主题

"颐享"围绕朋辈教育来开展,体现互学互助,共同成长。朋辈,或同辈、同伴,指的是年龄接近、具有相同成长经历和共同兴趣爱好的人,大多以非正式群体存在。在高校,朋辈教育指的是有计划、有目的地组织具有相同背景或共同经历、爱好的学生分享经验、知识观念或者技能,以实现优势互补、共同成长的教育方式。[①]"所有的育人活动都只有通过同学们的自我教育、自我完善才能够充分发挥作用"。[②]

当然,"颐享"也注重学生互助共享、共同成长,在"颐享"育人的平台设计上主要包含了"有一个学长"、"我看大世界"、"毕业一年间"三个品牌项目。"有一个学长"针对大一新生开展,由新生学长设计对话主题,从学业规划、学习习惯、课外体验等各方面内容入手进行交流,主要帮助新生快速度过适应期。"我看大世界"是学生分享人生经历和感悟的平台,学生可以从专业、兴趣、个人经历等各个方面自定主题,准备讲稿,走上讲台,和学院的其他同学分享感悟。"毕业一年间"是一个网络栏目,邀请已经毕业一年的学生给在校的学弟学妹发来一封信,分享毕业一年间出国留学、国内深造、职场工作方面的体会,并寄上建议和意见。通过这样的平台分享,推动学生实现"自动、自主、助人、自助"。

(一)理念

为有梦想的学子牵线成长伙伴。

(二)目标

以"有一个学长"、"我看大世界"等品牌项目为平台,通过朋辈互助式的交流互动,增强大学生自我教育和自我管理能力,帮助学生实现"自动、自主、助人、自助"。

(三)框架

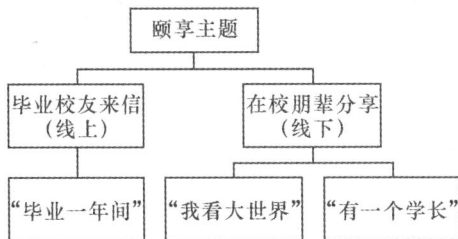

---

① 刘海春:《论朋辈教育和高校校园文化建设的耦合与运用》,《高教探索》,2015年第2期,第36页。

② 欧阳康:《大学校园文化建设的价值取向》,《高等教育研究》,2008年第8期,第29页。

（四）实践

1.“有一个学长”传递经验

“有一个学长”系列讲座主要针对大一新生开展，由新生学长设计对话主题，从学业规划、学习习惯、课外体验等各方面内容入手进行交流，主要帮助新生快速度过适应期。每年 6 月份，由学生会和新生学长共同策划，启动学长招募，根据不同主题招募优秀的学长，并依据新生的成长特点，进行讲座设计。

“有一个学长”系列讲座主题鲜明，内容丰富。每年 9 月份，“有一个学长”系列讲座正式启动，或面向群体进行宣讲，或开展沙龙式的沟通与交流，增强效果。此外，新生学长也会结合个人特长，通过召开主题班会等形式传递经验，从选课指导到职业规划，从 PPT 制作到时间管理，主题不一，但都契合了新生刚入学时的发展需求。每学年第二个学期则会结合学院毕业生职业发展，邀请国内读研、出国留学、中小学和企业单位任职的应届毕业生做客“有一个学长”系列讲座，分享就业择业经验，为新生提供职业发展的前景资讯，协助学生确立职业发展方向，为其在校期间增强就业能力、做好就业准备提供帮助。

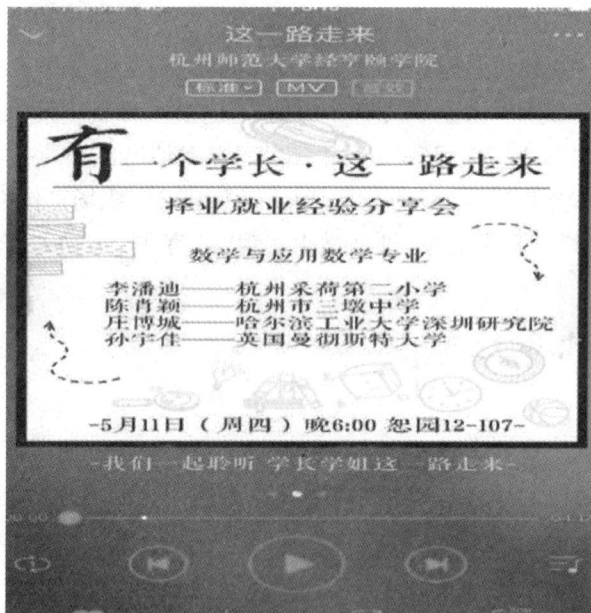

图 4-11　朋辈互助的载体：“有一个学长”沙龙

“有一个学长”系列讲座于 2012 年启动，已连续 6 年举办 50 余场主题讲座，累计 2000 余人次参与，影响力逐步扩大。

2.“我看大世界”分享感悟

“我看大世界”主题报告会是学生分享人生经历和感悟的平台，学生可以从专业、兴趣、经历等各个方面自定主题，准备讲稿，走上讲台，和学院的其他同学分享感悟。“我看大世界”主题报告会要求人人参与，学生在校期间必须完成一次主题报告，并将其考核情况纳入人才培养方案，确保参与效果。每期主题报告会都会邀请校内外专家担任评审,从专业角度进行点评分析。

在"我看大世界"实施 5 年以后,2016 年 4 月"我看大世界"年度优秀汇展正式举行,从 81 位报告人中脱颖而出的 6 位报告人分享了她们眼中的大世界。有学生从将文字的刚性需要转化为培养自己的阅读素质谈到如何真正去体悟人生的快慢调节,这是学生斯文而不失态的价值观;有学生从辩论、支教、交换生学习获得种种经验而侃侃而谈,这是学生的丰富人生;也有学生用流利的英语探讨时下最火热的"社交网络"带来的影响,一句"it's time to talk"的号召让人深思;更有学生从"农村同样也是大世界"引出种种思考:"太阳上也会有黑点,那人间的事就更不会没有缺陷!"这些主题报告发人深省。

"我看大世界"主题报告会至今已举办 30 余场,300 余人次学生作主题报告,1000余人次学生参与观摩主题报告会或担任大众评审。

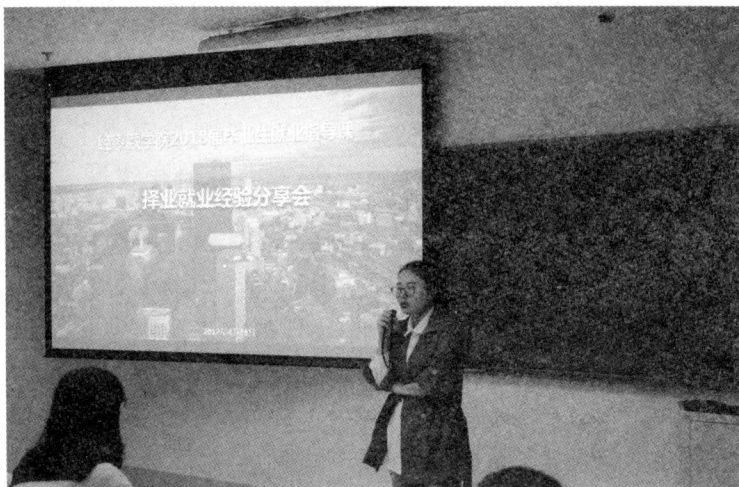

图 4-12 "我看大世界"学生唱主角

3."毕业一年间"反馈建议

"毕业一年间"是一个网络栏目,邀请已经毕业一年的学生给在校的学弟学妹发来一封信,分享毕业一年间出国留学、国内深造、职场工作方面的体会,并写上建议和意见。

他们在信中用质朴真诚的语言表达了对学院事业发展的祝福、对学弟学妹的劝诫与提醒,内容从强化专业知识学习到拓展课外活动,从参加科研竞赛到提升英语水平,兼容并蓄。毕业校友从自身发展的角度出发,对大学生活的总结与建议更能打动在校学生,他们给予的不仅仅是作为"学长"的"教育",更是"经历者"的"分享"。"毕业一年间"栏目由学院就业辅导员和学生会就业创业中心负责,至今已收到十余封毕业校友的信件反馈,累计点击和阅读量超过 5000 人次。

"毕业一年间"是学院校友工作的重要组成部分和创新性举措,是"优秀应届毕业生"采访实录的延伸,旨在加强学院与校友的情感联结,增强校友的爱校荣校意识,毕业生和校友也乐于参与此类活动,至今学院已有校友 200 余名,或服务于省内外的基础教

图 4-13 毕业生校友来信传经送宝

育,或继续深造探索真理,他们在毕业后的良好表现也为学院赢得了荣誉,树立了良好的经院学子形象。校友工作和学生工作相辅相成,信息化时代背景下的校友工作也因"毕业一年间"而更显温情。

（五）心声

史惟怡,2016 届毕业生,英语(师范)专业,曾任院学生会主席,现就职于杭州上海新世界外语小学。

个人感言:

当初被杭师大录取的时候给我高中学姐留言,说我们又要成为校友了。那时候她说,欢迎报考经亨颐学院。我一头雾水,不知道她在说什么,还心想我都被录取了怎么还要考。后来随着录取通知书一起寄到我家的,还有一张粉红色的 A4 纸,上面介绍了经亨颐学院。于是我懵懵懂懂地来了。我们是经亨颐学院的第三届学生,经历了经亨颐学院发展过程中的起承转合,看着她现在越来越好。毕业一年了,这一年我越发觉得经亨颐的好,可能是因为我工作单位与经亨颐的教学理念和目标很接近,所以我在经亨颐学院养成的习惯、态度还有学到的点滴都得到了很好的运用。

经亨颐学院虽不是全国闻名的荣誉学院,但她教给我们的东西,却能让我们越来越卓越,经亨颐学院流传着这么一句话:"和优秀的人在一起会变得更优秀!"我在经亨颐的这四年,学会的最重要的一点,是相信自己的优秀。我明白自己有很多不足,我也明白离一个成熟的教师还有很多的路要走,但是我坚信我可以"优秀",为了成就"优秀",我拼尽全力。在经院的四年,我们感恩于各位老师带来的头脑风暴,让我们不停地处于思维漩涡之中从而蜕变,所以我现在才能在教研时冒出一个又一个新奇的点子,才能敢于去质疑前辈们留下来的经验。"毕业一年间"是学院联络校友,为在校的学弟学妹们传播经验、分享故事的网络征文栏目,我想说请你们相信自己每个人都是璀璨光明的星,总会在未来的某一刻,绽放自己的光芒。"经亨颐"们,从不拒绝优秀。

五、颐居主题

"颐居"围绕文明寝室建设和特色寝室创建来开展,旨在崇恕人之德,尚和谐之风。大学寝室是学生学习生活的重要场所,学会共处、建立和谐的人际关系也是大学生的一门必修课。《论语》曾子曰:夫子之道,忠恕而已矣。子贡问曰:有一言而可以终身行之者乎? 子曰:其恕乎,己所不欲,勿施于人。又对仲弓问仁曰:几所不敏,勿施于人,在邦无怨,在家无怨。《中庸》述孔子之言曰:忠恕违道不远,施诸己而不愿,亦勿施于人,此即大学絜矩之道也。孟子亦曰:强恕而行,求仁莫近焉。[①] 学生来自不同的家庭,成长经历各不相同,脾气个性迥异,在一个寝室的生活相处中懂得"公共空间意识",懂得"恕己及人",懂得尊重和包容,是"颐居"创建的初衷。

（一）理念

为有亲情的学子构筑温馨港湾。

（二）目标

倡导"温馨有爱,爱室如家"的颐居文化,创设安全、文明、舒适、和谐、宜居的生活环境;培养学生在日常生活中养成良好的卫生行为习惯,懂得尊重、包容,提升人际交流能力,培养公共空间意识,锻炼和培养自我管理和自我教育能力。

（三）框架

（四）实践

2012 年 6 月,浙江省教育厅出台了《关于深入开展学校文明寝室建设的通知》,要求高校文明寝室建设要以加强寝室卫生管理为切入点,以营造寝室文化氛围为基础,以提升学生"自我教育、自我管理、自我服务"能力为重点,着力建设"寝室卫生环境整洁、寝室文化氛围浓郁、寝室管理职责明晰的新型学生公寓"。

经亨颐学院深入贯彻通知精神,通过多途径、多管齐下的方式抓好寝室卫生管理,积极建设颐居文化,将学生寝室建设成为融"思想教育、行为指导、生活服务、文化熏陶"

---

① 张彬、经晖、林建平:《经亨颐集》,浙江大学出版社,2011 年,第 13 页。

于一体的第二课堂。

秉着"温馨有爱，爱室如家"的理念，经亨颐学院通过制度和活动两条主途径及分支的多彩活动与经院学子一起打造颐居文化，以下三项是颐居文化的具体实践。

1. 文明寝室实践岗

经亨颐学院组织引导学生党员立足岗位，加强学生党员与学生群众之间的联系，发挥带头、表率的作用，同时响应"两学一做"的号召，以此为契机设置了"党员文明寝室服务岗"，与结对寝室共同建设整洁有序的寝室环境。目前学院共有 81 个寝室，31 位正式党员，每位党员都分别结对 2~3 个寝室，负责结对寝室的日常卫生检查、管理等等。同时党员也轮流与学生会生活部成员一起进行学院例行的寝室卫生检查，并进行相应的评分，保证寝室检查的合理与公正，督促同学们形成良好的卫生习惯。

党员学生定期也会到寝室宣传、宣讲各类知识。如在期末考试阶段，学院将诚信教育的宣讲任务落实到每一个党员身上，通过与学生面对面的接触和交流，考试不诚信案例与自身学习经验的分享，签署诚信考试承诺书，让学生能更深刻地理解慎独意识，做到诚信考试，并营造"慎独"的颐居文化氛围，打造经院学子的诚信形象。

寝室宣讲也包含对校园热点、重点问题的探讨与防范。如面对电信、网络校园诈骗高发，层出不穷的诈骗手段给学生带来严重财务损失的问题，经亨颐学院开展了"结对党员进寝室，普及防诈骗知识"的活动。寝室同学们与结对党员一起交流，通过了解各种诈骗手段与相关事例，共同探讨如何分辨真伪、识破诈骗的方法。在学习过程中，寝室同学还以寝室为单位签署了"预防校园诈骗寝室承诺书"，并广泛宣传，从决心与行动上防范诈骗事件发生，保障了学生的安全利益，营造安全、文明的颐居文化氛围。

学生党员与寝室结对进行的寝室检查、知识宣讲活动，以从学生中来、到学生中去的形式，既培养了学生党员的责任意识，也将宣传知识点对点地传递给学生。学生则充分发挥其主体性、主动性、自觉性，用亲身参与、亲身体验、身体力行的方式争做颐居文化的文明代表。

2. 特色等级评比卡

为了稳固日常寝室卫生工作，经亨颐学院采用学校检查和学院检查相结合的模式。学院检查以学生会生活部为负责部门，其成员以及结对党员一起负责常规寝室检查。为了减轻查寝同学的工作负担，经亨颐院一改常规寝室检查的繁琐打分模式，实行特色的寝室检查等级卡的记分机制，并在广泛听取学生意见的基础上发布了独具学院风格的《经亨颐学院特色等级评比卡制度查寝细则》。

寝室卫生考评单依据细则的内容，设立查寝标准，内容涵盖了阳台、室内地面、卫生间、洗手台、个人桌面床面卫生、垃圾清理六个项目，每个项目又细分了卫生标准，检查结果按照不符合卫生项目的个数分成 Wonderful、Pass、Fail 三个等级。每次检查后，将学院特制的等级卡贴纸粘贴在寝室楼"寝室家园"公告牌上，同时学院也设立了寝室奖惩制度，采用等级换算成分数的累计加分制，以各学期期中、期末为限，分别结算各寝室检查总分，并进行排名，对于排名靠前的寝室发放奖励，激励学生积极参与寝室打扫，养成良好的寝室卫生习惯。

图 4-14 "颐居"Wonderful 寝室

在制度建设上,学院将寝室检查与学院的综合素质评价考核挂钩,依据学生寝室检查分数排名在"文明守纪"的评价中分成"优秀、合格、不合格"三个等级,从制度上规范经院学子的日常卫生行为,促使学生积极进行卫生打扫,培养自觉自愿的意识。

3."颐居"寝室文化节

为了丰富经院学子的宿舍文化生活,提高对生活的热情和活力,同时增进寝室成员间的感情,营造温馨、友好、健康、活泼、文明的寝室氛围,经亨颐学院定期举办"寝室文化节"及衍生的寝室装扮评比活动、知识竞赛主题活动、和谐寝室讲座等。

"寝室文化节"的活动丰富多彩:"光与影"观影活动,提高经院学子的艺术鉴赏力,引发经院学子对生活的思考;百科知识竞赛主题活动,旨在拓宽学子学识,展现各寝室的特色与成员风采;"歌忆大比拼"活动用音乐为学生在学习之余带来一丝愉悦与放松;"户外大闯关"设置了"乒乓水上漂"等户外活动,既锻炼了学生的身体素质,又培养了学生的合作能力,有利于加强学生的团队意识和集体荣誉感。

除此之外,学院还举办了寝室美化大赛,包括文明寝室、最美样板间的评选,从卫生状况、总体印象、寝室创新、寝室装饰、寝室展示等方面进行考评,评选出了一系列整洁又有特色的寝室样板间,如"收纳小能寝,盆栽新天地,书香一角落"等等,展现出学院寝室各具特色的风采。

古语云:"与善人居,如入幽兰之室,久居不闻其香。"经亨颐学院倡导"温馨有爱,爱室如家"的颐居文化,重视寝室文化建设,以此为载体促使学生养成优良的生活习惯,促进和谐健康的人际关系,通过举办精彩纷呈的寝室文化活动,丰富了寝室文化的内涵,提高了学子对寝室文化建设的积极性,营造安全、文明、舒适、和谐、宜居、向上的颐居文化氛围。

图 4-15　特色寝室书香一角

（五）成效

学院寝室在学校举办的寝室评选活动中斩获众多佳绩：2013 年 12 月，学院文科 121 班 4－404 寝室荣获"浙江省大学生文明寝室"荣誉称号；2014 年 12 月，学院文科 131 班 4－315 寝室荣获杭州师范大学首届"十佳文明寝室"称号；2014 年 12 月，学院文科 141 班 6－301 寝室作为晋级决赛的唯一一个男生寝室获得"校新生杯寝室设计大赛"一等奖，4－309 寝室获二等奖，3－316、4－1227 寝室获三等奖；2015 年 12 月，学院文科 141 班 4－511 寝室获得校"十佳文明寝室"称号；2016 年 12 月，学院文科 141 班 2－401 寝室获得校"十佳文明寝室"称号，成为学院优秀寝室的代表，为经院学子树立了榜样。

自学校进行寝室卫生检查以来，经亨颐学院在同校区 11 个本科生学院排名中名列前茅。在 2016－2017 学年第一学期学校寝室 9 次检查中，我院在仓前校区本科生学院寝室检查的平均分为 91.11 分，获第一名 3 次、第二名 2 次、第三名 2 次、第四名 2 次的好成绩。在 2016－2017 学年第二学期学院寝室检查更上一层楼，平均分升至 92.22 分，在 11 次排名公示中，获第一名 4 次、第二名 1 次、第三名 3 次、第四名 2 次的好成绩。

（六）心声

倪天恩，经亨颐学院 2014 级 6－301 寝室长。6－301 寝室是学院优秀男生寝室，曾连续三个学期，寝室卫生评分蝉联学院第一；荣获 2014 年"校新生杯寝室设计大赛"一等奖、经亨颐学院第三届"颐居寝室美化大赛"一等奖、第四届"颐居寝室美化大赛"二等奖、经亨颐学院第一届寝室收纳大赛三等奖；大二下学期所在寝室被评为"样板房"。

个人感言：

寝室于我而言，是一个落脚的枝头，一个温馨的港湾，我们像一群恰好路过、羽翼未丰的飞鸟，暂栖在这个狭小而温暖的世界，互相包容，互相帮助，一同成长。

第一只鸟——施磊，他人眼中的学霸，朝出夜归，与数学相伴。他发自内心的热爱，让我们感受到了他的坚持与热血。第二只鸟——沈健，外貌俊朗、阳光帅气的他是一名实实在在的体霸,在一切与体育相关的地方都有着他年轻充满活力的身影,他对运动的热爱也带动着我们朝着阳光健康的生活前行。第三只鸟——倪天恩,也就是我,6-301的寝室长,只想做些为内心所喜欢的事,热爱生活,努力让生活发光发彩。

现在的我们,可能还是一群稚嫩的飞鸟,但有一天我们终将长大,变得更加成熟;有一天,我们也会飞往不同的远方,寻找自己的天空;有一天,当我们回想起这落脚的枝头,一定还会清楚地记得曾经在一起生活的点点滴滴、欢声笑语,是这枝头见证了我们的友谊、青春与成长!

六、颐心主题

"颐心"注重培育积极的心理品质,塑造阳光心态。积极心理品质是一种相对持久的、积极的情绪和体验,对个人成长而言,积极心理品质主要是指爱的能力、工作的能力、积极看待世界的方法、创造的勇气、积极的人际关系、审美体验、宽容和智慧灵性等。积极心理品质的培养对未来教师尤为重要,因为教育者是要去教育人的,教育者的心理状态会极大地影响受教育者。哈佛大学的 Carol Dweck 教授提出的成长型思维模式认为,"我们对自己的基本信念,为我们塑造了完全不同的心理世界,进而深刻地影响着我们的行为"。"颐心"打造了三级梯度,从普适性地了解心理健康,到心理辅导员专业化的培训,到问题学生的筛查、咨询和干预,从面上积极培养荣誉学院学生的积极心理品质,健康向上的风貌,从点上帮助有需要的学生,达到了点面结合的全覆盖。

（一）理念

为有困惑的学子守护心灵净土。

（二）目标

面向全体学生,通过开设系列讲座,培育积极心理品质;针对特殊学生,构建心理危机三级干预网络,为学生排除心灵困惑,促进其健康发展。

（三）框架

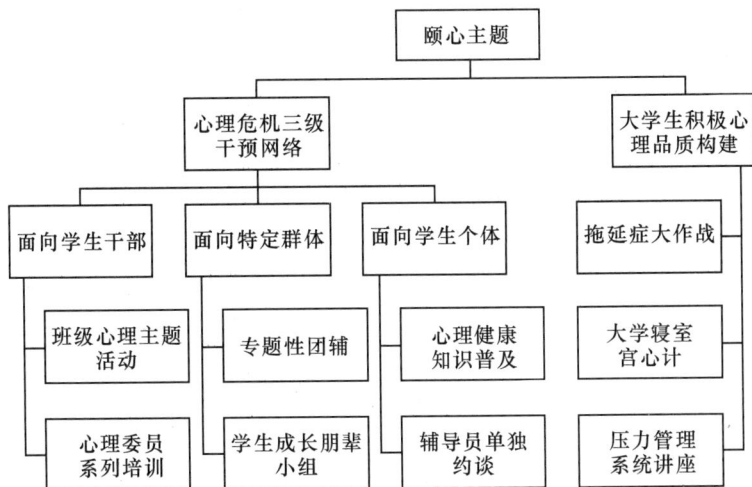

（四）实践

大学生心理健康工作是高校思想政治教育的重要组成部分，同时也关乎大学生生命品质和校园的安全稳定。经亨颐学院大学生心理健康工作以提升学生的心理健康素质和生命品质为目标，着力培养学生自助、互助的能力，关爱他人、真诚友善等积极心理品质，减少学生由心理冲突引发的适应性问题、情绪问题等。学院于 2012 年成立了"颐·心"心理健康工作室，工作室采用"班级心理委员——院二级心理辅导站——校心理健康中心"三级心理危机干预网络，关注心理健康知识的普及、学生重点人群的防控和专业相关心理知识学习小组的构建等。

1. 培育积极心理品质

积极心理品质是一种相对持久的、积极的情绪和体验，对个人成长而言，积极的心理品质主要是指爱的能力、工作的能力、积极看待世界的方法、创造的勇气、积极的人际关系、审美体验、宽容和智慧灵性等。

积极心理学倡导研究人们正面、积极的心理品质，积极心理品质由主观幸福感、乐观、快乐和自决等要素构成，其中，美德和力量是核心。学院参考积极心理学、哈佛大学幸福课等资源，面向全体学生开设积极心理品质系列讲座。从压力管理、情绪管理、感情需要、人际关系等方面，帮助学生提升心理品质，充实内在力量，最大程度地接纳自我，从而提高生命质量。

表 4-3 经亨颐学院积极心理品质培育系列讲座一览表

序号	课程名称	备注
第一讲	积极心理品质概述	
第二讲	积极心理品质对生活质量的影响	重点阐述教师行业
第三讲	如何有效地管理情绪	
第四讲	拖延症大作战！	
第五讲	直面压力	
第六讲	完美主义怎么破？	
第七讲	论单身狗的焦虑	学生爱情心理解析
第八讲	大学寝室"宫心计"	寝室支持系统构建
第九讲	自我实现	成为更好的自己

2. 打造"3＋3"心理健康工作模式

经亨颐学院"颐·心"心理工作室在掌握学生群体心理特点的前提下，"颐精养神，浸润心灵"，教育为本，重在防控。以颐养学生健康的人格为主；滋养心灵，助力自我探索、人格完善为辅。工作室掌握大学生群体特殊的心理特点，打造面向全体学生的"3＋3"心理健康工作模式。

大学生心理健康教育是一项系统的工程，理想的系统应该是分工明细、多极化、立体化的。知识的教育普及面向大多数同学，预防干预面向少部分遭遇心理危机的同学。

学院"颐·心"心理健康体系的"3＋3"大学生心理工作模式,第一个"3"指心理健康教育的"三助力"系统,包括心理健康知识普及自助、多维度广角度朋辈互助、自我探索相关的专业知识拓展辅助,针对的是心理知识的普及和学生发展性需求;第二个"3"指学院危机干预三级网络系统,由班级心理委员、心理健康协会、心理健康工作指导老师构成,负责个体心理危机的发现、预警、干预。两者结合构建了全覆盖、立体式的心理健康教育系统。

（1）心理健康教育的"三助力"系统

①个体自助。大学生心理健康教育应面向全体学生、注意个体差异。学生个体成长环境、原生家庭状况、社会支持系统等各方面情况千差万别,不存在万能型的工作方法,所以基础阶段,学院"颐·心"心理健康工作室主要面向大多数学生开展心理健康普及性教育和主题活动,通过宣传发动,使学生正确看待心理健康问题,消除偏见、恐惧和逃避,掌握基本的心理学常识,自助选取所需。"助人自助"是心理咨询的最高目标,也是学院心理健康工作的最终目的。为帮助大学生树立正确的心理健康观念,正确获取帮助,学院在大学生容易产生心理困扰的各个关键节点,设置了以下系列活动。

图 4-16　班级心理委员成长训练营

❖新生入校:心理健康知识普及型讲座、新生适应性问题等、自我探索相关系列活动等;

❖大二年级:寝室关系中的边界问题、大学生恋爱心理、"拖延症"的内在动机;

❖大三年级:教育实习中的教育心理学问题;

❖春季、备考阶段:组织观看心理相关、个人成长相关电影。

以上系列活动针对的是没有专业知识背景的人容易对心理学产生的偏见、特殊时期共性的心理困扰等,学生可根据自己的需要,自助选择感兴趣的方面深入了解,排除心理困扰或找到正确的解决渠道,例如寻求更多的支持或接受专业咨询等。

②朋辈互助。学院、班级等小集体的环境、氛围对学生个人的成长有不可忽视的作用。集体气氛是指集体成员或其中占优势的成员的情绪状况和思想氛围,它既体现了该集体比较稳定和典型的心理状态,又反映了集体的感觉、思想、舆论、士气以及相互间

的关系。温馨、积极、乐观、开放的集体氛围会向内部成员提供更多的支持,从而起到影响人、塑造人的正向作用。因此,学院一直致力于大、小集体氛围的营造。

学院心理健康协会下设若干朋辈互助小组,小组的活动主题包括:新生入校后成长适应性小组;人际关系、寝室矛盾工作小组;考研期间支持小组等。以上小组根据需求定期举行活动,其中,新生入学后的成长性小组互动,持续2个月左右,隔周举行一次活动,每次邀请不同的主持人,活动主题涉及大学生活的方方面面。人际关系、寝室矛盾等工作小组,帮助寝室成员明晰边界,制定公约,使寝室这个公共空间基本满足成员的需求,避免成员矛盾激化。

③小组辅助。学院学生的专业构成相对单一,全部为师范类学生。"教育心理学"、"心理学基础"是学生的必修课程,"班主任工作技能"等课程也会涉及发展心理学的知识。很多学生出于未来就业的考虑、个体发展的需要会主动学习心理学知识,报考国家三级心理咨询师。学院对此大力支持,并由学院心理健康协会学术部牵头,组成心理咨询师备考学习小组,帮助学生积极迎考。

小组负责人由心理健康协会中已经取得三级心理咨询师资格证书的同学担任,小组成员约定固定时间共同学习讨论,并经常变换讨论模式。学院的心理咨询师备考小组成立以来,目前已帮助20余名同学成功考取了国家三级心理咨询师证书。

(2)心理危机干预的"三级"网络

当一个人面对困难情境,他先前处理问题的方式及其惯常的支持系统不足以应对眼前的处境时,即他必须面对的困难情境超过了他的能力时,这个人就会产生暂时的心理困扰,这种暂时性的心理失衡状态就是心理危机①。心理危机处置不当,会有慢慢发展为心理疾病的可能。学院的心理危机干预三级网络力图构建由不同角色的人组成的信息传递通道,以便在学生心理危机发生后第一时间快速反应,及时应对。

①班级心理委员。大学中师生间的联系较之高中更为松散,师生交流多限于课堂上,当学生产生心理困扰时大多向朋友、同学求助。但由于普通学生不掌握基本心理学知识,对一些心理疾病的征兆不敏感,对于同学表现出来的心理危机或突发事件没有辨识能力,常常导致危机事件被隐瞒或贻误最佳救治时机。因此我们将班级心理委员队伍作为学院心理危机干预的第一道防线。

班级心理委员队伍如果培养得当,可大幅度提高对学生异常心理状况掌握的准确性、及时性。学院遵循以下原则来组建、培育这支队伍:前期选拔严格、科学,入职培训系统、专业、扎实;后期督导及时、有支持。

班级心理委员入职后的培训包括三方面的内容,一是基础心理学知识,目的是消除偏见,能在工作中正确看待心理问题;二是大学生常见异常心理问题的辨识,目的是帮助心理委员们提高辨识能力,可以快速鉴别异常心理,早预警,早干预;三是倾听技能,班级心理委员很大程度分担了学院的心理健康工作,学生身份可以帮助他们更好地感受同学们的需求,掌握倾听技能后可以无障碍地和同学沟通,更快建立关系。以上培训

---

① 刘桂芬、甘红缨、李志强:《大学生心理健康教程》,中国传媒大学出版社,2007。

每个模块 4 课时,共计 12 课时的内容。

截至目前,经亨颐学院的班级心理委员成功预警了 1 起突发事件,协助指导老师发现网络游戏沉溺同学十余名,协助处理失恋、寝室矛盾引起的情绪问题二十余起。在班级心理委员帮助下,结合学校每年进行的新生心理普查,学院建立了《心理危机干预重点关注人员名单》。名单中的同学除了每学期例行的师生谈话外,学院还以寝室走访、师生联谊、个别谈心等方式给予额外关注,确保随时掌握动态,防患于未然。

②学院二级心理辅导站。经亨颐学院的心理指导老师经过了正规的专业培训,具备心理咨询师资质。除指导心理健康协会正常开展工作外,还负责心理相关讲座、为班级心理委员培训等。各班心理委员的信息反馈经过心理指导教师的整理,形成"心理危机干预重点人员名单"。对名单上的同学,每学期至少进行 2 次谈话,并多角度进行关注,确保掌握实时的心理状态。通过谈话,指导教师还会对同学们的关注程度进行区分,明确边界,评估名单中同学是否需要接受专业心理咨询或到医院就诊。其中,受重点关注的同学需要每周或隔周进行联络,随时对学生状态进行评估,并与家长等保持联系,必要时随同就医。

图 4-17 "稻草人"二级心理辅导站工作室访谈现场

③校大学生心理健康中心。杭州师范大学心理健康教育与咨询中心成立于 2007 年,中心秉承"以人为本,服务师生,提升心理素质"的理念,从心理咨询、心理课程、心理健康教育活动、心理健康科研等方面开展工作,为各二级学院做好大学生心理健康工作提供了坚实的后盾。经亨颐学院二级心理辅导站在做好学生动态摸排的基础上,首先鉴别学生状态,评估学生的问题属于适应性问题、生活事件引发的情绪问题、需要心理咨询师介入的心理问题还是需要就医的心理疾病。其中,适应性问题和生活事件引发的情绪问题可由学院二级心理辅导站出面帮助学生解决;一旦初步判断学生问题属于需要心理咨询师介入的心理问题或需要就医的心理疾病,学院会立即联系学校心理健康教育与咨询中心,由中心专业老师牵头处理,学院全力配合。这种运作模式下,校、院两级责任清晰、形成合力,共同保障学生心理健康工作顺利开展。

（五）成效

经亨颐学院的"3＋3"大学生心理健康工作模式将大学生心理健康教育普及与心理危机干预三级网络相结合，致力于探索大学生心理健康教育与指导、咨询与自助结合的多层次多方位的大学生心理健康网络。而积极心理品质培养则面向全体学生，将心理健康工作与大学生思政教育相结合，提高师范生道德涵养，帮助学生提升生命质量。经亨颐学院"颐心"大学生心理健康体系每年进行积极心理品质相关讲座9讲，开展不同主题的团辅活动20余次，进行个人一对一访谈200余次；并建立信息完善、更新及时的重点关注档案，每年撰写随访记录、访谈记录万余字。

（六）心声

曾雪睿，女，经亨颐学院2014级汉语言文学（师范）专业学生，杭州师范大学学生会副主席，经亨颐学院稻草人心理协会会长、班级心理委员。曾获校优秀学生干部、校优秀团员、校十佳心理委员等荣誉称号。热爱文学，忠于公益，积极发扬笔底波澜，编纂2016年《新生宝典》、创刊《封面》获浙江省高校新闻政策扶持二等奖；曾带队赴温岭石塘镇中心小学支教，也曾赴浙江省少管所与少年犯学员进行结对心理辅导。

个人感言：

学院稻草人心理协会本着"共享健康人生"的宗旨，以心理委员为工作发展基点，努力营造寓教于乐、积极向上的氛围，丰富同学课余生活，陶冶同学情操，全面提高同学身心素质，积极响应院团委要求，在学院"颐心"大学生心理健康体系下开展系列主题活动，积极整合资源，以形式多样的品牌活动，如"成长乐章"团辅活动、"颐心桌游大赛"、班级心理委员技能大赛等活动推动学院文化建设，促进同学全面发展。稻草人心理协会坚持探索思想教育的新途径，积极利用微信等新媒体弘扬心理健康观念，传递活动精神和意义。各班心理委员是我们工作的中坚力量，积极配合学院工作，如实反映同学心声，了解同学们的心理动态，关心大家的生活。学院每月定期组织心理小组团体辅导座谈会，积极疏导同学的情绪，切实维护同学的权益，充分发挥了心理协会的桥梁、纽带作用。

作为一名心理委员，在学院的心理健康建设领域已奋斗三年，在不断开拓、创新的同时，意识到心协在工作中针对性和时效性有待进一步加强；对同学多元化的需求把握不够全面，服务同学水平有待进一步提升；但我们将化困难为机遇，化压力为动力，始终坚定不移地、全心全意为学院同学服务，用踏实的脚步勇往直前，为打造"有态度"、"有温度"、"有高度"的心理健康协会而贡献自己的一分力量！

除上述了六大主题之外，"颐"文化育人体系以全程浸润的学院文化元素为补充。

文化育人如同春雨一般"随风潜入夜，润物细无声"，它重在浸润与熏陶。"颐"文化育人的体系中，学院文化元素也扮演着重要的角色。经亨颐学院倡导"和优秀的人在一起会更优秀"的优秀观；经亨颐学院有自己的院徽、院训、院歌等标志标识系统。经亨颐学院在每一间学生专用教室墙上张贴了自主设计的班风班规、教育家风采、学风建设的海报；经亨颐学院坚持每周一推送双语的微语录。这一切，都成了六"颐"文化育人主题的有效补充。

院名

经亨颐学院院名由时任中国教育学会会长、北京师范大学教授、杭州师范大学学术委员会主任顾明远先生所题。

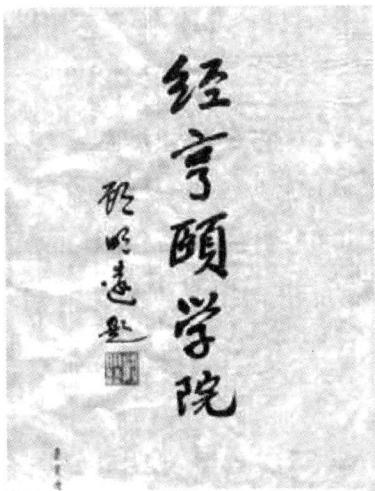

图 4-18　顾明远先生所提院名手稿

图 4-19　经亨颐学院院徽

院徽

2010 年，经亨颐学院面向全国进行院徽征集，最终工艺美术师、国际商业美术设计师协会（ICAD）会员（讲师）、厦门日报美术编辑陈聪荣先生递送的作品被确定为院徽。

院徽蓝色白底，由圆环、顾明远先生题词"经亨颐学院"、英语翻译"JINGHENGYI HONORS COLLEGE"、经亨颐首字母"JHY"和汉字"经"图案组成。

"经"寓意翻开的书本、进步的阶梯、澎湃的浪潮、展翅高飞的鹏鸟等，体现经亨颐先生"人格为先、五育并举"的教育理念。数字"2010"，说明学院成立时间。中英文结合，表明经亨颐学院致力于打造高等教育国际化的开放办学思想。

校徽整体设计极具时代特征，将学院的办学特色、办学定位、育人目标有机融为一体。

院训

经亨颐学院院训为"诚信、立志、笃学、卓越"，由经亨颐学院首任常务副院长项红专提出。

诚信是基础。《中庸》说，"诚者，天之道也；诚之者，人之道也"。鲁迅也说过："伟大人格的素质，重要的是一个诚字"。"无诚则无德，无信事难成"。诚信是立身之本，经院要求学生做一个诚实守信的人。诚信要从日常行为做起，最基本的一条，人人要做到"三不"，即做事不敷衍、作业不抄袭、考试不作弊。经院坚持实行"诚信考试"，把"诚信考试"作为人格的一块试金石。诚信不仅仅是一种外在的约束，更是一种信念和信仰，是要化为内心的道德律。

立志是前提。子曰："吾十有五而志于学"。梁启超先生在《湖南时务学堂素质教育方案》（1897 年）中讲到，"一曰立志"。可见，立志之重要。一个志存高远的人和一个胸无大志的人，会有截然不同的发展结果。经院期望学生结合自身的情况，切实做好个人四年发展规划，并落实到每年、每学期、每月、每星期甚至每天的行动计划之中，把大学四年学习生活转化为追梦和圆梦的过程。

笃学是关键。笃指一心一意，学指学会学习。大学以学术、学问、学业为本。教育家怀特海说过，"在中学里，学生们一直伏案专心于自己的课业，而在大学里，他们应该站立起来并环顾周围"。大学强调主动地学，要注重掌握学习方法，培养终身学习的能力。大学学习要善于独立思考，学会批判思维，养成质疑习惯。有位哲人说过，一切皆可怀疑，唯有怀疑本身不可怀疑。

卓越是目标。卓越是学院育人的终极目标。进入经院，人人都有成为优秀和卓越的可能，但是否真正优秀和卓越，要看每个人的态度和意愿，要看每个人的努力和付出。态度决定一切，意愿成就未来。追求卓越已是经院一道亮丽的风采。

院歌

经亨颐学院院歌《经致之爱》由学院 2011 级汉语言文学（师范）专业学生郑凯耀作词，浙江音乐学院（原杭师大音乐学院）学生曹欣欣作曲。

歌曲旋律优美、节奏明快、励志温暖；歌词洋溢着经院学子青春向上的光芒，彰显着他们为理想努力奋斗的模样，传递着因梦想相聚、因爱相守、因责任相望的正能量。

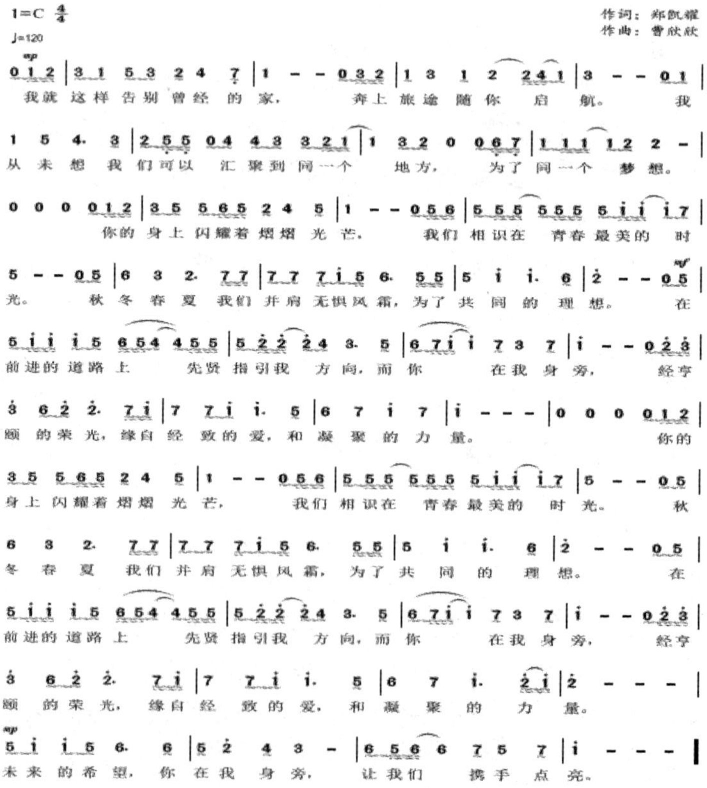

图 4-20　院歌词曲简谱

弟子规

经院"弟子规"由学生撰写,共 12 句,144 字;仿古行文,蕴藏了"德"、"仁"、"教"、"技"的求学规律,包含了"诚信"、"宽容"、"志气"、"胆识"的为人内涵,体现了"尔兴吾行"、"前荣后例"的爱院情怀,寓意深远,意味深长。

弟子规已是经亨颐学院以文化人的表征之一,每逢学生开学典礼、毕业典礼等重大仪典,全体师生齐诵弟子规,蔚为壮观。

经亨颐学院弟子规

凡我辈,经亨颐,始创业,更相继。

我之兴,尔所及,我之荣,尔所力。

首修德,懂仁义,次学教,精乎技。

知诚信,知友爱,不见欺,不抛弃。

会宽容,会勤奋,真品格,真良益。

善交流,善学习,肯创新,不拘泥。

勤思考,勤发现,一而二,推无极。

真相知,善相行,美相宜,不容毁。

霸其志,锐其气,胆其识,不容废。

博以文,约以礼,厚以才,强以体。

升于堂,熟此训,入于室,动此志。

尔之兴,吾之行,前之荣,后之例。

第四节 硕果:"颐"文化育人的价值成效

自 2010 年 8 月成立以来,经亨颐学院在卓越教师培养的道路上一直不断探索、实践与创新。文化育人在育全人、育荣誉生的过程中起着非常重要的作用,学院在文化育人的顶层设计、体系构建上也一直在不断摸索中发展,在反思中完善,从精神文化、制度文化、环境文化、活动文化、网络文化、仪典文化和微元素等诸多方面进行了许多尝试和实践,在学院精神文化建设和制度文化建设方面体现了自身的价值,在培育优秀文化、激发学生潜能、追求卓越精神等方面取得了很大的成效。

一、"颐"文化育人的价值

"颐"文化是将价值引领贯穿始终的精神文化。精神文化是人的精神食粮,孕育人的精神家园,决定人的精神状态、精神生活、精神本质;精神文化又是社会旗帜、"社会水泥"、社会规范,具有价值导向、精神源泉、民族凝聚的功能属性;精神文化还具有赋予民族国家国魂、集体单位群魂、个体思想灵魂的社会属性。中国语言系统中的"文化"从一开始就专注于人的精神修养领域,而且更强调"文治教化"、"以文教化"、"人文化成"的作用。"文化"是人的实践活动化育而成的内在于主体的精神成果,这一精神成果具有化育万物、教化人生即"化人"之作用。① 人民教育家陶行知曾说,熏染和督促两种力量比较起来,熏染更为重要。学校精神会产生潜移默化的影响力。一个学校的校风决定了该校群体的心理定式,群体中的多数成员在不知不觉中形成了一致的态度、共同的行为方式,学校通过耳濡目染、潜移默化,对个体的心理和精神产生影响。这种影响不是立竿见影、一蹴而就的,而是隐性的、长效的、综合的,常常是"有意栽花花不开,无心插柳柳成荫"。学校教育的真正价值就在于通过这种熏陶和感染,引领学生获取感受、体验情感、理解观点、生成智慧、积淀文化,最终形成自己丰富的精神世界。因此,学校教育的过程,也就是充分发挥学校精神,为师生的精神生命铺垫底子的过程。学校精神的内涵应当包括"六观",即理想观、能力观、人格观、人际观、道德观以及思维观。它能极大地影响师生的价值选择、人格塑造、思维方式、道德情操和行为习惯。②

"颐"文化育人促进了学院制度文化的完善。制度是文化的一种载体,当制度逐渐被人们所认可,并转化成一种心理习惯时,制度也就凝固成了一种文化。学校制度文化,简言之,即由学校制度所承载、表达、衍生和推动的文化,它是一所学校渗透在体系架构、规章制度、工作流程、岗位职责中的价值观念和风格特色,也是在生成和执行各类制度的过程中折射出来的价值取向和行为准则。学校制度文化是有形的制度与无形的价值的有机结合,一方面以有形的制度作载体,一方面以无形的价值在学校的诸多领域体现出来,不仅体现在制度本身,而且通过制度实施,体现在一切结构、组织、形式、过程、方法、技术、行为方式、人际关系、心理氛围之中,学校制度文化越发展完善,无形的价值在上述各领域的体现与制度所承载和推动的文化越趋同。③

制度的制定与出台应当是严肃规范的,包括广泛的宣传发动、深入的学习讨论、规范的立法程序、具体的贯彻落实以及领导的身体力行、教师和学生的广泛参与和互动。这不仅是一种教育思想的学习、理念的引领,更是一种共同的愿景、共同的价值文化的趋同与实现。这个过程,就是全院上下与时俱进、更新观念、强化法治意识的过程,也是一所学院形成学习共同体的过程,更是一所学院形成制度文化的过程。

正是因为看到制度文化的重要性,经亨颐学院在六年多的办学实践中,从文化育人的角度出发,制定和出台了一系列的制度,形成了"颐"文化育人的制度体系。第一,学生综合评价制度,它蕴含了经亨颐学院的"模范生"标准,每一条标准背后都是育人理念,例如:完成规定的公益小时数,体现了学院倡导志愿服务、反哺社会的理念;学业成绩排名前50%即有资格参评一、二等奖学金,同时考量素质发展的得分,其背后就是通才+特长的理念,鼓励学生发展自身兴趣爱好并拥有一技之长等等。第二,救助救济制度,它蕴含了经亨颐学院对学生的人文关怀和关爱,体现了对困难生的救济。第三,师友互助制度,包括《经亨颐学院"博士+学士"导师制》《经亨颐学院学长制》等,体现了

① 章兢、何祖键:《从"知识育人"到"文化育人"——整体论视野中的大学素质教育》,《高等教育研究》,2008年第11期。

② 俞国良:《学校精神育学校文化力》,《中国教育报》,2008年05月06日。

③ 顾建德、喻志杰:《关于学校制度文化建设的思考》,《现代中小学教育》,2008年第4期。

师长提携、朋辈互助的理念。第四,党建制度,包括《"颐渊工程"学生党员管理制度》、《经亨颐学院入党推优制度》等,体现了成绩优秀不是唯一标准,服务他人才是第一步的理念。"颐"文化制度对实施文化育人起到了有力的规范和保障作用,事事有制可查,事事有制可依,形成了程序公正、民主公开的制度文化。

二、"颐"文化育人的成效

培育优秀文化。在经亨颐学院,有一句人人知晓的口号:"和优秀的人在一起会更优秀!"在优秀教师的悉心教导下,在优秀学长的榜样带领下,当身处一个优秀的群体之中时,每一个学生都会以优秀为标杆,有一股"我要成为更加优秀的自己!"这样的精气神。每周一精选的"经院微语录"推送至每位师生,从发布之初坚持至今已有200余周,每一条微语录所承载的精神财富时时刻刻都在向经亨颐学院的师生传递着优秀观,传递着正能量。

激发学生潜能。在"颐"文化的引领下,学生通过学院搭建的各种平台,增长才艺、增长才干,挖掘身上无限的可能。学生敢于尝试,乐于尝试,在第一课堂之外大放异彩,在科研竞赛、论文发表、文学创作、艺术展示等各方面都取得了可喜的成绩(具体见本章第三节、第五章)。

追求卓越精神。在经亨颐学院,有一种你追我赶,追求卓越的氛围。在荣誉学院的氛围下,学生充满闯劲和拼劲。正如2016届毕业生李燕青在参加学校毕业生座谈会上所说的,"在这样的氛围下,我发现自己身上慢慢有了可以全力以赴的影子,当我想要努力的时候,我可以调动起所有的力量。在申请香港大学研究生的时候,在我身上所积存起来的全面涵养,让我能够脱颖而出"。

在一个优秀的学院,成为更加优秀的自己,并且因为一个更加优秀的自己使学院无愧于"荣誉学院"的光荣称号。

学院关注"颐"文化从客观到主观再到客观的转化过程,把客观的文化内化为个体的精神活动,再转化为个体的自觉行为。"颐"文化育人通过文化整合健全人格,唤醒生命的创造力,提高学生的道德素养和综合素质。在坚持不懈的努力下,优秀文化得以诞生,学生潜能得到激发,卓越精神深入人心。

第五章　卓越教师的培养成效

第一节　数据说话：各类数据统计

一所学校的办学质量最终是以其培养出的人才数量尤其是质量来衡量和体现的。经亨颐学院始终以人才培养为中心，积极探索"一制三化"的培养模式，不断创新卓越教师培养的路径与方法，经过七年不断的实践与探索，在人才培养方面取得了很大的成绩，涌现了一大批优秀学生。下面我们将以数据说话，用数据来诠释人才培养的成效。

经亨颐学院秉持"素养双强化"的办学理念，重视学科竞赛、教学技能竞赛，夯实学生的学科底蕴和教师专业素养。2011年至今，经亨颐学院已有417人次在省级及以上学科竞赛中获奖，其中数学建模竞赛、师范生技能竞赛成绩尤为突出。2012年至今，学院学子在浙江省师范生技能竞赛中获奖67人次，在全国师范生技能竞赛中获奖20人次；在大学生数学建模竞赛中，省级竞赛获奖49人次，国家赛获奖31人次。在国际大学生数学建模竞赛中获奖107人次。

经亨颐学院实施"双导师制"和"一人一赛"，导师们利用自身的学术资源指导学生开展多种形式的科研活动，把课堂学习向课外延伸，把课程学习与科研训练结合，不断提高学生的创新能力和实践能力。2012年至今，经亨颐学院学生共申请到科研立项137项，其中，省级及以上立项15项。参与学生达389人，参与学生数占学生总人数的61.64%。

经亨颐学院重视教育的国际化，推进文化交流与文明互鉴，培养具有国际视野的新时代卓越教师。2011年至今，学院已有201人次参加出国（境）项目。其中，25人次参加长期出境项目（时间半年及以上），交流学校包括美国缅因州立大学法明顿分校、香港大学、中国台湾高雄师大等；另有176人次参加短期出境项目，交流学校包括美国加州大学洛杉矶分校、澳大利亚昆士兰大学等。

经亨颐学院的学子志向远大，学习刻苦，成绩优异。毕业生中共有52人继续读研深造，占学生总数的17.16%。在深造的学校中，境外学校包括全球排名前百的宾夕法尼亚大学、加拿大多伦多大学、新加坡国立大学、香港大学等。国内高校包括中国人民大学、浙江大学、复旦大学、中国科技大学、华东师范大学等"985"学校。详见表5-1。

表5-1　经亨颐学院学生攻读研究生统计表

序号	时间	姓名	专业	学校（境内外）
1	2014 年	黄一旸（文科 101）	英语（师范）	美国宾夕法尼亚大学
2		张　璨（文科 10)1	英语（师范）	英国范德堡大学
3		徐云婕（文科 101）	英语（师范）	香港中文大学
4		马曦瑶（文科 101）	英语（师范）	澳大利亚西悉尼大学
5	2015 年	俞　宁（文科 111）	英语（师范）	香港科技大学
6		应含笑（文科 111）	英语（师范）	加拿大多伦多大学
7		任天飞（文科 111）	英语（师范）	澳大利亚 西澳大利亚大学
8		谢修天（文科 111）	汉语言文学（师范）	香港大学
9		吕雪汀（理科 111）	数学与应用数学（师范）	新加坡国立大学
10	2016 年	王佳唯（文科 121）	英语（师范）	澳大利亚昆士兰大学
11		韩文澜（文科 121）	英语（师范）	澳大利亚墨尔本大学
12		李燕青（文科 121）	英语（师范）	香港大学
13		马　悠（文科 121）	英语（师范）	伦敦大学学院
14		王逸舟（文科 121）	英语（师范）	澳大利亚墨尔本大学
15		金珊珊（文科 121）	英语（师范）	美国宾夕法尼亚大学
16		雷嘉澍（文科 121）	英语（师范）	美国纽约州立大学 奥斯威戈分校
17		诸晓洁（文科 121）	英语（师范）	伦敦大学
18		陈石丹（文科 121）	汉语言文学（师范）	英国爱丁堡大学
19		钱　宽（文科 121）	汉语言文学（师范）	新加坡国立大学
20		卢　莎（理科 121）	数学与应用数学（师范）	德国维尔茨堡大学
21		任一冰（理科 121）	数学与应用数学（师范）	澳大利亚悉尼大学
22		孟　迪（理科 121）	数学与应用数学（师范）	澳大利亚墨尔本大学
23	2017 年	孙宇佳（理科 131）	数学与应用数学（师范）	英国曼彻斯特大学
24		傅佳慧（文科 131）	英语（师范）	美国纽约州立大学 奥斯威戈分校
25		许佳慧（文科 131）	英语（师范）	美国纽约州立大学 奥斯威戈分校
26		陈旻意（文科 131）	汉语言文学（师范）	新加坡国立大学

续表

序号	时间	姓名	专业	学校（境内外）
27	2014 年	叶良策（文科 101）	英语（师范）	浙江工商大学
28		万　宇（文科 101）	英语（师范）	杭州师范大学
29		王罗那（理科 101）	数学与应用数学（师范）	杭州师范大学
30		胡李盈（理科 101）	数学与应用数学（师范）	贵州师范大学
31		梁一粟（文科 101）	汉语言文学（师范）	中国人民大学
32		项鹃鹃（文科 101）	汉语言文学（师范）	杭州师范大学
33		刘乔升（理科 101）	物理学（师范）	杭州师范大学
34		郑振飞（理科 101）	物理学（师范）	中国科技大学
35		徐王熠（理科 101）	物理学（师范）	杭州师范大学
36		陈佳（理科 101）	物理学（师范）	杭州师范大学
37	2015 年	张雨琪（文科 111）	汉语言文学（师范）	华东师范大学
38		吴　越（文科 111）	英语（师范）	浙江大学
39		程中明（理科 111）	数学与应用数学（师范）	浙江大学
40	2016 年	戴晶晶（理科 121）	数学与应用数学（师范）	复旦大学
41		潘仁奇（理科 121）	物理学（师范）	浙江大学
42		朱挥毫（理科 121）	物理学（师范）	西南大学
43		徐佳丽（文科 121）	汉语言文学（师范）	复旦大学
44		夏诗杰（文科 121）	英语（师范）	广西大学
45		俞姝轶（文科 121）	英语（师范）	杭州师范大学
46		何秋玥（文科 121）	英语（师范）	杭州师范大学
47	2017 年	周　颖（文科 131）	英语（师范）	中央民族大学
48		詹冰冰（文科 131）	英语（师范）	浙江大学
49		庄博城（理科 131）	数学与应用数学（师范）	哈尔滨工业大学（深圳）
50		黄诗慧（理科 131）	数学与应用数学（师范）	南京师范大学
51		庞兆鋆（理科 131）	数学与应用数学（师范）	杭州师范大学
52		洪书璇（理科 131）	数学与应用数学（师范）	华东师范大学

　　自经亨颐学院创办以来，在优良学院文化的熏陶下，不少学子积极践行"诚信、立志、笃学、卓越"的院训精神，品学兼优，表现优异，凭借个人实力获得了学校的高水平奖学金。他们是经亨颐学院学生中的优秀代表，激励和引领着一批又一批经院学子从优质走向卓越。详见表 5-2。

表 5-2　经亨颐学院学生高水平奖学金及荣誉称号获得情况一览表

序号	时间	奖项	姓名	专业
1	2016 年	国家奖学金	宋　丽（文科 141 班）	英语（师范）
2	2015 年		张　颖（文科 131 班）	汉语言文学（师范）
3	2014 年		谢飞跃（文科 111 班）	汉语言文学（师范）
4	2013 年		郑振飞（理科 101 班）	物理学（师范）
5	2016 年	叶圣陶奖学金	何佳雯（理科 131 班）	数学与应用数学（师范）
6			陈羽茜（文科 141 班）	汉语言文学（师范）
7	2015 年		郭颖旦（理科 121 班）	物理学（师范）
8	2015 年	经亨颐奖学金	张　颖（文科 131 班）	汉语言文学（师范）
9	2017 年		余　佳（理科 121 班）	数学与应用数学（师范）
10	2015 年		郭颖旦（理科 121 班）	物理学（师范）
11	2014 年		谢飞跃（理科 111 班）	汉语言文学（师范）
12	2013 年		马梅娇（文科 101 班）	英语（师范）
13	2017 年	马云卓越师范生奖学金	张　颖（文科 131 班）	汉语言文学（师范）
14			陈旻意（文科 131 班）	汉语言文学（师范）
15			陈星妤（理科 131 班）	数学与应用数学（师范）
16			何佳雯（理科 131 班）	数学与应用数学（师范）
17			周　颖（文科 131 班）	英语（师范）
18			陈　颖（文科 131 班）	英语（师范）
19	2015 年		薛佳佳（文科 121 班）	英语（师范）
20			高蕾蕾（文科 121 班）	英语（师范）
21			冯蒙蒙（文科 121 班）	汉语言文学（师范）
22			余　佳（理科 121 班）	数学与应用数学（师范）
23			毛婧尔（理科 121 班）	物理学（师范）
24	2017 年	校十佳大学生	李泽青（文科 131 班）	汉语言文学（师范）
25			宋　丽（文科 141 班）	英语（师范）
26	2016 年		张　颖（文科 131 班）	汉语言文学（师范）
27			薛佳佳（文科 121 班）	英语（师范）
28	2015 年		谢飞跃（文科 111 班）	汉语言文学（师范）
29	2013 年		马梅娇（文科 101 班）	英语（师范）

第二节　经院荣光：典型个案扫描

在经亨颐学院,有这样一句人人知晓的办学格言:"和优秀的人在一起会更加优秀!"办学就是办氛围。每一个经亨颐学院的学生都知道,一个人之所以能优秀,离不开身处的环境熏陶,更离不开身边的榜样激励。在奋发向上的集体中学习生活,个体无形中会受到感染,也会变得积极向上,会以高标准来要求自己。优秀的群体滋养了优秀的个体,同样,优秀的个体也成就了优秀的集体。

在经亨颐学院 7 年的办学过程中,涌现出了一大批优秀的学生,他们有共性:勤奋、刻苦、敏学、善思、志存高远、脚踏实地;他们也有个性:有的长于竞赛、有的精于科研、有的乐于实践……他们构成了经亨颐学院独特的风景线,成为了学弟学妹们竞相仿效的榜样,努力奋斗的标杆,成为了经亨颐学院的骄傲。我们在这里介绍其中一些综合素质突出、个性特点鲜明、成绩非常优秀的学生(其中的文稿均由经亨颐学院在校学生采访撰写)。

★**谢飞跃**:经亨颐学院 2011 级汉语言文学(师范)专业毕业生,中共党员。在校期间,她品学兼优,曾获得优秀学生一等奖学金 5 次,并获得经亨颐奖学金、国家奖学金、福慧达利奖学金、省优秀毕业生等荣誉;在科研竞赛方面,她的能力也丝毫不逊色,曾荣获杭师大师范生技能大赛一等奖、浙江省大学生职业生涯规划大赛二等奖、外研社杯浙江省大学生英语演讲大赛三等奖、校十佳职业生涯规划之星、校职业生涯规划大赛二等奖、校挑战杯二等奖、校思政论文竞赛三等奖、校北极星朗诵比赛三等奖等。她也曾担任杭师大校广播台台长,组织校北极星朗诵比赛等大型活动,并获得优秀学生干部等荣誉称号。目前任教于杭州市采荷实验学校。

她学习优异,才思敏捷,即便面对万里挑一的经亨颐奖学金,也能一举夺下;她热情洋溢,充满自信,无论赛场上的对手多么凌厉,她也能淡定自若,冷静对待;她秉持初心,无私奉献,面对从师道路上的种种艰难险阻,无怨无悔,勇往直前。

秉持初心,毅然从教

谈及为什么走上从教这条道路时,她的目光显得异常坚定。她表示,当一名优秀的老师是她从小的梦想。她觉得老师是一个很伟大很神圣的职业,虽然做一名老师也很辛苦,但或许因为双亲都是老师,从小便对奉献、无私等情怀耳濡目染并铭记于心,于是当年高考志愿填报时,她毅然选择了杭州师范大学。

不惧挑战,游刃有余

大学生在大学中都会面临学习、生活以及种种社会影响等纷繁复杂的问题,有些同学可能会为此头痛不已,但谢飞跃却将这些挑战处理得相当精彩。

她首先表示,当今社会需要的是全面发展的人才,而大学正是个人走上社会之前最好的历练舞台,因此大学生在注重学业的同时也应积极参加各种课外活动及比赛;其次,她与我们分享了她平衡协调学习与各项课外活动及比赛的技巧。首先,不惧挑战,努力拼搏,决不放弃,她表示信心其实很重要;其次,冷静对待每一个问题,凡事不能失了理智;再者,找准方向入手,事情往往事半功倍,这是提升效率的好办法。

感谢有你,助我成长

作为经亨颐学院第二届的学生,谢飞跃对经亨颐学院有着很深厚的感情。谈及学院时,可以分明地听出她内心的骄傲与自豪。她表示考入经亨颐学院是她大学生活最重要的转折,恰如在最美的时光,遇见最好的你。她表示,经亨颐学院给予她的不仅仅是知识,更是一种精神,一种坚持不懈、永争第一的精神;是一份历练,一份全新生活的历练;是一群挚友,一群互帮互助、患难与共的挚友;是一场旅行,一场关于青春无怨无悔的旅行。

谢飞跃说,正如同歌中所唱,感谢天,感谢地,感谢命运让我们相遇;四年,这最美的青春年华,有着说不完的故事与感动。

不随世流,教出风采

谢飞跃现任教于采荷实验学校。对于学生的语文教育,她也有着自己独特的想法。她认为学生学习绝不仅仅是为了那几场考试,对于语文学习,培养国学兴趣、积累文学底蕴是至关重要的。她还提到作为学生,不仅要从书中读语文,更要在生活中品味语文,从而活出一个诗意的人生。她希望自己能不随世流,教出风采,将学生培养成真正热爱学习、热爱语文的人。

恰同学少年,致经院学子

至近至远西东,至疏至亲同窗;至高至明恩师,至深至浅相知。恰同学少年,书山求学必惜时;致经院学子,学海作乐当及春。

（倪天恩）

★**徐王熠**:杭州师范大学经亨颐学院物理学专业 2010 级学生,省优秀毕业生,经亨颐学院第一届学生会主席,曾凭借自主设计并制作的"摩擦力测量装置"自制教具在全国第五届"人教社杯"大学生物理教学技能大赛中荣获一等奖,同时在教学展示比赛中荣获三等奖。一路走来,他带领着懵懂的经亨颐学生不断成长,走向成熟。君子之心,不在于大起大落的成就和失败,也许拥有一种淡然的生活也就拥有了自己的天空!2014 年毕业后,在杭州师范大学物理学专业攻读硕士,2016 年 5 月考入华东师范大学理工学院物理学系,攻读课程与教学论博士。

物理教学下的自然奥秘

作为物理学专业的学生,徐王熠往往被"外行人"看成一个只会做研究的"枯燥男"。但是实际上,他却觉得物理学科为他解开了很多不为人知的奥秘。单看物理的公式和符号,的确很容易让人感觉头晕目眩,但是就像徐王熠说的,"如果能再尝试一步去看看物理背后的自然规律和现象,往往就会有焕然一新的感觉"。而他就是比别人多走了一步,这一步使他发现了别人无法看到的美丽。物理实验不仅让他的生活充满了乐趣,也给他的物理教学提供了很多素材。他喜欢在为学生上课之前先建立一个缜密的教学体系,然后把自己掌握的基础知识放入一个个小框架中,这样的课堂没有多余的浪费,每节课都可以针对问题引出相应的知识点。正是有着这种一股脑儿进行教学设计的精神,徐王熠多次在物理教学竞赛中获奖,而他的创新教学模式也让学生看到了自己和物理的"零距离"。

短暂停顿后的展翅飞翔

扎实的物理教学功底曾经让徐王熠在考研和就业的选择上挣扎许久。他一度参加教师招考,并且获得了杭州保俶塔实验学校的科学教师岗位。面对这样的机会,他最终还是选择了继续深造。很多人不解他为什么放弃良好的就业机会而选择继续深造下去,他也常常问自己是否做出了正确的决定。但是现在他不后悔自己的这个决定。作为一名男生,他更希望有勇气去攀登更高的人生山峰;作为一名教师,他更希望带给学生更丰富更渊博的知识;而作为一个年轻人,他也希望自己可以更多地增加人生阅历,无论在国内还是在国外学习,都是他获得全新学习理念的一种方式。就像他说的,"我从不后悔自己的每一个决定,遗憾是不可避免的,尽管客观条件约束了我,但是并不代表我不会继续飞翔"。

"经院首届学生会主席"的赤子之心

徐王熠在学习上有着自己独到的见解,而在工作上他更是经院学子的榜样。作为首届经亨颐学院学生会的主席,他对"团结"二字有着很深的理解。他深知,当时如果是他孤身一人进行计划、改革、总结等多项工作,学院学生会是无法在学校立足的。只有在联合各个部门的部长干事熬夜讨论、策划之后,他才明白为经院学子创造一个求真务实的好平台不是一个人努力能办到的。尽管当时有很多人不认可经亨颐学院,但是他秉承一颗赤子之心,终于成功地让每个学子都能平等地站在自己的舞台上。而作为经亨颐学院首届为数不多的男生,他带领大家参加各类体育竞赛,如羽毛球赛、足球赛等等,每个赛场都有经院男生的足迹,也是徐王熠付出汗水和心血的结果。毕业前夕,他代表学院参加了最后一次篮球赛,和团队成员一起取得历史最好成绩。带着一颗年轻向上的心,徐王熠一直在路上,同时他也希望经院学子也拥有一颗赤子之心,不断努力!

(赵徐婷)

有一些优秀学生在毕业一年之后给学弟学妹们写信,回顾自己四年的求学历程,分享求学过程中的点点滴滴,给学弟学妹们提出了中肯的意见建议。我们在此刊出他们原汁原味的来信,以便大家更好地去认识一个个鲜活的经院学子。

★雷嘉澍:经亨颐学院2012级英语(师范)专业学生,即将毕业于美国纽约州立大学(教学硕士)。她广泛参与社会公益活动:曾赴青海省藏区支教,曾在美国底特律Cass Community Services、纽约州 Fulton 地区小学、香港卫视慈善基金会、上海草莓音乐节等多家单位担任义工。2016 年,她获得了香港义工联盟颁发的年度"香港杰出义工"奖。目前,她担任着纽约州立大学 Research Foundation 以及 Sheldon Institute 的助教工作。大学期间,她曾参与 2013 年美国加州大学洛杉矶分校(UCLA)暑期交流项目,并于 2014 年赴台湾省屏东教育大学研修。

图 5-1　雷嘉澍(前左三)与美国硕士班同学在毕业典礼现场

亲爱的学弟、学妹们:

我是经亨颐学院文科 121 班的雷嘉澍。目前我正在美国纽约州立大学奥斯维戈分校攻读教学硕士(儿童教育方向)与纽约州教师资格证。很高兴能够通过写信的方式与你们进行交流。

回首在经亨颐学院的岁月,原来四年就这样匆匆而过。去年的这个时候,由于上课而无法回来参加 2016 年的本科毕业典礼,这是我在经亨颐学院最大的遗憾;在今年的硕士毕业典礼上,当我戴上 Hood 的一刹那,忽然觉得这一切的付出都是值得的。

大一的时候,我望着满满当当的日程表,奔跑于不同的教室与活动现场;大二的时候,迷茫的我去台湾交换了一学期,放慢脚步,细细品味同一种文化下不同的生活;大三的时候,学习生活紧凑有致,也常常紧张担忧;大四的时候,我在大四上学期结束了本科的所有学分,在大四下学期赴美读研。那个时候我的想法很纯粹——我想去看看美国的中小学课堂是怎么样的,他们是如何学习语言的;如果直接毕业在国内做一名英语老师,可能我最近两年都不会有这样的机会了。

我时常在想自己的未来会是什么样子的。如果你也和曾经的我一样迷茫,那么我的建议是——请多多尝试!当我尝试过不同的义工活动后,我才发现"慈善"与"公益"远远比我想象中的复杂;当我尝试在中国、美国不同的学校实习后,才亲身感受到教育的阶层固化与社会转型的迫切需求;当我利用课余时间干着劳累的工作却拿着微薄的工资的时候,才明白生活的艰辛与不易。当你的经历过不同的事情,当你的眼界渐渐开阔后,你会发现你的言谈举止与思维方式发生了很大改变。

最近看到美国摄影师 Joel Pares 的一组名为"Judging America"的摄影作品。在每组照片里,同一个人拥有两套装扮。这些人是世界 500 强企业的 CEO、哈佛大学毕业生、著名画家、纽约市的护士……然而,换了一副装扮后,他们却极有可能被认为是清洁工、强盗、土匪、恐怖分子……有一句俗话叫做"不要以貌取人(Don't judge a book by its cover)",但是我们却常常带着"刻板印象"去看待一个人。在这个多元的社会里,你眼睛所看到的,并不是全部。所以,在真正了解一个人之前,用"心"去感受与交流。

在我身边,有纽约顶级室内设计师,因为想投身于教育行业,放弃已从事了二十多年的行业,回到大学从头开始学习如何成为一名小学教师;有曾经以难民身份举家来美的朋友,如今和两个妹妹各拥有一辆奥迪超跑;也有每到周末疯狂购买奢侈品的女生,却是在读医学院 PhD 的学霸。当我们接触到的人越来越多,便更懂得要去尊重遇到的每一个人。在学校里也是如此——在不了解一个学生的情况下,我们没有资格去判别他。在美国实习的时候,我遇到过许多在我关心他们时却对我摆着一副臭脸的学生。经过和其他同事的聊天,我才了解到其中有些学生从小父母离异、缺乏关爱,有些学生的生活环境充斥着犯罪与毒品。因为人与人的不同,在我们每天的备课、教学、反思的过程中,最重要的一块是"差异化教育(differentiation)"。今年的哈佛中国教育论坛上,教育心理学家 Robert Selman 谈起自己给外孙讲孙悟空的故事。他说,在孙悟空变坏的时候,我们不应该简单地告诉孩子,"孙悟空变成一只坏猴子了"。没有一个人或一件事是可以纯粹地以"好"与"坏"去定义的。我们要做的是让孩子认识到人与事的复杂性,同时我们自身也要在教育过程中看到每个个体的复杂性。这是我们的公民教育中非常重要的一点。

德国哲学家莱布尼茨曾说过,"世界上没有相同的两片树叶"。你要相信你与你所拥有的一切都是独一无二、值得珍惜的。虽然你与身边的同学有着基本同样的课表,为赶着基本同样的作业发愁,但是你们可能有着不一样的智慧、技能与梦想。"年轻"这个最大的资本是经得起"折腾"。我们这个年纪拥有最珍贵的东西是"可能性"。所以呀,你的兴趣、你的爱好、你脑海里稀奇古怪的想法都是非常宝贵的。如果你喜欢阅读、烹饪、画画、记手账、摄影、穿搭、极限运动,请不要让生活中的琐事和生活的压力消磨了你对这些事的热情。请尽情去尝试那些你想做的事情吧!你可以建一个社交账号,把你的爱好记录在上面,与大家分享。久而久之,你会发现,这些事情会改变你的生活态度,甚至让你接触到这个世界的另外一副面孔。

亲爱的学弟学妹们,希望你们认真生活,找到热爱的事情,合理规划自己剩余的大学生活。不要为一时的成就而骄傲,也不要为暂时的失败而气馁。经亨颐学院给了我们一个非常好的平台,祝你们都能顺利找到人生的下一站!如果你们平日里有任何问题,欢迎通过邮箱 leijiashu93@gmail.com 与我交流。

雷嘉澍

2017 年 6 月 5 日

★**李燕青**：经亨颐学院 2012 级英语（师范）专业学生。毕业后她选择继续读研深造，目前就读于香港大学英语教育专业。她曾任院学生会学习部部长、文科 121 班班长，也是 2012 级教育实习优秀实习生，有着一身的好本事，是十足的好榜样。在 2016 年学校举行学生毕业典礼上，校长杜卫在讲话中大段援引了她在毕业座谈会上的发言。杜卫校长说："这番话是对杭州师范大学最大的褒奖，也是学校培养质量最好的证明。"

亲爱的小经亨颐们：

你们好！

从五月初收到邀请，由于整整一个月都在课程论文和会议工作中忙碌，因而迟迟没能动笔，但心中一直惦念着要写这一封信，不为总结个人经历，只为分享些许感悟。

最近在朋友圈看到一些熟识的学弟学妹们，或就业或升学，陆陆续续找到了自己的方向，由衷地为每一位感到高兴。听闻昨日是 2013 级的毕业典礼，想到一年前的自己是如何地感慨万千，而此刻某些是浓浓回忆，某些也不过是淡淡云烟。我在港大也已顺利度过了两个学期，紧凑的学习和全新的生活让我感到踏实，却也时常疲惫，期待半年后也能如愿再次穿上毕业礼服，存入新的记忆。这一年间，有许多精彩的故事可以分享，但这未整理过的林林总总并非只言片语可以道得清楚。且我与你在信中见面，还是闲聊一番好。

图 5-2　李燕青参加 Faces of English 2 大会

去年 4 月 8 日收到录取通知书之后，有许多我们学院的或者其他学院的学弟学妹们来询问我有关留学深造的事宜。刚开始我提供求学攻略，慢慢地我谈起在港大的学习生活，现在我更多想分享的是因经历而产生的改变，因改变而获得的感悟。说起改变与感悟，在我身上最明显的是关于勇气。认识我的人常常觉得我是外向而自信的人，但身边亲近的人了解我曾是做事过于谨慎、时常缺乏勇气的人。还记得去年校招聘会上，我的高中母校将英语教师的招聘门槛设定为硕士研究生，我当时拿着厚厚的简历，远远地看着排队的人，迟迟不敢上前递出简历。当时一位家长鼓励我"为什么不去试一下呢",是啊,我为什么没有勇气去试一下。时至今日,我可以对自己坦白,因为当时的我害怕失败,认定失败是否定,认定否定让自我价值减损。更可笑的是,这所谓的成功(在一所人们说的好学校上班)与失败(没能在一所人们说的好学校上班),实则与我的价值、我的快乐又有何直接关联呢?这一年来,遇到的人、经历的事让我慢慢地改变了从前略显狭隘的价值观和世界观,进而自我的勇气因子也得以增加。这或许就是我这一路最珍贵的获得。

我所在的港大英语教育专业,有近四分之一的人曾是优秀的一线教师。而对于其中大部分的人来说,让他们放弃赋予自己安全感的工作而重回校园的原因,并不只是为了职业发展的需要,更重要的是为了解答自己心中的疑惑、丰富人生的经历。而舍弃已知,是需要勇气的。

我的导师每次与我讨论项目的时候,总是会提醒我在行动之前不要预设结局,不要绕开困难,勇敢问、勇敢尝试。她曾用她天南地北的经历,传奇有趣的故事帮助我认识到人生的路真的有千千万万条。前两天,我刚结束了一个国际学术会议(Faces of English 2)的工作,在会议中遇到了许多学术界的明星大咖,而他们往往也同时是经历丰富、相当有趣的人。例如有人曾是顶尖的软件工程师,在多年程序编写工作后,积累了许多相关的成果与发现,从而逐步转变为知名的语言学学者。生活的奇妙与乐趣就在于你无法预知下一个转角在何处,更在于你不要强行规划每一段道路。而拥抱未知,也是需要勇气的。

我很感谢自己,在去年的1月,遵循了本心,舍弃了内心犹豫的已知,拥抱了内心向往的未知。很多人问我,毕业以后有什么打算。这"打算"可多了,我打算先读完八本清单中非常想读的书,打算去威尼斯看一看凤凰歌剧院,打算和分别许久的朋友见见面聊聊天,打算和我心爱的人步入婚姻的殿堂,打算从事我所喜爱的英语教育工作,也打算迎接所有的出乎意料的可能性。

此时的你可能正面对着各种各样的疑惑。大一的你,或许不清楚自己学某一门课的意义何在;大二的你,或许盼望着有人尽快告知捷径,以免在大学生活中"绕了远路";大三的你,或许疲于应对繁重的课业,同时纠结于毕业后的发展方向;大四的你,或许苦恼着没能去自己最心仪的高校深造或中小学工作。我希望这封信,这番闲聊,能够给读信的你一点点的帮助。人生所有的"打算"都很珍贵,它增加了未来快乐的可能性;但人生所有的"打算"都不是非要一步完成,需要的是遵循本心而不断尝试的勇气,这才是最可爱的生命力。祝愿亲爱的你们,健康快乐,勇气满满!

李燕青

2017 年 6 月 5 日

第三节 媒体发声:媒体深度报道

伴随着经亨颐学院的办学历程,一些独特的卓越教师培养理念和经验也引起了媒体的关注。近些年来,《中国教育报》《浙江教育报》《浙江青年时报》等多家媒体对经亨颐学院卓越教师培养的创新实践、教学改革、育人模式等做了深度的报道,扩大了经亨颐学院在社会上的知名度和影响力。

图 5-3 《中国教育报》2013 年 7 月 2 日的报道

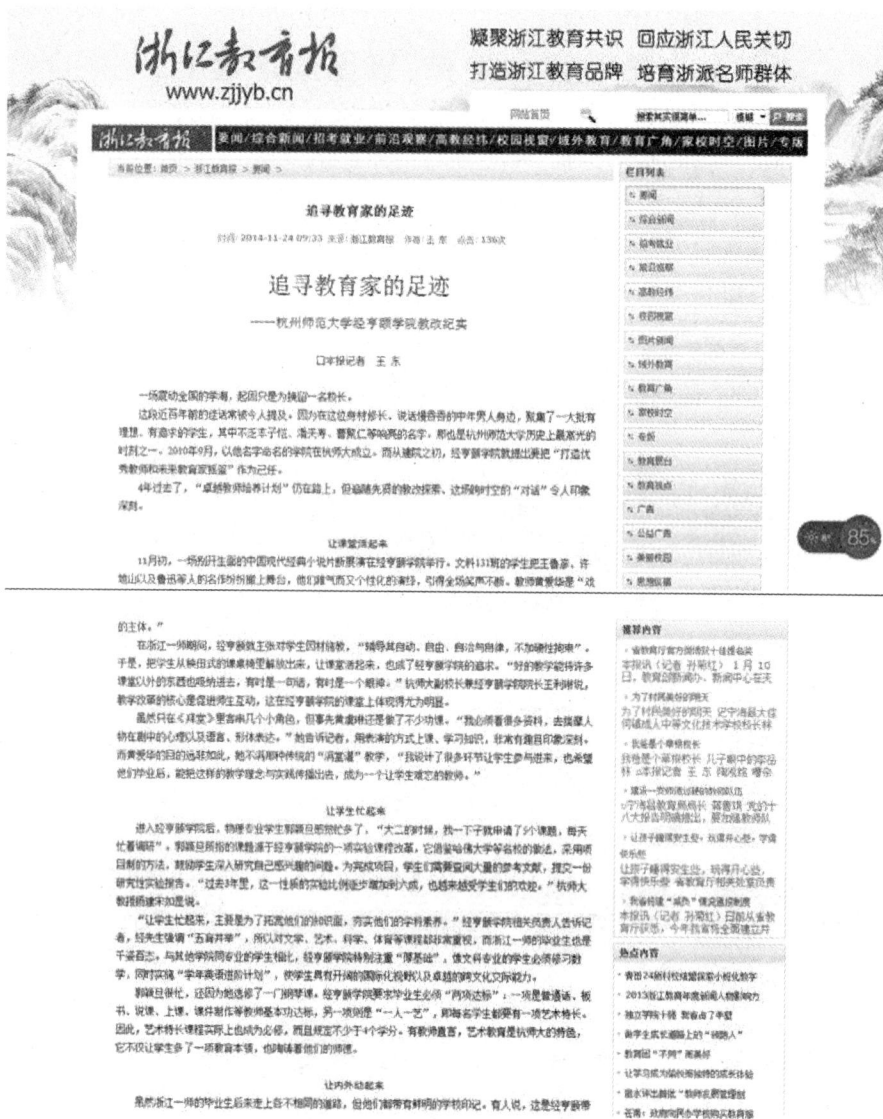

图 5-4 《浙江教育报》2014 年 11 月 24 日的头版报道

图 5-5　《青年时报》2011 年 6 月 30 日的报道

第四节　用户反馈：入职学校评价

经亨颐学院自 2010 年 8 月成立以来，已培养四届 307 名毕业生。其中，2014—2016 毕业生的就业率均为 100％，毕业生中的绝大部分投身教育行业，有不少在杭城的优质中小学，如浙江大学附属中学、杭州十三中教育集团、钱江新城实验学校、保俶塔实验学校等学校任教。

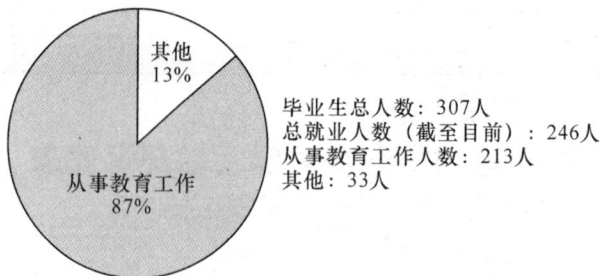

毕业生总人数：307人
总就业人数（截至目前）：246人
从事教育工作人数：213人
其他：33人

图 5-6　经亨颐学院毕业生就业情况

　　经亨颐学院培养学生的质量到底如何，是否受到用人单位的欢迎，最终还是要靠用人单位来说话。如果说经亨颐学院的首届毕业生在求职过程中还需要学院的宣传和推介，那么此后的几届毕业生逐渐受到用人单位的青睐甚至热捧，如今，一到每年大三的下半年，许多名校的校长就争相到学院来"预订"优秀的经院毕业生。

　　我们在此选取了2位杭城中小学校长对经亨颐学院毕业生的评价，从一个侧面来反映经亨颐学院的人才培养质量。

　　在我校教师队伍中，有一部分教师是贵学院的优秀毕业生，他们备受师生好评，这些教师工作热情高，教育教学能力强，教育科研突出，已成为学校的中坚力量。

　　我一直欣赏与喜爱我们经亨颐学院的毕业生。今天，在我校的发展和成绩中，他们起到了不可估量的作用。真诚欢迎贵院有更多的优秀毕业生加盟采实教育集团，共同努力，共创美好明天！

杭州采实教育集团理事长　何志英

　　对经亨颐学院毕业生综合素质评价：经亨颐学院毕业生综合素质高、可持续发展潜力大。近几年，进入十三中任教的经亨颐学院毕业生，在同年龄段的青年教师中表现比较突出，对于教育教学工作能够迅速上手，站稳教坛。整体专业素养高，敬业精神强，沟通协调能力出众。

　　对经亨颐学院毕业生工作表现整体评价：整体表现优秀。工作非常认真、敬业，自我约束力强。从教育教学实绩看，经亨颐学院毕业生也非常突出，各类综合性荣誉（如教坛新秀、区级及以上系统先进等）、教学比武、公开课、科研论文等，都取得突出的成绩。

杭州市十三中教育集团（总校）校长屈强

附 录

经亨颐学院要记

◆2010 年

1.8 月 27 日,中共杭州师范大学委员会办公室下发《关于成立经亨颐学院管理委员会的通知》,决定成立经亨颐学院管理委员会,叶高翔任主任,王利琳任副主任。杭州师范大学校长办公室下发《关于成立杭州师范大学经亨颐学院的通知》,决定成立经亨颐学院,由王利琳同志兼任院长,项红专、田学红同志任常务副院长,沈忠华、仲玉英同志任副院长。

2.9 月 3 日—15 日,经亨颐学院首届学生招生,计划在 2010 级第一批招收的新生中招收 80 人,组成文、理两个实验班,其中,中文、英语、物理、数学方向各招收 20 人。319 名同学提交了报名申请,报名学生涵盖下沙校区 14 个学院。

根据《杭州师范大学经亨颐学院学生选拔实施办法》,196 名同学获得面试资格,分组分批次参加了面试。结合考生高考成绩、面试成绩、学科专业分布结构、考生综合素质等因素,陈丽媛等 81 名同学被录取。

3.9 月 17 日,叶高翔校长一行莅临经亨颐学院指导工作,并召开工作会议。

4.9 月 17 日,经亨颐学院成立仪式暨 2010 级新生开学典礼隆重举行。校党委书记崔鹏飞为经亨颐学院授牌,校长叶高翔发表讲话,校党委副书记黎青平宣读学院成立的文件,副校长、经亨颐学院院长王利琳致辞。出席仪式的还有省教育厅师范教育处正处级调研员李敏强,市教育局的有关嘉宾,相关职能部门、学院的负责人,经亨颐学院的首届 81 名学生和部分师生代表。

5.9 月 21 日,经亨颐学院"蕙风朗月"中秋晚会在湖畔诗社举行。学院领导班子与学院 40 余名同学共度佳节。

6.10 月 12 日,召开经亨颐学院领导小组扩大会议,总结讨论了经亨颐学院成立以来的各项工作,并对下一阶段的工作进行了部署。

7.10 月 27 日,杭州师范大学第 31 届田径运动会隆重开幕,代表队入场仪式中,经亨颐学院方阵第一个入场接受检阅。

8.10 月 29 日,经亨颐学院"教育家大讲堂"系列讲座开讲。美国爱荷华大学副校长 Downing A. Thomas 做了题为"战略的国际化:将全球性机遇置于优先地位"的精彩演讲。

9.11月5日,经亨颐学院"教育家大讲堂"系列讲座举行第二讲,浙江大学外国语学院院长、国家级教学名师、博士生导师何莲珍教授做了题为"从语言观的角度谈英语学习"的讲座。

10.11月12日,浙江大学国家级教学名师邵剑教授、我校人文学院院长沈松勤教授做客经亨颐学院"教育家大讲堂"第三讲,以轻松随意的方式与同学们"漫谈人文素养与科学素养"。

11.11月28日,经亨颐学院2010级励志导师带领学院全体同学赴嘉兴西塘开展教学实践活动。本次教学实践活动分两部分,一是与挪威科技大学研究生的英语会话交流,二是经亨颐学院"导师面对面"交流活动。

12.12月1日,经亨颐学院"教育家大讲堂"系列讲座举行第四讲,杭州师范大学副校长、经亨颐学院院长王利琳教授为同学们做题为"经亨颐学院的理想与挑战"的讲座。

13.12月3日,为了加强学院院本文化建设,树立良好的社会公众形象,增强师生员工的荣誉感和归属感,学院面向社会征集经亨颐学院整体形象设计方案。

14.12月8日,经亨颐学院召开人才培养方案学生意见征求会。12月9日,经亨颐学院召开人才培养方案论证会。

15.12月15日,杭州师范大学原校长、浙江大学博士生导师林正范教授给经亨颐学院的同学们做以"承师大风范,做优秀学子"为主题的讲座,这是"教育家大讲堂"系列讲座的第五讲。

16.12月22日,经亨颐学院学生在二期食堂广场开展了"寄一张明信片,献一份爱心"义卖活动。本次活动所得全部资金存入经亨颐学院爱心基金箱,用于与浙江大学联合开展的四川西部助学计划。

17.12月22日,经亨颐学院举行主题为"考试与诚信"的班会。在经亨颐学院全面试行"无人监考"制度。

18.12月28日,经亨颐学院举行2011年新年晚会,学院全体学生、学院领导及励志导师参加晚会。

19.12月30日,经亨颐学院邀请浙江大学、浙江工业大学、浙江工商大学等有关高校荣誉学院领导、专家及一线中学名校长对学院2010级人才培养方案进行审定。副校长、经亨颐学院院长王利琳主持会议,本科教学部、教师教育管理处、经亨颐学院和教育科学学院相关负责人参加会议。

20.12月30日,经亨颐学院举行发展恳谈会暨荣誉教师受聘仪式,校长、经亨颐学院管理委员会主任叶高翔,副校长、经亨颐学院管理委员会副主任、经亨颐学院院长王利琳出席会议,经亨颐学院管理委员会成员参加会议。王利琳为23位荣誉教师颁发聘书。

◆2011年

21.1月6日—7日,经亨颐学院召开汉语言文学专业、英语专业学生培养方案讨论会。

22.3月9日,外国语学院杨小洪教授做题为"走向世界——国际会议的启示与收获"的讲座,这是经亨颐学院"教育家大讲堂"系列讲座的第六讲。

23.3月11日,经亨颐学院与新疆阿克苏市双语骨干教师培训班学员的汉语口语结对活动启动。

24.3月23日,杭州师范大学校长、浙江大学博士生导师叶高翔教授为同学们做了题为"未来的教师,未来的希望"的讲座,这是经亨颐学院"教育家大讲堂"系列讲座的第七讲。

25.3月25日,经亨颐学院举行首届学生代表大会。

26.3月28日,经过层层筛选,经亨颐学院共有35名同学入选美国加州大学洛杉矶分校暑期本科班交流(UCLA)项目。

27.4月10日,我院师生一行40余人参观访问了宁波诺丁汉大学,这是经亨颐学院"走进名校"系列活动的第一站。

28.4月13日,杭州聋人学校校长蒋春英做客经亨颐学院"教育家大讲堂"系列讲座第八讲,做了题为"带爱躬行"的精彩讲座。

29.4月22日,学院组织全院同学召开院徽征集意见会,向同学们展示了最后入围的三个院徽方案,同学们对各方案进行了投票。

30.4月26日—5月3日,经亨颐学院师生一行16人赴台中教育大学进行交流访学考察。

31.5月11日,经亨颐学院"教育家大讲堂"系列讲座举行第九讲,杭州师范大学副校级巡视员丁东澜做了题为"谈谈大学生的人文艺术素养"的讲座。

32.5月11日晚,经亨颐学院举行赴台中教育大学交流访学考察团交流报告会暨"我看大世界"学生论坛第一讲。

33.6月1日,经亨颐学院"教育家大讲堂"系列讲座举行第十讲,浙江省民族宗教事务委员会副主任陈振华做了题为"正确认识和把握宗教问题"的讲座。

34.6月27日—7月2日,经亨颐学院施行无人监考"诚信考场",整个考试期间未接到学生投诉、未发现作弊行为。杭州日报、青年时报(6月30日)对此做了报道。

35.7月1日—2日,经亨颐学院党总支书记郑生勇等一行四人赴北京大学元培学院考察调研,并参加首届中国教育学部发展研讨会。

36.7月8日,经亨颐学院召开管理委员会会议、学院工作会议。副校长、经亨颐学院院长王利琳出席并主持会议,学院管理委员会成员及学院部分任课教师参加会议。

37.7月11日—18日,杭州师范大学携手青川竹园中学"爱·夏2011"暑期夏令营开营,四川省青川县竹园初级中学的21名师生抵达杭州师范大学参加为期一周的夏令营活动。经亨颐学院承办此次活动。

38.7月25日—9月1日,学院完成2011级新生招生选拔工作,依据高考成绩、面试综合成绩、英语口语测试成绩,经学院考核小组审核,录取81人为经亨颐学院2011级学生。

39.9月4日,杭州师范大学副校长、经亨颐学院院长王利琳为2011级同学做题为

"经亨颐学院的理想与挑战"的讲座。

40.9月17日,经亨颐学院举行成立周年庆典。校长叶高翔,浙江省教育厅高师处处长庄华洁,副校长、经亨颐学院院长王利琳出席庆典;学院管委会成员、领导班子成员,部分荣誉教师、任课教师及学院153名学生参加庆典。

41.9月22日,经亨颐学院"教育家大讲堂"系列讲座举行第十一讲,浙江大学物理系教授、博士生导师、长江学者、国家杰出青年、世界著名超导专家许祝安教授做了题为"高温超导材料和应用"的讲座。

42.9月28日,经亨颐学院举行"我看大世界"学生论坛第二讲:"我在UCLA,We are in东城"。

43.10月8日—28日,经亨颐学院组织发动"衣+衣=爱"寒衣募集活动,为四川省西南部昭觉县儿童募集过冬衣物1000余件。

44.10月16日,经亨颐学院"教育家大讲堂"系列讲座举行第十二讲,浙江大学数学系教授、浙江大学"我最喜爱的老师"、"浙江省教书育人标兵"、我校特聘教师邵剑教授做了题为"好人的快乐,创新思维的睿智"的专题讲座。

45.10月26日,经亨颐学院"教育家大讲堂"系列讲座举行第十三讲,杭师大附中校长任学宝、杭州市学军小学校长汪培新做了题为"未来教师,路由今始"的讲座。

46.10月26日—28日,杭州师范大学第七届田径运动会召开,经亨颐学院代表队获男子团体第七名。

47.10月31日,经亨颐学院"教育家大讲堂"系列讲座举行第十四讲,北京师范大学原校长陆善镇教授做了题为"多元Fourier分析中的若干著名猜想"的讲座。

48.11月4日,经亨颐学院举行2011级"励志导师"聘任仪式,为2011级16位"励志导师"颁发了聘书。

49.11月14日,浙江工商大学章乃器学院领导到我院考察,就荣誉学院教学改革、拔尖人才培养以及学生管理与我院进行了广泛而深入的交流。

50.11月30日,经亨颐学院举行"我看大世界"学生论坛第三讲。

51.12月7日,经亨颐学院举办大学生人格教育系列讲座"书生意气——经亨颐和浙江一师的时代"。中国作家协会会员、杭州市作家协会副主席、都市快报图书工作室主任孙昌建老师应邀作为此次讲座主讲人。

52.12月14日,经亨颐学院举行"慎独考场 诚信争彰"期末诚信考试动员大会。

53.12月22日,经亨颐学院新年公益晚会隆重举行,晚会回顾总结了2011年学校与学院的公益活动,以歌舞青春表达了对2012年的期待和憧憬。

◆2012年

54.3月14日,校党委宣传教育讲师团朱炜教授为学院师生做题为"三十而立的中国宪法"的专题讲座。

55.3月25日,经亨颐学院励志导师携手2011级学子共赴建德大慈岩开展教学实践活动。

56.3月7日—28日,经亨颐学院举办首届"一人一赛"学术竞赛节。

57.3 月 28 日,经亨颐学院"教育家大讲堂"系列讲座举行第十五讲,刘克峰教授做了题为"物理激发的数学"的讲座。

58.4 月 28 日—5 月 5 日,经亨颐学院师生一行 15 人赴台湾台中教育大学交流访学。

59.5 月 30 日,海盐武原中学优秀教师陈卫兵做客"教育家大讲堂"系列讲座第十六讲,做了题为"励志—规划—践行—成就教师人生"的讲座。

60.6 月 4 日,杭州第十一中学优秀班主任、全国三八红旗手李春艳做客"教育家大讲堂"系列讲座第十七讲,做题为"班主任工作艺术"的讲座。

61.6 月 12 日,经亨颐学院"教育家大讲堂"系列讲座举行第十八讲,加拿大卡尔加里大学教授 W. Keith Nicholson 做题为"Several topics on linear algebra"的讲座。

62.9 月 8 日—19 日,经亨颐学院完成 2012 级新生录取选拔工作,录取新生 85 人。

63.9 月 26 日,经亨颐学院举行 2012 级新生开学典礼。

64.9 月 28 日,经亨颐学院举行"我看大世界"学生论坛第三讲,暨"暑期归来话实践"成果展示会。

65.10 月 21 日—23 日,杭州师范大学第 33 届田径运动会,经亨颐学院男团总分第六,女团总分第八,男女团体获第七名。

66.10 月 31 日,经亨颐学院举行 2012 级学生大会和励志导师聘任仪式。

67.12 月 16 日,经亨颐学院举行 2012 年公益新年晚会。

68.12 月 28 日,经亨颐学院举行"我看大世界"学生论坛第四讲暨对外交流项目介绍会。

◆2013 年

69.3 月 13 日,经亨颐学院邀请原浙江省师范生教学技能竞赛负责人章苏静老师做师范生教学技能竞赛专题讲座。

70.3 月 21 日,经亨颐学院举行题为"考研与就业——学术成长与入职起点的选择"的就业形势预测分析会,经亨颐学院常务副院长项红专应邀担任主讲。

71.4 月 12 日,经亨颐学院"教育家大讲堂"系列讲座举行第十九讲,《班主任》杂志社社长赵福江老师做了题为"班主任管理的艺术"讲座。

72.4 月 17 日,经亨颐学院"教育家大讲堂"系列讲座举行第二十讲,浙江大学张彬教授做了题为"人格为先,五育并举"的讲座。

73.4 月 17—5 月 15 日,经亨颐学院举行第二届"一人一赛"学术竞赛节。

74.4 月 19 日,经亨颐学院"教育家大讲堂"系列讲座举行第二十一讲,全国精品课程负责人、长江学者、国家级教学名师张斌贤教授做了题为"外国教育史座谈会"的讲座。

75.5 月 22 日,经亨颐学院第二次学生代表大会隆重举行。

76.5 月 27 日,在浙江省第十三届"挑战杯"全国大学生课外学术科技作品竞赛中,我院蔡灵眆、马梅娇同学的作品《大学生就业决策的非理性问题及其对策研究》荣获社会哲学类一等奖。

77.7 月 25 日,经亨颐学院 2010 级物理学专业郑振飞同学以第一作者身份在日本物理学会期刊(Journal of the Physical Society of Japan)成功发表论文。该期刊为 SCI 收录刊物。

78.8 月 31 日—9 月 5 日,经亨颐学院完成 2013 级学生招生选拔工作,录取新生 80 人。

79.9 月 18 日,经亨颐学院举行 2013 级新生开学典礼。

80.10 月 27 日,经亨颐学院举行"我看大世界"学生论坛第五讲——UCLA 暑期课程展示。

81.11 月 13 日—15 日,杭州师范大学第三十四届田径运动会,经亨颐学院荣获学生女子甲组第五、学生男女团体第六。

82.11 月 16 日、23 日,我院 2012 级、2013 级的学生与励志导师分别开展实践考察活动,考察地点为绍兴、乌镇。

83.11 月 29 日,经亨颐学院"教育家大讲堂"系列讲座举行第二十二讲:马克汉姆海外学院程亮院长做了题为"演讲艺术"的讲座。

84.12 月 16 日,经亨颐学院 2010 级马梅娇同学荣获杭州师范大学经亨颐奖学金。

85.12 月 25 日,经亨颐学院举行新年合唱比赛暨 2013 年年度表彰大会。

◆2014 年

86.1 月 20 日,由经亨颐学院和杭州师范大学附属仓前实验中学共同举办的首届"梦想加油站"冬令营活动开营。

87.3 月 19 日,经亨颐学院"教育家大讲堂第"系列讲座举行第二十三讲:《班主任》杂志社主编赵福江老师做了题为"班主任专业成长"的讲座。

88.3 月 21 日,经亨颐学院学生党建"颐渊工程"正式启动。

89.4 月 11 日—25 日,经亨颐学院第三届"一人一赛"学术竞赛节顺利举行。

90.5 月 14 日下午,杭州市学军中学陈立群校长做了主题为"教育的智慧与境界"讲座。

91.5 月 21 日,经亨颐学院召开第三次学生代表大会。

92.6 月 4 日,经亨颐学院 2014 届学生毕业典礼隆重举行。

93.8 月 22 日—25 日,经亨颐学院 2014 级新生选拔录取工作完成,共录取新生 80 人。

94.9 月 1 日,经亨颐学院举行 2014 级新生开学典礼。

95.9 月 17 日,经亨颐学院举行 2014 级新生"从教第一课"活动,主讲人为杭州师范大学校长杜卫教授。

96.12 月 3 日,杭州师范大学第三届经亨颐奖学金答辩会圆满落幕,经亨颐学院 2011 级汉语言文学专业谢飞跃同学荣获经亨颐奖学金。

97.12 月 6 日,经亨颐学院组织 2013 级全体同学到桐庐县荻蒲村、环溪村进行实践考察活动。

98.12 月 11 日,经亨颐学院将《学科教学论》、《课堂教学技能训练》和《班主任工作技能训练》这三门课程确定为双师课程,即由校内教师与校外中小学一线名师共同授课。

99.12月28日,经亨颐学院举行2014年"经院荣光"颁奖典礼暨"新年·颐起来"新年晚会。

◆2015年

100.1月19日,经亨颐学院"教育家大讲堂"系列讲座举办第二十五讲——"做教育界的大树",主讲人为杭州高级中学校长、浙江省特级教师协会会长、特级教师尚可。

101.2月7日,经亨颐学院和杭师大附属余杭艺术教育集团共同举办的第二届"梦想加油站"冬令营正式开营。冬令营为期六天,有两百余名营员参加。

102.3月12日起,经亨颐学院全年共举行十四场"我看大世界"学生主题报告会。

103.4月6日—6月5日,经亨颐学院举行第四届"一人一赛"学术竞赛节,除各专业类竞赛外,还组织师范生技能相关竞赛。

104.4月9日,福建师范大学教师教育学院来经亨颐学院参观考察。

105.4月13日,2015年国际大学生数学建模竞赛成绩揭晓,我院学子再获佳绩。三人荣获国际一等奖(Meritorious Winner)一项,七人荣获国际二等奖(Honorable Mention)四项,十三人荣获参赛奖(Successful Participant)。

106.4月22日,西华师范大学来经亨颐学院参观考察。

107.4月22日,经亨颐学院"教育家大讲堂"系列讲座举行第二十六讲——"做教师是幸福的",主讲人为杭州市江干区教育发展研究院院长陆茂红老师。

108.5月6日,校党委宣讲团成员朱炜老师为经亨颐学院师生做了题为"如何认识中国民主"的主题讲座。

109.5月22日,经亨颐学院2011级汉语言文学专业谢飞跃同学获得杭州师范大学"十佳大学生"荣誉称号。

110.5月22日,在浙江省第十四届"挑战杯"大学生课外学术科技作品竞赛中,经亨颐学院2013级廖宁、岑巧露等同学在温正胞教授的指导下,科研项目《自闭症儿童社会救助的现状与对策研究——基于浙江省的调查与分析》荣获二等奖。

111.5月27日,经亨颐学院第二次团员、第四次学生代表大会顺利召开。

112.6月,经亨颐学院本科生第一党支部经申报、答辩和组织推荐,获杭州市先进基层党组织荣誉称号。

113.6月3日,经亨颐学院"教育家大讲堂"系列讲座举行第二十七讲——"教师沟通艺术",主讲人为杭州公益中学校长潘志平老师。

114.6月10日,经亨颐学院2015届毕业生毕业典礼及毕业晚会隆重举行。

115.7月7日,经亨颐学院举行2012级优秀师范生综合素质展示暨就业推介会。采荷实验中学、杭州市第十三中学、杭州公益中学、紫金港中学、闻涛中学、富阳区永兴学校、建兰中学、学军中学等校负责人参加推介会。

116.7月13日—18日,经亨颐学院和余杭艺术教育集团共同举办的第二届"梦想加油站"夏令营活动顺利举行,参加营员近四百人。

117.7 月—8 月,经亨颐学院 2015 年暑期社会实践小分队分赴四川省青川县竹园镇、桐庐县、杭州市大禹巷社区、萧山等地开展社会实践活动。

118.8 月 11 日—14 日,经亨颐学院完成 2015 级新生招生选拔工作,最终录取新生80 人。

119.9 月 12 日,经亨颐学院承办杭州师范大学 2015 年师范生技能竞赛的校赛。

120.9 月 20 日,2015 级新生军训工作顺利结束,经亨颐学院学生荣获先进连队、优胜方队、内务优胜连队、宣传优胜连队以及军训大合唱一等奖,获得了军训荣誉大满贯。

121.9 月 20 日,经亨颐学院 2015 级新生开学典礼隆重举行。

122.9 月 20 日,经亨颐学院"教育家大讲堂"系列讲座举办第二十八讲——"从教第一课",主讲人为拱墅区教育局副局长赵群筠。

123.10 月 10 日,经亨颐学院举行 2015 级新生励志导师励志演讲暨聘任仪式。会上,2015 级新生向励志导师们行"奉茶拜师"礼。

124.10 月 21 日—23 日,杭州师范大学第 36 届田径运动会,经亨颐学院取得男子团体总分第八名、女子团体总分第八名、男女团体总分第八名的成绩。

125.11 月 18 日,经亨颐学院"经济新常态下对大学生就业的挑战与机遇"主题讲座顺利举行,杭师大校党委宣讲团张海如老师主讲。

126.11 月 21 日—22 日,第九届浙江省师范生教学技能竞赛在杭州师范大学举行,由经亨颐学院和教育学院负责具体的竞赛组织工作。经亨颐学院学生荣获四个一等奖、一个二等奖、一个三等奖。

127.11 月 27 日,经亨颐学院"教育家大讲堂"系列讲座举行第二十九讲——"数学建模与人才培养的关系",主讲人为浙江大学数学系教授杨启帆老师。

128.12 月 2 日,经亨颐学院郭颖旦、余佳两位同学荣获杭州师范大学第四届经亨颐奖学金。

129.12 月,经亨颐学院薛佳佳等三位同学在第三届全国师范生教学技能竞赛中获得一等奖。

130.12 月 23 日,经亨颐学院举行 2015 年师生联欢暨新年大合唱比赛。

131.12 月 24 日—27 日,经亨颐学院学子在华南师范大学举行的第七届"东芝杯·中国师范大学理科师范生教学技能创新大赛"中取得有优异成绩,卢莎、郭颖旦同学分获二等奖和优胜奖。

◆2016 年

132.1 月 31 日—2 月 3 日,经亨颐学院承办杭师大附属余杭艺术教育集团第三届"梦想加油站"冬令营活动。

133.4 月 13 日,经亨颐学院特邀王之江教授担任"教育家大讲堂"第三十讲主讲人,做题为"College English or English at College"的讲座。

134.4 月 21 日—6 月 1 日,经亨颐学院举办第五届"一人一赛"学术竞赛节。

135.5 月 4 日,由杭州师范大学党委组织部主办、经亨颐学院党总支承办的校第二届微党课比赛顺利举行。

136.5 月 11 日,经亨颐学院召开第五次学生代表大会。

137.5 月 15 日,杭州师范大学第四届"最美青春"十佳大学生评审结果公示,我院文科 121 班薛佳佳、文科 131 班张颖两位同学荣获杭州师范大学"十佳大学生"称号。

138.6 月 5 日,经亨颐学院举行 2016 届学生毕业典礼。

139.6 月 28 日,经亨颐学院"教育家大讲堂"系列讲座举办第三十一讲,杭州十三中教育集团党总支书记、总校校长汪建红老师做了题为"怀揣教育理想前行——我的教育梦"的讲座。

140.7 月 6 日,经亨颐学院"教育家大讲堂"系列讲座举行第三十二讲,杭州师范大学副校长何俊做了题为"得天下英才而教育之——孟子的教育思想"的讲座。

141.7 月 9 日—14 日,经亨颐学院和余杭艺术教育集团共同举办第三届"梦想加油站"夏令营活动。

142.8 月 2 日—4 日,经亨颐学院 2016 年招新工作圆满结束,共录取 2016 级新生 80 人。

143.9 月 28 日,经亨颐学院 2016 级新生在杭州孔庙举行新生开学典礼。

144.11 月 9 日,经亨颐学院举办首届"卓师文化节"。

145.11 月 23 日,经亨颐学院"教育家大讲堂"系列讲座举行第三十四讲:台湾师范大学的教授、化学学士以及哈佛大学教育学硕士和博士邱美虹做了题为"从哈佛博士到美国科学教育学会理事长——我的专业成长故事"的讲座。

146.12 月 28 日,经亨颐学院举办首届"卓师文化节"闭幕式暨 2017 年迎新晚会。

◆2017 年

147.1 月 5 日,为营造诚信考试的良好氛围,根据经亨颐学院党总支学生党建"颐渊工程"服务站的建设要求,学院全体学生党员到期末考试的各个考场进行考前宣讲,并在考试过程中监督、巡考。

148.1 月 19 日—22 日,经亨颐学院和余杭艺术教育集团共同举办第四届"梦想加油站"冬令营活动。

149.3 月 31 日,经亨颐学院"教育家大讲堂"系列讲座举行第三十四讲,正高级教师、省特级教师、杭州市教研室主任、浙江省科学教育学会理事长、全国高中物理课程标准核心成员曹宝龙博士做了题为"人的学习与素养发展"的讲座。

150.4 月 14 日——5 月 3 日,经亨颐学院举办第六届"一人一赛"学术竞赛节。

151.5 月 3 日,经亨颐学院 2013 级汉语言文学专业张颖同学荣获杭州师范大学第五届经亨颐奖学金;2013 级汉语言文学专业李泽青同学、2014 级英语专业宋丽同学荣获杭州师范大学"十佳大学生"荣誉称号。

152.5 月 17 日,经亨颐学院举行第六次学生代表大会。

153.5 月 26 日—29 日,经亨颐学院组织部分学科教学法老师赴陕西师范大学考察、交流师范生培养工作。

154.6 月 4 日,经亨颐学院举行 2017 届学生毕业典礼和毕业晚会。

后　记

卓越教师培养,永远在路上

我校创造性地设立实体荣誉学院,着力实施卓越中学教师培养计划,尽管取得了一些成绩,形成了一定的社会影响力,但我们清醒知道,仍有诸多的问题需要我们努力解决。可喜的是,我们于 2017 年终于获批一直制约我校实施本硕一体化培养卓越中学教师的研究生推免资格,以此撬动与深化教师教育体制机制改革,进一步提升卓越教师培养质量。

借此契机,我们根据《中共中央、国务院关于全面深化新时代教师队伍建设改革的意见(2018 年 1 月 20 日)》《教育部、国家发展和改革委员会、财政部关于深化教师教育改革的意见》《浙江省教育厅关于深化教师教育改革的实施意见》等文件精神,结合学校实际,将进一步协调整合校内外教师教育资源,深入系统全面推进教师教育改革。

一、总体思路

集结式推进教师教育改革,深化实施卓越教师计划,创新师范专业人才培养模式,实现"两个一体化",即本硕一体化和职前职后一体化。

二、体制机制

在经亨颐学院基础上成立教师教育学院(经亨颐教师教育学院)。整合学校有关的教师教育资源:(1)学科教学论师资集中(体育、美术以及教育学院各学科教学论教师除外);(2)本科师范专业分步集中。第一步,科学教育、人文教育等专业;第二步,其他从事中学师资培养的专业;(3)教育硕士学科领域集中(教育学院教育硕士各学科领域除外)。

三、招生模式

结合新高考改革实行按类招生,专业分流后,四年学制中可选择适当的学段,由学校统一对有志于读师范且表现优秀的学生通过综合测试等形式进行二次选拔,真正使那些乐教、适教的优秀学生进入师范生培养队伍。

四、培养模式

根据就业面向不同,对不同的专业实施不同的培养模式,对学生学术性和师范性培养有侧重实施,可结合师范生二次选拔模式集中培养或分阶段培养;在此基础上部分师范生实施 3+3(或 4+2)分阶段本硕一体化培养模式,可实施精英式卓越教师培养。

五、专业建设

通过实施师范类专业认证,强化专业内涵建设。根据专业特点和培养模式,科学合理地设置学术性与师范性各有侧重的课程体系。结合资格证考试要求,建立教师教育课程标准。构建一体化全程贯通式的实践教学体系,凸显实践导向。

六、学科建设

学科建设是学院发展的龙头,根据经亨颐教师教育学院实际,着力进行两大特色学科建设,分别是教师教育、学科教育学,力争在教育理论与实践的断裂地带有所作为。

七、师德培养

系统构建师范生师德培养体系,强化通识教育和实践体验,使师德教育既内化于心,又外践于行。同时,人文艺术教育在师德培养中具有潜移默化的作用,因此师范院校应充分发挥这一优势,系统设计课内课外相结合的人文艺术类课程和实践体系。

八、实践平台

校内要整合教师教育资源,建设涵盖师范生技能实训、现代教育技术、教育心理实验、科学教育实验、教师场景体验以及虚拟仿真空间等一体的全国一流的教师教育实验实训中心,实行中心主任制管理;校外要依托教师发展学校建设和附属教育集团,构建师范院校与基础教育界合作互利的平台,既服务基础教育,又引领基础教育改革。

九、教学改革

既要强化学科基础,又要突出教师专业素养,强化师范生技能训练。着力建设好"双师课程",加强信息技术能力培养。既要让学生建立新的教育教学理念,也要让教师通过课程教学模式创新,引导学生学会适应时代发展的本领。

十、队伍建设

通过外引内培、专兼结合等方式,按照生师比15∶1配齐学科教学论师资队伍。学科教学论教师职称晋升由经亨颐教师教育学院根据学校政策组织完成,鉴于这支队伍的实际情况,学校在高级(包括正高)指标分配、评聘条件等方面应有相应的倾斜政策。

十一、职后培训

成立基础教育教师职后培训中心,挂靠在经亨颐教师教育学院。承担浙江省和杭州市基础教育教师职后发展培训任务,含杭州市教育局挂靠我校的三中心:杭州市中小学教师培训中心、杭州市中小学行政干部培训中心和杭州市教师教育质量监控中心。

十二、保障措施

师范专业虽然体量已不大,但要强化师范生的培养,推进教师教育改革,必然会遇到一些来自多方面的不同阻力,因此需要政策、机制、投入等方面的保障。

(一)组织保障。一是学校成立由校长任组长的教师教育改革领导小组,负责教师教育改革的统筹规划、组织协调和进度安排等。二是经亨颐教师教育学院院长应高配,建议由分管教学的校领导兼任。

(二)政策保障。学校在人、财、物等方面应出台相应倾斜政策,同时也应为相关专业学院转型发展提供政策上的支持。比如,师范专业整体划转的学院连续三年、逐年递减给予一定补贴,并对专业学院在新专业申报、应用型师资队伍建设、实验室实训中心和实践基地建设等方面给予大力支持。

（三）队伍保障。通过校内培养、全职引进、柔性选聘（钱塘学者、教师教育讲习教授等）等方式，建设一支师德表现好、教学业务精、工作责任心强的教师教育队伍、教学辅助人员和行政管理团队。

（四）经费保障。学校从"攀登工程"和马云教育基金中设立专项基金，助推教师教育改革。

路漫漫其修远兮，吾将上下而求索。卓越教师培养，永远在路上。